猪生产技术

主　编　邓书湛　张　浩
副主编　顾晓龙　梁仕岩　罗远琴
参　编　熊凤兰　王天松　严　易

北京理工大学出版社
BEIJING INSTITUTE OF TECHNOLOGY PRESS

内容提要

本教材梳理并分析了现代养猪生产的工作流程,对教学内容进行了模块化重构。本教材分为猪场规划设计技术、猪品种识别与引种技术、猪的繁殖技术、种猪饲养管理技术、仔猪培育技术、生长育肥猪饲养管理技术、猪场经营管理技术、猪群健康管理技术八个模块,共有二十九个单元。为便于学生明确学习重点,本教材每个模块的学习目标中都有知识目标、能力目标和素质目标。每个单元以案例导入的形式进行单元知识叙述,让学生通过实验实训和自测训练巩固所学知识,再用资料卡和知识链接补充相关知识来实现教学目标。

本教材可作为高职高专畜牧兽医专业学生的教学用书,也可作为畜牧兽医行业技术人员和养殖户的培训参考用书。

版权专有　侵权必究

图书在版编目(CIP)数据

猪生产技术 / 邓书湛,张浩主编. -- 北京:北京理工大学出版社,2024.3
ISBN 978-7-5763-3028-1

Ⅰ.①猪… Ⅱ.①邓… ②张… Ⅲ.①养猪学 Ⅳ.①S828

中国国家版本馆CIP数据核字(2023)第206236号

责任编辑:封　雪　　　　**文案编辑**:毛慧佳
责任校对:刘亚男　　　　**责任印制**:边心超

出版发行 / 北京理工大学出版社有限责任公司
社　　址 / 北京市丰台区四合庄路6号
邮　　编 / 100070
电　　话 / (010) 68914026(教材售后服务热线)
　　　　　　(010) 68944437(课件资源服务热线)
网　　址 / http://www.bitpress.com.cn
版 印 次 / 2024年3月第1版第1次印刷
印　　刷 / 河北鑫彩博图印刷有限公司
开　　本 / 787 mm × 1092 mm　1/16
印　　张 / 16.5
字　　数 / 363千字
定　　价 / 79.00元

图书出现印装质量问题,请拨打售后服务热线,负责调换

前 言

Foreword

党的二十大报告指出，"坚持尊重劳动、尊重知识、尊重人才、尊重创造""完善人才战略布局，坚持各方面人才一起抓，建设规模宏大、结构合理、素质优良的人才队伍""加快建设国家战略人才力量，努力培养造就更多大师、战略科学家、一流科技领军人才和创新团队、青年科技人才、卓越工程师、大国工匠、高技能人才"。同时，党的二十大报告还指出，"必须坚持科技是第一生产力、人才是第一资源、创新是第一动力。要把技能人才作为第一资源来对待，特别是要将高技能人才纳入高层次人才进行统一部署"。

生猪生产始终是我国畜牧业的重头戏，近几十年来，我国养猪业的生产模式发生了天翻地覆的变化，传统的零星散养，在我国农村中逐渐消失，而规模化、现代化的养猪生产成为发展的趋势，大型养猪企业在我国如雨后春笋般涌现，对服务于养猪生产第一线的高技能人才的需求大幅增加，现有教材已不能满足相关企业的需要，在这样的前提下，编写一本"基于工作过程"的、可以满足专业岗位需求的、能够服务于区域经济发展、以就业为导向、突出实践能力、增强职业能力的高职高专教材就成为当务之急。

本教材以适应规模化猪场的岗位需求为目标，以强化应用能力为主线，以学习目标为切入点；理论以必备、够用为度，讲清基本的知识，重视基本技能的训练。在内容的编排上，本教材按照养猪生产各环节的顺序设置项目和任务，精心挑选教学内容。另外，本教材为增强知识的实用性、便于学生全方面掌握养猪生产的基本技能，在每个模块中增加了实训内容，更贴近生产实践。另外，为拓宽学生的视野，本教材的部分模块中增设了相关的知识链接，方便学生课后阅读。

为方便学生把握学习内容，教材中的每个模块都有学习目标与导入案例；每个模块之后也有数量和难度适中、与生产实际联系紧密的自测训练。

本教材的编写分工如下：模块一由邓书湛编写；模块二由王天松编写；模块三由张浩

编写；模块四由罗远琴编写；模块五由熊凤兰编写；模块六由严易编写；模块七由罗远琴与顾晓龙共同编写；模块八由邓书湛与梁仕岩共同编写。

由于时间仓促，编者水平有限，书中难免存在不足之处，恳请广大读者批评指正。

编 者

目录

Contents

模块一　猪场规划设计技术 ··· 1

　单元一　猪场的选址及规划布局 ··· 1
　　一、猪场场址选择 ··· 2
　　二、猪场规划布局 ··· 3
　　三、猪场总平面设计 ··· 4

　单元二　猪舍建筑设计及配套设施选择 ································· 8
　　一、猪舍建设基本要求 ·· 8
　　二、猪舍设计 ··· 8
　　三、猪场配套设备选择 ·· 11

　单元三　猪场的环境控制 ··· 15
　　一、猪舍对环境条件的要求 ·· 15
　　二、猪舍环境控制 ··· 17

模块二　猪品种识别与引种技术 ··· 22

　单元一　猪的品种识别 ·· 22
　　一、国外引进猪种 ··· 23
　　二、中国优良地方猪种 ·· 24
　　三、培育猪种 ··· 27

　单元二　猪体型外貌评定 ··· 38
　　一、体型外貌评定概述 ·· 38
　　二、猪体形外貌评定部位 ··· 39
　　三、种猪体型外貌评定描述 ·· 39
　　四、种猪体型外貌评定 ·· 40

　单元三　种猪的引种 ··· 43
　　一、引种概念 ··· 43
　　二、引种原则 ··· 43
　　三、引种前准备 ·· 44
　　四、种猪运输注意事项 ·· 44
　　五、种猪隔离检疫过渡期饲养管理 ······································ 45

模块三　猪的繁殖技术 ·· 48

　单元一　母猪发情鉴定技术 ·· 48

1

一、母猪的发情周期…………………………………48
　　二、母猪的发情表现…………………………………51
　　三、发情鉴定的方法…………………………………52
　　四、发情鉴定的注意事项……………………………54

单元二　猪的配种技术…………………………………58
　　一、配种时间…………………………………………58
　　二、配种方法…………………………………………59
　　三、人工授精操作……………………………………60

单元三　妊娠诊断技术…………………………………67
　　一、妊娠诊断…………………………………………67
　　二、预产期的推算……………………………………68

单元四　母猪的分娩接产技术…………………………71
　　一、分娩前的准备……………………………………71
　　二、母猪的产前管理…………………………………71
　　三、接产及人工助产…………………………………72
　　四、母猪产后的喂养与管理…………………………73

模块四　种猪饲养管理技术………………………………78

单元一　种公猪饲养管理………………………………78
　　一、种公猪的生理特点………………………………78
　　二、种公猪的营养需求………………………………79
　　三、种公猪的饲养……………………………………79
　　四、种公猪的管理……………………………………80
　　五、种公猪的合理利用………………………………81

单元二　后备种猪的饲养管理…………………………88
　　一、后备种猪的生理特点……………………………88
　　二、后备种猪的饲养目标……………………………88
　　三、后备猪的饲养……………………………………89
　　四、后备猪的管理……………………………………89
　　五、后备猪的初配适龄………………………………90
　　六、后备猪的选种……………………………………91
　　七、后备公猪的调教…………………………………92

单元三　空怀母猪饲养管理技术………………………96
　　一、空怀母猪的生理特点……………………………96
　　二、空怀母猪的饲养目标……………………………96
　　三、空怀母猪的饲养…………………………………97
　　四、空怀母猪的管理…………………………………97
　　五、促进空怀母猪发情排卵的措施…………………98

单元四　妊娠母猪饲养管理技术………………………102
　　一、妊娠母猪的营养需要……………………………102
　　二、妊娠母猪营养需要的规律………………………102
　　三、妊娠母猪的饲养管理……………………………103

  四、妊娠母猪防流保胎措施 105
  五、妊娠母猪的妊娠诊断 105
 单元五 哺乳母猪的饲养管理 109
  一、哺乳母猪的饲养目标 109
  二、母猪的泌乳规律 109
  三、影响母猪泌乳量的主要因素 110
  四、哺乳母猪的饲养 111
  五、哺乳母猪的管理 111
  六、母猪的分娩管理 112

模块五 仔猪培育技术 115

 单元一 初生仔猪的养育与护理 115
  一、初生仔猪的生理特点 115
  二、仔猪生后第一周的养育和护理 116
 单元二 哺乳仔猪饲养管理 122
  一、仔猪死亡的三个高峰期 122
  二、哺乳仔猪的养育技术 122
  三、哺乳仔猪的管理 125
 单元三 保育仔猪饲养管理 131
  一、仔猪的早期断奶 131
  二、仔猪饲料配合特点 132
  三、断奶仔猪的饲养管理 132
  四、断奶仔猪腹泻 133

模块六 生长育肥猪饲养管理技术 138

 单元一 生长育肥猪的生长发育规律 138
  一、生长育肥猪的生长规律 139
  二、影响生长肥育的因素 139
  三、生长育肥猪饲料配合特点 139
 单元二 生长育肥猪饲养管理 145
  一、选择优良品种类型和杂交组合方式 145
  二、适宜的营养水平 145
  三、提高仔猪初生重、断乳重 146
  四、适当的饲养管理方法 146
  五、适宜的环境条件 149
  六、适时屠宰 150

模块七 猪场经营管理技术 157

 单元一 猪场生产计划的编制 157
  一、核定生产能力 158
  二、制订猪场生产目标 158
  三、制订猪场的全年生产计划 158
 单元二 猪场人员管理 162

  一、人员素质要求 ··· 162
  二、各岗位人员需求 ·· 162
  三、各岗位的考核要求 ·· 164

单元三 猪场降本增效管理 ·· 169
  一、猪场的生产成本 ·· 169
  二、猪场的增效管理 ·· 169

模块八 猪群健康管理技术 ·· 172

单元一 猪场生物安全体系的构建 ···································· 172
  一、规模猪场的建设 ·· 173
  二、"全进全出"管理模式 ·· 173
  三、卫生及消毒管理 ·· 174
  四、人员的活动管理 ·· 174
  五、车辆的管理 ··· 175
  六、引种的管理 ··· 175
  七、免疫体系的建立 ·· 175
  八、疫病的监测 ··· 176
  九、疫病的净化 ··· 176

单元二 猪场免疫程序的制订 ·· 177
  一、免疫接种的概念与类型 ······································ 177
  二、猪场常规免疫程序 ··· 177
  三、疫（菌）苗使用方法 ·· 180

单元三 猪场消毒技术 ·· 184
  一、消毒的概念 ··· 184
  二、常用消毒药的种类及其应用 ································ 184
  三、消毒程序的制订与实施 ······································ 190

单元四 猪常见传染病的防治 ·· 200
  一、传染病流行的基本环节 ······································ 200
  二、传染病的发展阶段 ··· 201
  三、猪常见传染病的防治 ·· 201

单元五 猪常见寄生虫病的防治 ······································· 222
  一、猪蛔虫病及其防治 ··· 222
  二、猪疥螨病及其防治 ··· 223
  三、猪毛首线虫病及其防治 ······································ 224
  四、猪弓形体病及其防治 ·· 225

单元六 猪常见内科病的防治 ·· 230
  一、消化系统疾病 ·· 230
  二、呼吸系统疾病 ·· 233
  三、猪中毒病 ··· 236
  四、猪的营养代谢性疾病 ·· 242

参考文献 ·· 256

模块一　猪场规划设计技术

学习目标

知识目标
1. 熟悉猪场选址要考虑的自然条件和社会条件。
2. 熟悉猪场规划建设的基本原则和要求。
3. 知道猪场常用设施设备的种类和技术参数。
4. 知道猪舍对各种环境因子的要求。

能力目标
1. 能根据要求合理地选择猪场场址，并能总体规划并画出平面布局图。
2. 能合理地提出设备选择方案及环境调控方案。

素质目标
学会用科学的理论指导、安排生产，培养"科学技术是第一生产力"的意识。

单元一　猪场的选址及规划布局

案例导入

在顶岗实习期间，王东选择去××公司的××猪场。到岗这天王东怀着兴奋的心情坐火车来到猪场所在的××县，场长驱车来到火车站接到王东后沿国道直奔猪场，30分钟过去了，车子从国道转入了乡道，还不见猪场的影子。王东坐在车上，看着繁华的县城渐渐远去，零星的村庄不断地从车窗外闪过，心里不禁纳闷，猪场为什么不建在县城附近，而选建在相对偏远的乡村呢？还好，不一会儿，王东就看到坐落在半山腰的猪场身影，只见高高的围墙里各式各样的建筑有序的分布，包括水塔、料塔、猪舍等，他甚至还看到了醒目的塑胶篮球场，他心里想，猪场不就是用来养猪的吗，为什么还有这么多建筑呢？

猪场的科学选址及合理规划布局，不仅能有效保护环境而且能提高劳动生产效率，减少场内疫病发生，满足生猪最大生长需要，提高猪场的长期经济效益。猪场的选址与规划布局是猪场建设的第一步，主要内容包括猪场场址选择、猪场规划布局及猪场总平面设计。

一、猪场场址选择

猪场用地应符合土地利用发展规划和村镇建设发展规划，满足建设工程需要的水文和工程地质条件。猪场选址时应根据猪场的性质、规模、地形地势、水源、土壤、当地气候条件；饲料及能源供应、交通运输、产品销售条件；与周围工厂、居民点及其他畜禽场的距离等有效防疫要求，以及当地农业生产、猪场粪污消纳能力等环保要求，进行全面调查，综合分析后再做出决定。

其具体要求如下：

(1) 面积够用，地势高燥，排水良好。猪场地形开阔、整齐，有足够的使用面积。猪场生产区面积可按繁殖母猪每头45～50平方米或上市商品育肥猪每头3～4平方米考虑，猪场生活区、行政管理区、隔离区另行考虑，并需留有发展余地。一个自繁自育、年出栏1万头猪的大型商品猪猪场，占地面积宜在30 000平方米。

猪场地势应高燥、平坦、排水良好。地势低洼的场地容易积水而潮湿泥泞，且夏季通风不良，空气闷热，蚊蝇和微生物滋生，易感染传染病和寄生虫病；而冬季则显阴冷。猪场应节约用地，不占或少占耕地，在丘陵山地建场时应尽量选择阳坡，坡度不超过20°。坡度过大，不但在施工中需要大量填挖土方，增加工程投资，而且在建成投产后也会给场内运输及管理工作造成不便。

土壤要求透气性好，易渗水，热容量大，以沙壤土为宜。选择场址时应避免在旧猪场或其他畜牧场场地上重建或改建。以下地区或地段不宜征用：①自然保护区、生活饮用水水源保护区、风景旅游区；②受洪水威胁及泥石流、滑坡等自然灾害多发的地带；③自然环境污染严重的地区。

(2) 见水定案。水源充足、水质良好是猪场选址的先决条件，否则会给今后生产带来极大不便和损失。水源要便于取用和进行卫生防护，并易于净化和消毒。要求水质洁净，不含细菌、寄生虫卵及有毒物质。水源水量必须满足场内生活用水、猪只饮用及饲养管理用水（如冲洗猪舍、清洗机具和用具等）的要求。另外，水源的建设还要给猪场今后的生产发展留有余地。猪只需水量参考值见表1-1。

表1-1 猪只需水量参考值

类别	饮水量/[升·(头·天)$^{-1}$]	总需水量/[升·(头·天)$^{-1}$]
种公猪	10	40
妊娠母猪	12	40
哺乳母猪	20	75
断奶仔猪	2	5
育肥猪	6	25

(3) 交通方便，供电稳定，有利于防疫。交通和供电方便，可降低运输费用、缩短输电距离，节省开支。为了保持良好的卫生防疫和安静的环境，猪场应远离居民区、兽医机构、屠宰场、公路、铁路干线（1 000米以上），并根据当地常年主导风向，使猪场位于

居民区的下风向和地势较低处，但要避开居民区的污水排出口。与其他牧场应保持足够距离，距一般牧场应不少于150~300米，距大型牧场应不少于1 000~1 500米。

（4）合理规划，农牧结合，防止污染。猪场会产生大量的粪便及污水（畜牧业的污染有2/3来自养猪），建场时必须将生产与排污以及防止污染等统筹安排、合理规划。

如果能把养猪与养鱼、种植蔬菜和果树或其他农作物结合起来，则会变废为宝、综合利用，保持生态平衡，保护环境。

二、猪场规划布局

规划猪场的目的在于合理利用场地，便于卫生防疫、组织生产，从而提高劳动生产率。

1. 猪场场地规划

猪场的功能分区是将功能相同或相似的建筑物集中在场地的一定范围内。猪场的功能分区是否合理，各区建筑物布局是否恰当，不仅影响基建投资、经营管理、组织生产、劳动生产力和经济效益，而且影响场区的环境状况和卫生防疫。按照功能不同可将猪场分为：生活区、生活管理区、辅助生产区、生产区、隔离区。因此，做好猪场的分区规划和确定场区各种建筑物的合理布局十分重要。按猪场各功能区规划示意如图1-1所示。

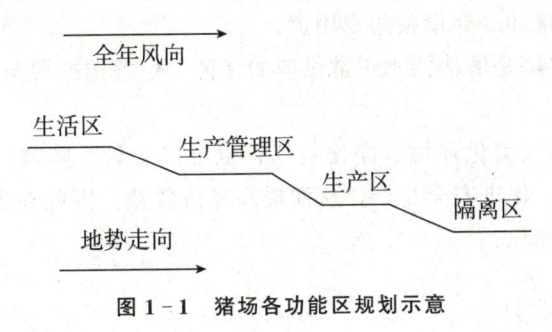

图1-1 猪场各功能区规划示意

2. 场区布局

对猪场的建筑物进行布局时，需要考虑各建筑物间的功能关系、卫生、防疫、通风、采光、防火、节约占地等因素。

（1）生产区。生产区包括各类猪舍和生产设施，这是猪场中的主要建筑区，建筑面积占全场总建筑面积的70%~80%。种猪舍要求与其他猪舍隔开，形成种猪区。种猪区应设在人流较少和猪场的上风向，种公猪在种猪区的上风向，防止母猪的气味对公猪形成不良刺激；同时，可利用公猪的气味刺激母猪发情。分娩舍既要靠近妊娠舍，又要接近培育猪舍。育肥猪舍应设在下风向，且离出猪台较近。在生产区的入口处，应设专门的消毒间或消毒池，以便对进入生产区的人员和车辆进行严格消毒，如图1-2所示。

（2）生产管理区。生产管理区包括猪场生产管理必需的附属建筑物，如饲料加工车间、饲料仓库、修理车间、变电所、锅炉房、水泵房等。它们和日常的饲养工作有密切的关系，因此这个区应该与生产区毗邻建立。

全年风向 →

公猪舍 → 空怀母猪舍 → 妊娠舍 → 分娩哺乳舍 → 仔猪保育舍 → 生长舍 → 育肥舍

↓

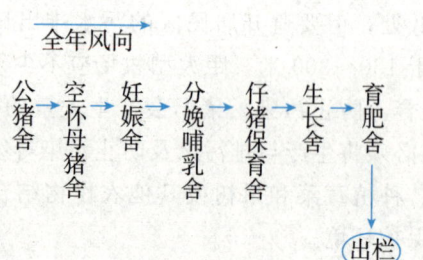

出栏

图1-2　生产区各类猪舍的布局

(3)病猪隔离间及粪便堆存处。病猪隔离间及粪便堆存处应远离生产区，设在下风向、地势较低的地方，以免影响生产猪群。

(4)兽医室。应设在生产区内，只对区内开门，为便于处理病猪，通常设在下风方向。

(5)生活管理区。包括办公室、接待室、财务室、食堂、宿舍等，这是管理人员和家属日常生活的地方，应单独设立，设在生产区的上风向，或与风向平行的一侧。另外，猪场周围应建围墙或设防疫沟，以防兽害和闲杂人员进入场区。

(6)道路。道路对生产活动正常进行、卫生防疫及提高工作效率起着重要的作用。场内道路应净、污分道，互不交叉，出入口分开。净道用于人员通行和饲料、产品的运输，污道为运输粪便、病猪和废弃设备的专用道。

(7)水塔。自设水塔是清洁饮水正常供应的保证，位置选择要与水源条件相适应，且应安排在猪场最高处。

(8)绿化。绿化不仅美化环境、净化空气，也可以防暑、防寒，改善猪场的小气候，同时还可以减弱噪声，促进安全生产，从而提高经济效益。因此在进行猪场总体布局时，一定要考虑和安排好绿化。

三、猪场总平面设计

在猪场场址及总体规划确定以后，根据场址条件进行猪场总平面设计。总平面设计主要包括功能分区；建筑物和构筑物的平面布置；人流和货流交通组织；地形的组织和排水(雨水及污水)；场地绿化、美化和环境卫生等。

在进行猪场总平面设计时，应对各类建筑按照彼此间的功能联系进行统筹安排，如对于建筑物之间的距离，在考虑防疫、防火、通风、日照要求的前提下，尽量使总体布置紧凑，节约建筑用地。建筑物应平行整齐排列，如栋数不多，宜呈一行排列；当栋数较多时，可呈两行、三行排列。布局时要结合现场具体条件，遵循基本原则，因地制宜。猪场的总平面布局(图1-3)有以下几种。

(1)单排式猪场。这种猪场道路组织比较简单，一边布置饲料通道(净道)，另一边布置粪便通道(污道)，互不干扰。猪舍的间距可以考虑为10米左右，以节约用地，缩短运输路线。

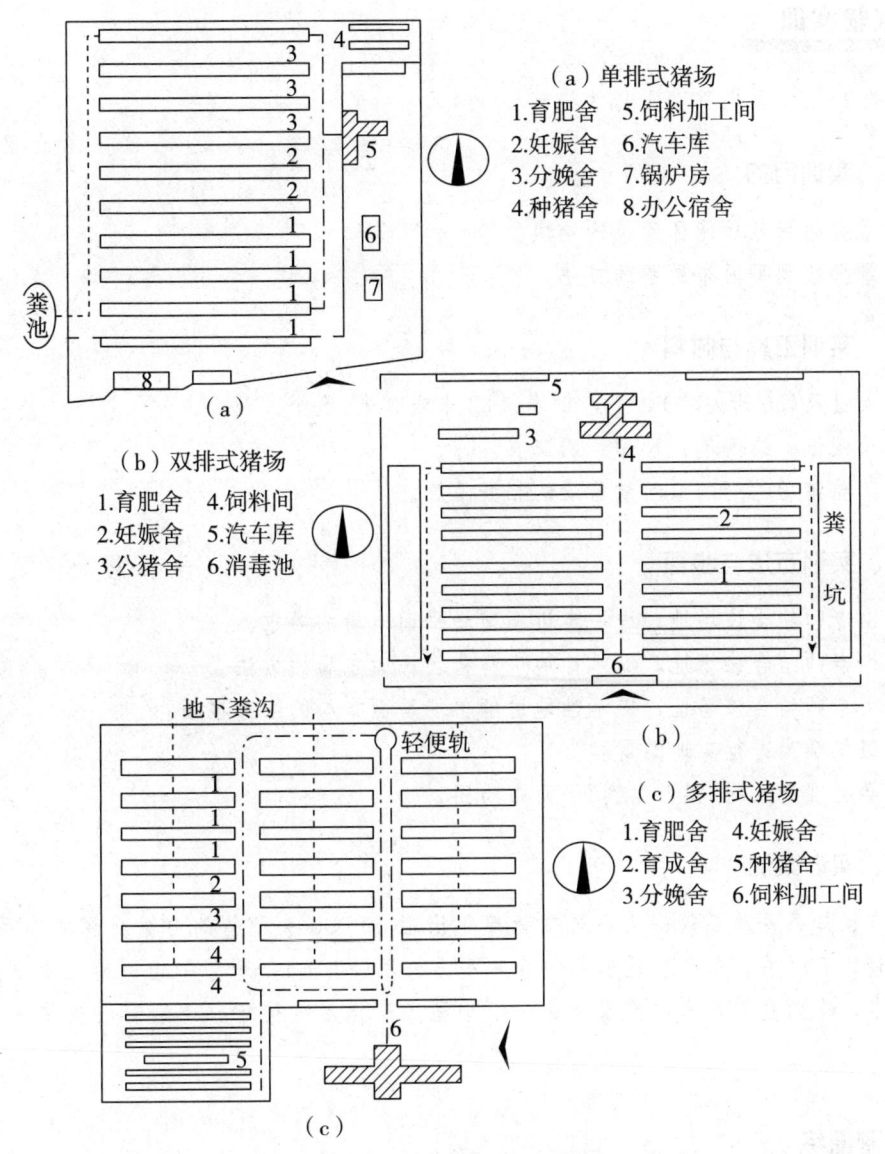

图 1-3 猪场总平面布局
(a)单排式猪场；(b)双排式猪场；(c)多排式猪场

(2)双排式猪场。两排猪舍中央大道既为饲料通道，又是人流通道。两侧道路为清粪道。这种布置的优点是饲料输送线路比较短、总体看来对称整齐，较受欢迎。

(3)多排式猪场。大型猪场可以采用多排式总体布置，但道路组织比较复杂，净污道不易分辨。

实验实训

实验1—1 猪场平面布局的绘制

一、实训目的

1. 掌握猪场各功能区建筑的构成。
2. 掌握绘制平面布局图的方法。

二、实训工具与材料

1. 大盘尺(50米左右)数个,钢卷尺(2米或3米)数个。
2. 绘图纸、绘图笔、尺等绘图工具。
3. 某养猪场(公司)拟新建猪场的相关信息。

三、实训方法与步骤

1. 由老师结合该场址,进一步讲解猪场平面布局的要求。
2. 由老师结合该场址,提示性地讲解猪场平面布局的方法。
3. 由老师结合该场址,提示性地讲解猪场平面布局的注意事项。
4. 组织学生进行实地测量和点评。
5. 学生现场绘制"实训案例"平面布局图。

四、实训案例

实训已知条件及参数:某公司拟新建年出栏10 000头肥猪的自繁自育的商品猪场,基础母猪约500头,该新场址面积约5.8平方公顷(87亩);地势平坦;南北走向:南北长370米,东西宽155米,要求建成一个小型工厂化示范猪场。请绘制出该猪场平面布局图。

自测训练

一、单选题

1. 无公害猪场距离污染源至少应为( )。
   A. 100米　　　　　　　　　　B. 500米
   C. 1千米　　　　　　　　　　D. 2千米
2. 一般认为,商品猪养殖场分大规模型、中规模型和小规模型。大规模型猪场的年产商品猪在( )以上。
   A. 2 000头　　　　　　　　　B. 5 000头

  C. 10 000 头   D. 50 000 头

3. 场址应距离生活饮用水源地、动物屠宰加工场所、动物和动物产品集贸市场（　　）以上。

  A. 100 米   B. 200 米   C. 500 米   D. 1 000 米

4. 根据当地的主导风向，以下场区布局中合理的是（　　）。

  A. 生产区—生活管理区—粪污处理区   B. 生活管理区—生产区—粪污处理区

  C. 粪污处理区—生活管理区—生产区   D. 生活管理区—粪污处理区—生产区

二、判断题

1. 在同一畜禽舍内，各处的空气湿度是完全均匀一致的。（　　）
2. 养殖场应有与生产规模相适应的病死畜、废弃物等无害化处理设施设备。（　　）

单元二　猪舍建筑设计及配套设施选择

案例导入

经过严格的消毒后，王东进入猪场并分配了宿舍，站在宿舍的窗口，不远处的各类猪舍一览无余，猪舍大小不一，形式各样，但都排列得错落有致，猪舍之间道路纵横。稍加休息，王东就跟着带教师傅进入猪舍，发现不同的猪舍内部设施、栏架相差很大，王东心里充满迷惑，都是养猪为什么不同猪舍差别这么大呢？

根据地理及气候，对猪舍建筑进行设计，能最大限度地满足猪对温度、通风等环境条件的要求，促进猪的生长。同时，合理选择猪场内的配套设施可以有效提高劳动生产率，保证生产流程的顺利进行。

一、猪舍建设基本要求

(1)猪舍原则上应坐北朝南，或坐西北朝东南(偏东15°)，冬暖夏凉；
(2)经济实用，坚固合理；
(3)便于消毒，有利卫生；
(4)因地制宜，做到科学合理，以实用、适用、够用为好，尽量节约土建支出；
(5)方便饲养管理，有利于环保。

二、猪舍设计

1. 猪舍的样式

(1)按结构形式可分为敞开式、密闭式及塑料大棚猪舍。敞开式猪舍有屋顶，三面有墙，一面敞开。密闭式猪舍有屋顶，周围有墙和门窗，形成封闭状态。塑料大棚猪舍是在冬季到来之前，将敞开式猪舍敞开的那面用塑料薄膜罩封起来，形成封闭状态，过冬后再打开，比较简易、实用。

(2)按猪舍内猪栏位的排列可分为单列式、双列式及多列式。

(3)按屋顶分可分为单坡式、双坡式、气楼式、半气楼式、平顶式、拱式及特殊式。单坡式一般用于敞开式猪舍，双坡式多用于半封闭和封闭式猪舍，气楼式及半气楼式多用于多列式猪舍，平顶式多用于简易的农家庭院猪舍，拱式多用于木材较缺的地方，特殊式包括活动式和山洞式。

(4)按用途分可分为种公猪舍、种母猪舍、分娩舍、保育舍、育肥舍等。

2. 猪舍基本结构设计

一列完整的猪舍主要由地基与基础、墙壁、屋顶、地面、门、窗、粪尿沟、隔栏等部分构成，其中地面、墙壁、屋顶、门、窗等又统称为猪舍的外围护结构。猪舍的小气候状况在很大程度上取决于猪舍的基本结构(图1-4)，尤其是外围护结构。

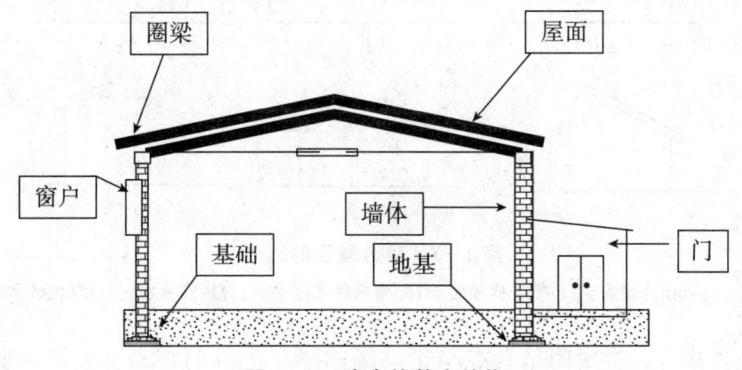

图1-4 猪舍的基本结构

(1)地基。猪舍的坚固性、耐久性和安全性与地基有很大的关系，因此要求地基必须具备足够的强度和稳定性，以防止猪舍因过度或不均匀沉降(下沉)引起裂缝和倾斜，导致猪舍的整体结构受到影响。

支持整个建筑物的土层叫地基，可分为天然地基和人工地基。一般猪舍直接建于天然地基上。天然地基的土层要求结实、土质一致、有足够的厚度、压缩性小、地下水位在2米以下。通常以一定厚度的沙壤土层或碎石土层为宜。黏土、黄土、沙土、富含有机物和水分及膨胀性大的土层不宜用作地基。

(2)基础。基础是猪舍地面以下起承载作用并将受力传给地基的构件。基础埋置深度因猪舍自重大小、地下水位高低、地质状况不同而异。混凝土、条石、黏土砖均可作基础。基础一般比墙宽10~20厘米，并成梯形或阶梯形，以减少建筑物对地基的压力。基础埋深为50~70厘米，要求埋置在土层最大冻结深度之下；同时，还要加强基础的防潮和防水能力，一般应在基础顶部铺设防潮层。实践证明，加强基础的防潮和保温，对改善猪舍小气候具有重要意义。

(3)墙壁。要求坚固、耐用，保温性好。比较理想的墙壁为砖砌墙，要求水泥勾缝，离地0.8~1.0米水泥抹面。

(4)屋顶。屋顶的作用是防止漏水和保温隔热。屋顶的保温与隔热作用比墙重要，它是猪舍散热最多的部位，也是夏季吸收太阳能最多的部位，因而要求结构简单、经久耐用、保温性能好。按猪舍屋顶的结构形式可分为单坡式、双坡式、气楼式、半气楼式、拱顶式、双坡歧面式等类型，如图1-5所示。

(5)地面。地面的要求坚固、耐用，渗水良好。比较理想的地面是水泥勾缝平砖式(属新技术)。其次为夯实的三合土地面，要将三合土混合均匀，湿度适中，且要夯实。

(6)粪尿沟。开放式猪舍要求设在前墙外面；全封闭、半封闭(冬天扣塑料棚)猪舍可设在距南墙40厘米处，并加盖漏缝地板。粪尿沟的宽度应根据舍内面积设计，至少有30厘米宽。漏缝地板的缝隙宽度要求不大于1.5厘米。

(7)门窗。开放式猪舍运动场前墙应设有门，高0.8~1.0米，宽0.6米，要求特别

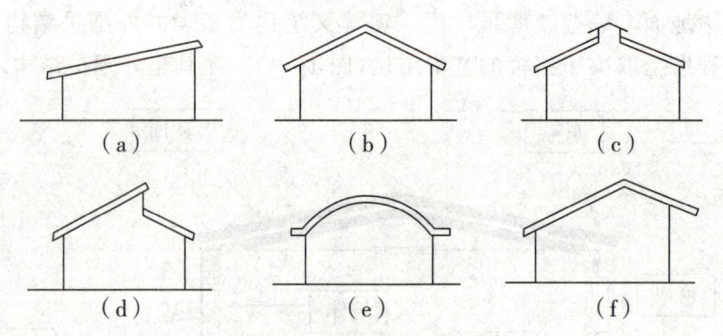

图 1-5 猪舍屋顶的结构

(a)单坡式猪舍；(b)双坡式猪舍；(c)气楼式猪舍；(d)半气楼式猪舍；(e)拱式猪舍；(f)双坡歧面("人"字)式猪舍

结实，尤其是种猪舍；半封闭猪舍在与运动场的隔墙上开门，高 0.8 米，宽 0.6 米；全封闭猪舍在饲喂通道侧设门，高 0.8~1.0 米，宽 0.6 米。通道的门高 1.8 米，宽 1.0 米。无论哪种猪舍都应设后窗。开放式、半封闭式猪舍的后窗长与高皆为 40 厘米，上框距墙顶 40 厘米；半封闭式中隔墙窗户及全封闭猪舍的前窗要尽量大，下框距地应为 1.1 米；全封闭猪舍的后墙窗户可大可小，若条件允许，可装双层玻璃。

(8)猪栏。除通栏猪舍外，密闭猪舍内均需建隔栏。隔栏材料基本上是砖、水泥及钢栅栏。纵栏应固定，横栏可活动，以便进行舍内面积的调节。

3. 各类猪舍设计

不同年龄、性别和生理阶段的猪只对环境条件的要求各不相同，根据猪的生理特点、生物学和行为学特性，设计建造不同用途的猪舍，大体划分为 5 类，即公猪舍、空怀与妊娠母猪舍、泌乳母猪舍(分娩舍、产房)、仔猪保育舍和生长育肥舍。不同猪舍的结构、样式、大小以及保温隔热性能等均有所不同。另外，猪舍的设计与建造，首先要符合养猪生产工艺流程，其次要考虑实际情况。黄河以南地区以防潮隔热和防暑降温为主；黄河以北则以防寒保温和防潮防湿为重点。

(1)公猪舍。公猪舍为单列半开放式，舍内温度要求 15~20 ℃，风速为每秒 0.2 米，内设走廊，外有小运动场，以增加种公猪的运动量，一舍一头。

(2)空怀、妊娠母猪舍。空怀、妊娠母猪最常用的一种饲养方式是分组大栏群饲，一般每栏饲养空怀母猪 4~5 头、妊娠母猪 2~4 头。舍栏的结构有混凝土实体式、栏栅式、综合式三种，猪舍布置多为单走道双列式。猪舍面积一般为 7~9 平方米，地面坡降不要大于 1/45，地表不要太光滑，以防止母猪跌倒。也可每舍 1 头。要求舍温为 15~20 ℃，风速为每秒 0.2 米。

(3)分娩哺育舍。舍内设有分娩栏，布置多为两列或三列式。舍内温度要求 15~20 ℃，风速为每秒 0.2 米。分娩栏位结构也因条件而异。①地面分娩栏：采用单体栏，中间部分是母猪限位架，两侧是仔猪进行采食、饮水、取暖等活动的地方。母猪限位架的前方是前门，前门上设有食槽和饮水器，供母猪采食、饮水，限位架后部有后门，供母猪进入及清粪操作。可在栏位后部设漏缝地板，以排除栏内的粪便和污物。②网上分娩栏：主要由分娩栏、仔猪围栏、钢筋编织的漏缝地板网、保温箱、支腿等组成。

(4)仔猪保育舍。舍内温度要求26~30 ℃，风速为每秒0.2米。可采用网上保育栏，1~2窝一栏网上饲养，用自动落料食槽，自由采食。网上培育，减少了仔猪疾病的发生，有利于仔猪健康，提高了仔猪成活率。仔猪保育栏主要由钢筋编织的漏缝地板网、围栏、自动落食槽、连接卡等组成。

(5)生长、育肥舍和后备母猪。这三种猪舍均采用大栏地面群养方式，自由采食，其结构形式基本相同，只是在外形尺寸上因饲养头数和猪体大小的不同而有所变化。

三、猪场配套设备选择

选择与猪场饲养规模和工艺相适应的先进且经济的设备，是提高生产水平和经济效益的重要措施。猪场主要包括各种限位饲养栏、漏粪地板、供水系统、饲料加工、储存、运送、饲养、供暖通风、粪料处理设备，以及卫生防疫、检测和各种运输工具等。

(一)猪栏

猪栏是限制猪的活动范围和防护的设施(备)，为猪只的活动、生长发育提供了场所，也便于饲养人员进行管理。猪舍的隔栏有砖砌隔栏、金属隔栏和综合式隔栏三种。砖砌隔栏坚固耐用，耐酸碱，且造价低廉，但却有影响舍内空气流通的缺点；金属隔栏用25~30毫米的钢管焊接而成，其优点是通风、透光，便于清扫和消毒，缺点是造价高，且容易被水分和酸碱腐蚀；综合式隔栏是将上述两种形式融合在一起，使两者互为补充。猪栏一般分为公猪栏、配种栏、妊娠栏、分娩栏、保育栏、生长育肥栏等。具体介绍如下所述。

1. 公猪栏、空怀母猪栏、配种栏

这几种猪栏一般都位于同一栋舍内，因此，面积相等，栏高1.2~1.4米，面积7~9平方米。

2. 妊娠栏

妊娠猪栏有两种：单体栏和小群栏。单体栏由金属材料焊接而成，一般栏长2米，栏宽0.65米，栏高1米；小群栏的结构可以是混凝土实体结构、栏栅式或综合式结构，高一般1~1.2米，由于采用限制饲喂，所以，不设食槽而采用地面饲喂。面积根据每栏饲养头数而定，一般为7~15平方米。

3. 分娩栏

分娩栏的尺寸与选用的母猪品种有关，长度一般为2~2.2米，宽度为1.7~2.0米；母猪限位栏的宽度为0.6~0.65米，高1.0米。仔猪活动围栏每侧的宽度为0.6~0.7米，高0.5米左右，栏栅间距为5厘米。

4. 仔猪培育栏

仔猪培育栏一般采用金属编织网漏缝地板或金属编织镀塑漏缝地板，后者的效果好于前者。大、中型猪场多采用高床网上培育栏，它是由金属编织网漏缝地板、围栏和自动食槽组成，漏缝地板通过支架设在粪沟上或实体水泥地面上，相邻两栏共用一个自动食槽，每栏设一个自动饮水器。这种保育栏能保持床面干燥清洁，减少仔猪的发病率，是一种较理想的保育猪栏。仔猪保育栏的栏高为0.6米，栏栅间距5～8厘米，面积因饲养头数不同而不同。小型猪场断奶仔猪也可采用地面饲养的方式，但寒冷季节应在仔猪卧息处铺干净软草或设火炕。

5. 育成、育肥栏

育成、育肥栏有多种形式，其地板多为混凝土结实地面或水泥漏缝地板条，也有采用1/3漏缝地板条，2/3混凝土结实地面。混凝土结实地面一般有3%的坡度。育成、育肥栏的栏高一般为1～1.2米，采用栏栅式结构时，栏栅间距8～10厘米。

(二)饮水设备

猪用自动饮水器的种类很多，有鸭嘴式、杯式、乳头式等。由于乳头式和杯式自动饮水器的结构和性能不如鸭嘴式饮水器，目前普遍采用的是鸭嘴式自动饮水器。鸭嘴式猪用自动饮水器主要由阀体、阀芯、密封圈、回位弹簧、塞和滤网组成。

(三)饲喂设备

猪场喂料方式可分为机械喂料和人工喂料两种。机械喂料是将加工好的全价配合饲料，用饲料散装运输车直接送到猪场的饲料储存塔中，然后用输送机送到猪舍内的自动食槽或限量食槽内进行饲喂。这种方法饲料新鲜，不受污染，减少包装、装卸和散漏损失，还实现了机械化、自动化，节省劳动力，提高了劳动生产率。但设备造价、成本高，对电力的依赖性强。因此，只有少数现代化猪场采用。

目前，大多数猪场以人工喂料为主，由人工将饲料投到自动饲槽或限量食槽。人工喂料劳动强度大，劳动生产率低，饲料装卸、运送损失大，又易污染，但所需设备较少，投资小，适宜运送各种形态的饲料，且不需要电力，任何地方都可采用。

猪舍的喂料设备可分为普通食槽和自动食槽两类。普通食槽根据其使用材料可分为水泥食槽和金属食槽。水泥食槽坚固耐用、价格低廉，既适合喂干料也适合喂湿料，同时还可兼顾做水槽，其缺点是不易清扫；金属食槽易于清扫，但只适合饲喂干料。自动食槽也称自动采食箱，一般由饲料箱和食槽两部分组成。

(1)间隙添料饲槽。条件一般的猪场采用此饲槽，分为固定饲槽、移动饲槽。水泥浇注固定饲槽，设在隔墙或隔栏的下面，由走廊添料，滑向内侧，便于猪采食。饲槽一般为长方形，每头猪所占饲槽的长度应根据猪的种类、年龄而定。较为规范的猪场都不采用移动饲槽。集约化、工厂化猪场，限位饲养的妊娠母猪或泌乳母猪，其固定饲槽为金属制品，固定在限位栏上。

(2)方形自动落料饲槽。这种饲槽常见于集约化、工厂化的猪场。方形落料饲槽有单开式和双开式两种。单开式的一面固定在与走廊的隔栏或隔墙上；双开式则安放在两栏之间的隔栏或隔墙上，自动落料饲槽为镀锌铁皮制成，并以钢筋加固，否则极易损坏。

(3)圆形自动落料饲槽。圆形自动落料饲槽用不锈钢制成，较为坚固耐用，底盘也可用铸铁或水泥浇注，适用于高密度、大群体生长的育肥猪舍。

(四)饮喂设施的安排

猪栏内是猪只趴卧休息、吃食饮水、排泄的场所。主要分为饲喂区、休息趴卧区和排泄区。

按排泄区的位置又可分后排型、前排型和侧排型。

(1)后排型若与舍外排泄区相结合,则卫生条件会更好。但在北方,冬天到舍外排泄对保温不利,后排型反而会污染部分趴卧区,除粪也要经过饲喂区,不够卫生。

(2)前排型是常见的一种安排方式,趴卧区较安静、清洁,冬季也避风,但排泄与饲喂在同一侧,也不利于卫生。

(3)侧排型吃、拉、睡三处明显分开,除粪方便,但进舍后必须对猪只进行侧排泄强制训练,一般2~3天即可让它们养成定点侧排的习惯,这是一般规模猪场常选用的一种方式。

(五)猪场排水设施

猪场的排水设施因猪舍的结构、饲养管理方式的不同,对其要求也不一样。目前,猪场常用的排水设施有两种类型:传统式和漏缝地板式。

传统式的排水设施主要是依靠人力清理粪尿,一般由排尿沟、降口、地下排出管及粪水池组成。猪舍的地面向排水沟稍微倾斜,以利于污水的排出。漏缝地板式的排水设施包括漏缝地板和粪沟两部分。漏缝地板也就是地板上有很多的缝隙,粪尿可以通过这些缝隙流入粪沟,地板上少量残留可以用水冲洗。漏缝地板的板条、缝隙要根据猪的体重不同调整,如22~45千克的仔猪,板条宽度一般为10~15厘米,缝隙的距离为3厘米左右。粪沟位于漏缝地板的下方,漏缝地板的长度和宽度决定了粪沟的大小,一般情况下,全漏缝地板,粪沟和地板的大小基本相同,局部漏缝地板,应设成局部粪沟。在粪沟清理粪便多采用机械刮板和水冲两种方式。机械刮板清粪省水,但是刮板易腐蚀,不耐用。水冲操作简单,不需要特殊的设备,但是使用的水量大,粪便加水稀释,对其处理和利用比较困难,而且设备投资金额较大,管理也较麻烦,对环境的污染也较强。

(六)通风设施

采用自然通风的方式,多以门窗开启来完成,有的还在每间猪栏南墙下面设一个25厘米×20厘米的通风口,并安上铁网,夏季开启,冬季关闭堵实。

冬季或在北方寒冷地区,利用能随时开启的"小窗户"作为进气口,在顶棚上设置排气口。对于双列式猪舍,在顶棚上每隔三舍栏设一个45厘米×5厘米的排气口。

密闭猪舍多采用机械强制通风。

实验实训

实验1-2 养猪设备的识别与使用

一、实训目的

1. 了解各种养猪设备的功能。
2. 能正确识别各种养猪设备。
3. 初步掌握主要养猪设备的操作方法。

二、实训工具与材料

具有主要养猪设备的规模化猪场。

三、实训方法与步骤

1. 由老师对该猪场整体养猪设备的现状作简要介绍。
2. 由老师带领学生到各养猪车间,对养猪设备进行现场识别。
3. 要求学生对各养猪车间的设备进行现场操作。

四、实训案例

在某规模化猪场实地进行常见养猪设备的识别与操作。分别写出该猪场各养猪车间拥有养猪设备的名称、规格等,并简述各设备在养猪生产中的功能、操作要点和保养要求(完成500字的实训报告)。

自测训练

一、填空题

规模化猪场常见的养猪设备主要有_____、_____、_____、_____、_____几类。

二、选择题

1. 规模化养殖场中,可用一台自动投料机完成所有投料饲喂动作,体现出机械化饲养能(　　)。
   A. 提高畜产品质量　　　　　　B. 提高工作效率
   C. 提高饲养效果　　　　　　　D. 提高品种质量
2. 杯式饮水器的缺点是(　　)。
   A. 水量消耗较大　　　　　　　B. 杯内易积存饲料残渣
   C. 使用麻烦　　　　　　　　　D. 结构复杂

三、问答题

母猪产床由哪几部分构成,使用产床对生产有什么好处?

单元三 猪场的环境控制

案例导入

经过几天的学习和观察，王冬逐渐适应了猪场的生活和工作，但也发现了一个奇怪的现象，他发现有些老员工在中午休息时没有回宿舍，而是在猪舍里睡午觉，现正处夏天，难道猪舍里不热不臭吗？他将这个疑问向师傅提出，师傅笑了笑，就带他进了猪舍。只见猪舍里大大小小的风扇正在工作着，湿帘也在滴滴答答淌着水，猪舍温度比外面凉快多了，也闻不到臭味。师傅告诉他这是环境控制系统发挥了作用。

环境因素包括空气、水域、土壤和群体四个方面，其中又有物理、化学和生物方面的因素。物理因素包括温度、湿度、光照、噪声、地形地势、猪舍等；化学因素包括空气、有害气体、水以及土壤中的化学成分等；生物因素包括环境中的寄生虫、微生物、媒介生物及其他动物等；群体关系包括员工对猪只的饲养管理、调教、利用，以及猪场、猪舍和猪只群体内的关系等。

一、猪舍对环境条件的要求

(一)猪舍对温、湿度要求

猪对环境温、湿度的要求较高，在环境温度适宜或稍微偏高的情况下，湿度稍高有助于舍内粉尘下沉，使空气变得清洁，对防止和控制呼吸道疾病的传染有利。猪舍内如果出现高温高湿、高温低湿、低温高湿、低温低湿等环境，对猪的健康和生产力都有不利影响。猪的正常体温为38～39.5 ℃，大猪怕热，小猪怕冷。由于猪的汗腺不发达，皮下脂肪厚，热量散发困难，耐热性很差。猪舍适宜的空气温度和相对湿度如表1-2所示。

表1-2 猪舍适宜的空气温度和相对湿度

猪舍类型	空气温度/℃	相对湿度/%
种公猪舍	15～20	60～70
空怀、妊娠母猪舍	15～20	60～70
哺乳母猪舍	18～22	60～70
哺乳仔猪保温箱	28～32	60～70
保育猪舍	20～25	60～70
生长育肥猪舍	15～23	65～75

(二)猪舍对空气卫生要求

造成猪舍空气污浊的主要原因有两个方面：一是呼吸排出的二氧化碳、水蒸气，以及粪尿分解产生的氨气、硫化氢等有害气体超标；二是日常饲养管理不当，如猪舍内粪污不及时清理、消毒措施不到位、采用干粉料饲喂等。如果猪舍空气污浊严重，往往造成空气中含氧量不足，不但影响猪的身体健康，而且还会造成生产性能下降。因此，在密闭的猪舍内，每立方米氨不超过25毫克、硫化氢不超过10毫克、二氧化碳不超过1 500毫克，在生产中要做好猪舍的通风换气工作，通风换气参数如表1-3所示。

表1-3 猪舍通风换气参数

猪舍类型	通风量/[立方米·(小时·千克)⁻¹]			风速/(米·秒⁻¹)	
	冬季	春秋季	夏季	冬季	夏季
种公猪舍	0.35	0.55	0.70	0.30	1.00
空怀、妊娠母猪舍	0.30	0.45	0.60	0.30	1.00
哺乳母猪舍	0.30	0.45	0.60	0.15	0.40
保育猪舍	0.30	0.45	0.60	0.20	0.60
生长育肥猪舍	0.35	0.50	0.65	0.30	1.00

(三)噪声与光照要求

1. 噪声

猪舍的噪声主要来源于三个方面：一是外界传入；二是舍内机械设备生产运行产生；三是生产管理人员操作过程中以及猪的活动产生。噪声对猪的影响主要表现为应激危害，会对猪的各个器官和系统的正常功能产生不良影响。噪声对猪应激明显。一般情况下，猪舍的生产噪声和外界传入的噪声强度不能超过80分贝。

2. 光照

猪舍内适宜的光照时间和光照强度，可增强母猪的性欲，促进发情，利于排卵；过量的光照时间和光照强度，会使猪的体热调节发生障碍，加剧猪的热应激反应，影响猪的健康。光照时间对育肥猪的影响不太明显，一般认为，适当缩短光照时间可使生长育肥猪多吃、多睡、少运动，从而提高日增重。各类猪舍适宜的采光要求如表1-4所示。

表1-4 各类猪舍适宜的采光要求

猪舍类型	自然光照		人工光照	
	采光系数	辅助照明光照强度/勒克斯	光照强度/勒克斯	光照时间/小时
种公猪	1:(10～12)	50～75	50～100	14～18

续表

猪舍类型	自然光照		人工光照	
	采光系数	辅助照明光照强度/勒克斯	光照强度/勒克斯	光照时间/小时
成年母猪	1:(12~15)	50~75	50~100	14~18
哺乳母猪	1:(10~12)	50~75	0~100	14~18
哺乳仔猪	1:(10~12)	50~75	50~100	14~18
保育猪	1:10	50~75	50~100	14~18
育肥猪	1:(12~15)	50~75	30~50	8~12

二、猪舍环境控制

根据当地自然环境条件和猪场具体情况，通过建造有利于猪只生存和生产的不同类型猪舍及环境设施来克服自然气候因素对养猪生产的不良影响的过程称为猪舍环境控制。猪舍的环境控制主要有下列几个方面。

(一)猪舍温度控制

1. 猪舍的保温隔热设计

通过保温隔热设计，选用热导率小、总传热系数小、热阻大的建筑材料建设猪舍，在寒冷季节，将猪舍内的热能保存下来，防止向舍外散失；在炎热的季节，隔断太阳辐射热传入舍内，防止舍内温度升高，从而控制舍内环境。

在猪舍的外围护结构中，屋顶面积大，冬季散热和夏季吸热最多，因此，必须选用导热性小的材料建造屋顶，并要求有一定的厚度。在屋顶增设保温层和吊顶，可明显增强保温隔热效果。

墙壁应选用热阻强的建筑材料，利用空心砖或空心墙体，并在其中填充隔热材料，可显著提高墙壁的热阻，取得更好的保温隔热效果。炎热地区墙壁的隔热意义不大，应选择开放式或半开放式猪舍类型。在寒冷地区应在满足采光和夏季通风的前提下，尽量少设门窗，尤其是地窗和北窗。加设门斗，窗户设双层，气温低的月份挂草帘或棉帘保暖。

冬季，地面的散热量也很大，可在猪舍地面的不同部位采用相应材料增加保温效果。猪的躺卧区选用保温性能好、富有弹性、质地柔软的材料，其他部位用坚实、不透水、易消毒、导热少的材料。

减小外围护结构的表面积，可明显提高保温效果。在以防寒为主的地区，不影响饲养管理的前提下，应适当降低猪舍的高度，以檐高 2.2~2.5 米为宜。在炎热地区，应适当增加猪舍的高度，采用钟楼式屋顶有利于防暑。

2. 猪舍的防暑降温

炎热夏季，太阳辐射强，气温高，昼夜温差小，持续时间长，采取有效的防暑降温措施十分重要。方法很多，采用机械强制的方法效果最好，但设备和运行费用高。常用的防暑降温法如下所述。

(1)通风降温。通风分为自然通风和机械强制通风两种，夏季多开门窗，增设地窗。舍内形成自然风。炎热地区和跨度较大的猪舍，应采用机械强制通风，形成较强气流增强降温效果。

(2)蒸发降温。向屋顶、地面、猪体上喷洒冷水，靠水分蒸发吸热而降低舍内温度。为使舍内的湿度增大，应间歇喷洒。在高湿气候条件下，水分蒸发有限，故降温效果不明显。

(3)湿帘－风机降温系统。这是一种生产性降温设备，由湿帘、风机、循环水路及控制组成，主要是靠蒸发降温，也有通风降温的作用，降温效果十分明显。

另外，常用的降温措施还包括在猪舍外搭设遮阳棚、屋顶墙壁涂白、场区绿化、降低饲养密度以及供应清凉、洁净、充足的饮水等。

3. 猪舍的防寒保温

寒冷季节，若通过猪舍外围护结构的保温不能使舍内温度达到要求，则应采取人工供热措施，尤其是仔猪舍和产房。人工供热分为集中采暖和局部采暖两种形式，集中采暖是用同一热源，采用暖气、热风炉、火炉、火墙等供暖设备来提高猪舍的温度；局部采暖是用红外线灯、电热板、火炕、保育箱、热水袋等为舍内局部区域供暖，主要应用在仔猪活动区。

(二)猪舍内湿度与有害气体的控制

猪舍内的湿度很少出现较低的情况，但当湿度较低时，可通过地面洒水或结合带猪喷雾消毒来提高湿度。若湿度过高，则可通过通风排出多余的水汽，同时排出有害气体。

1. 自然通风

自然通风是靠舍内外的温差和气压差实现的。猪舍内气温高于舍外，冷空气从猪舍下部的窗户、通风口和墙壁缝隙进入舍内，舍内的热空气上升，从猪舍上部通风口、窗户和缝隙排出舍外，这称为"热压通风"。舍外刮风时，风从迎风面的门、通风口和墙壁缝隙进入舍内，从背风面和两侧墙的门、窗或洞口排出，这称为"风压通风"。

2. 机械通风

猪舍的机械通风分为三种方式。

(1)负压通风。用风机把猪舍内污浊的空气抽到舍外，使舍内的气压低于舍外而形成负压，舍外的空气从门窗或进风口进入舍内。

(2)正压通风。用风机将风强制送入猪舍内，使舍内气压高于舍外，从而使舍内污浊空气被压出舍外。

(3)联合通风。同时利用风机送风和排风。

冬季通风与保温是一对矛盾关系，不能为保温而忽视通风，一般情况下，冬季通风以舍温下降不低于2℃为宜。

(三) 猪舍内光照的控制

光照按光源分为自然光照和人工光照。自然光照是利用阳光照射采光，节约能源，但光照时间、强度、均匀度难于控制，特别是在跨度较大的猪舍。当自然光照不能满足需要时，或者是在无窗猪舍，必须采用人工光照。

设计建造自然采光猪舍时，应保证适宜的采光系数（门窗等透光构件的有效透光面积与猪舍地面面积之比），一般成年母猪舍和育肥猪舍为1：(12～15)，哺乳母猪舍、种公猪舍和哺乳仔猪舍为1：(10～12)，培育仔猪舍为1：10；还要保证入射角α不小于25°，透光角β不小于5°(图1-6)。人工光照多采用白炽灯或荧光灯作光源，要求照度均匀，能满足猪只对光照的需求。

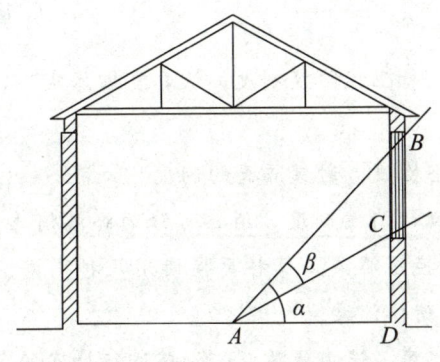

图1-6 猪舍入射角和透光角

(四) 有害生物的控制

养猪场有害生物控制的有效方法是建立生物安全体系。生物安全体系是指采取必要的措施，最大限度地减少各种物理性、化学性和生物性致病因子对动物造成危害的一种生产体系。其总体目标是防止有害生物以任何方式侵袭动物，保持动物处于最佳的生产状态，以获得最大的经济效益。

生物安全体系是目前最经济、最有效的传染病控制方法；同时，这也是所有传染病预防的前提。它将疾病的综合性防制建立为一项系统工程，在空间上重视整个生产系统中各部分的联系，在时间上将最佳的饲养管理条件和传染病综合防制措施贯彻于动物养殖生产的全过程，强调了不同生产环节之间的联系及其对动物健康的影响。该体系集饲养管理和疾病预防为一体，通过阻止各种致病因子的侵入，防止动物群体受到疾病的危害，不仅对疾病的综合性防制具有重要意义，而且对提高动物的生长性能、保证其处于最佳生长状态也是必不可少的。因此，它是动物传染病综合防制措施在集约化养殖条件下的发展和完善。

生物安全体系的内容主要包括养猪场的选址与规划布局、环境的隔离、生产制度确定、消毒、人员物品流动的控制、免疫程序、主要传染病的监测和废弃物的管理等。

资料卡

有害生物控制最基本的措施

1. 搞好猪场的卫生管理

(1)保持舍内干燥清洁,每天清扫卫生,清理生产垃圾,清除粪便,清洗刷拭地面、猪栏及用具。

(2)保持饲料及饲喂用具的卫生,不喂发霉变质及来路不明的饲料,定期对饲喂用品进行清洗消毒。

(3)在保持舍内温暖干燥的同时,适时通风换气,排出猪舍内有害气体,保持舍内空气新鲜。

2. 搞好猪场的防疫管理

(1)建立健全并严格执行卫生防疫制度,认真贯彻落实"以防为主、防治结合"的基本原则。

(2)认真贯彻落实严格检疫、封锁隔离的制度。

(3)建立健全并严格执行消毒制度。消毒可分为终端消毒、即时消毒和日常消毒,门口设立消毒池,定期更换消毒液,交替更换使用几种广谱、高效、低毒的消毒药物进行环境、栏舍、用具及猪体消毒。

(4)建立科学的免疫程序,选用优质疫(菌)苗进行切实的免疫接种。

3. 做好药物保健工作

正确选择并交替使用保健药物,采用科学的投药方法,严格控制药物的剂量。

4. 严格处理病死猪的尸体

对病猪进行隔离观察治疗,对病死猪的尸体进行无害化处理。

5. 消灭老鼠和媒介生物

(1)灭鼠。老鼠偷吃饲料,每只家鼠一年能吃12千克饲料,造成巨大的饲料浪费。老鼠还可传播病原微生物,并咬坏包装袋、水管、电线、保温材料等,因此必须做好灭鼠工作。使用对人、畜低毒的灭鼠药进行灭鼠,投药灭鼠要全场同步进行,合理分布投药点。并及时对鼠尸进行无害化处理。

(2)消灭蚊、蝇、蟑、蝉、螨、虱、蚤、白蛉、虻、蚋等寄生虫和吸血昆虫,减少或防止媒介生物对猪的侵袭和传播疾病。可选用敌百虫、敌敌畏、倍硫磷等杀虫药物杀灭媒介生物,使用时应注意对人、猪的防护,防止引起中毒。另外,在猪舍门、窗上安装纱网,可有效防止蚊、蝇的袭扰。

(3)控制其他动物。猪场内不得饲养犬、猫等动物,以免传播弓形虫病,还要防止其他动物入侵猪场。

自测训练

一、单选题

1. 在猪舍中，对猪的生产性能影响最大的气候因子是(　　)。
   A. 气压　　　　　　　　　　　B. 温度
   C. 湿度　　　　　　　　　　　D. 气流
2. 当室外温度超过(　　)时，定义为夏季高温。
   A. 30 ℃　　　　　　　　　　B. 32 ℃
   C. 35 ℃　　　　　　　　　　D. 37 ℃

二、多选题

1. 猪舍通风的目的是使猪舍符合(　　)，使猪舍内获得(　　)。
   A. 空气质量指标　　　　　　　B. 适宜的温度
   C. 光照　　　　　　　　　　　D. 饮水
2. 猪舍通风分为(　　)、(　　)、自然通风三大类。
   A. 正压通风　　　　　　　　　B. 最大通风
   C. 负压通风　　　　　　　　　D. 过渡通风

模块二　猪品种识别与引种技术

学习目标

知识目标

1. 了解中国地方猪种的种质特性及其利用。
2. 了解培育品种的类型和特性。
3. 掌握主要引进猪种的种质特性及其利用。
4. 掌握准确评定猪体型外貌的方法。
5. 掌握猪引种的原则和方法。

能力目标

1. 能准确识别地方猪种、培育品种和引进品种。
2. 能熟练评定种猪体型外貌。
3. 能根据养殖场需求合理设计引种方案。

素质目标

让学生成为会识别、能评定、懂引种的养猪能手。

单元一　猪的品种识别

案例导入

顶岗实习生王东在××公司的××猪场实习。经过严格的隔离消毒后，王东同学进入到生产区种猪舍。第一天王东同学在师傅的带领下进入种猪舍，其对所养殖的种猪感到格外熟悉，并能准确说出种猪的名称，师傅说出其他品种的特征并提问，但王东只能说出部分猪种。师傅强调一定要加强学习，要能准确识别常见的品种，无论是引进品种、地方品种还是培育品种，只有这样才能提高品种识别的能力。

生猪是我国畜牧业的重要组成部分，不同的猪品种具有不同的特点和用途。因此，正确地辨认猪品种对于生产管理和市场销售有着重要的意义。通过本任务的学习，你将知道国内外猪种，尤其是我国培育的新品种的种质特性、品质特征并能准确识别，为今后的生产实践打下良好的基础。

一、国外引进猪种

(一)引进猪种种质特性

1. 生长速度快

在中国饲养条件下,20~90 千克育肥期平均日增重 650~750 克,甚至 800 克以上;饲料转化率(2.5~3.0)∶1;核心群育肥期平均日增重 900~1 000 克;饲料转化率不到 2.5∶1。

2. 屠宰率和胴体瘦肉率高

屠宰率 70%~72%;背膘厚小于 2 厘米;眼肌面积大;胴体瘦肉率在 60% 以上,优秀的可达 65% 以上。

3. 繁殖性能较差

母猪发情症状不明显,配种难,产仔数较少,母性较差。

4. 肉质欠佳

肌肉纤维较粗;肌内脂肪含量较少,口感、嫩度、风味较差。

5. 抗逆性较差

对饲养管理条件的要求较高。在较低的饲养水平下,生长发育缓慢,有时生长速度甚至不如中国地方猪种。

(二)常见引进猪种介绍

1. 长白猪

长白猪原产于丹麦,全身被毛白色(允许有不超过一块硬币大小的 2 块黑斑),头狭长,耳大前倾;背腰平直不松弛;体躯长,前驱窄后驱宽,呈流线型;大腿丰满,蹄质坚实(图 2-1)。长白猪具有生长快、饲料利用率高、瘦肉率高、母猪产仔较多等特点,常作杂交改良第一父本。

2. 大白猪

大白猪又名约克夏猪,原产于英国。被毛白色(允许少量黑斑),体格大,体型匀称,耳直立,四肢较高,后躯丰满,呈长方形体型(图 2-2)。大白猪具有生长快、饲养报酬高、繁殖性能强等特性。在杂交配套生产体系中既可用作母系,也可用作父系。

3. 杜洛克

杜洛克原产于美国。被毛金黄色或棕红色;头小轻秀,嘴短直;耳中等大,略前倾,耳尖稍下垂;背腰平直或稍弓;体躯宽厚,肌肉丰满,后躯发达;四肢粗壮、结实,蹄黑色多直立(图 2-3)。杜洛克具有生长快、饲养报酬高、繁殖性能强等特性。在杂交配套生产体系中既可用作母系,也可用作父系。

4. 汉普夏

汉普夏原产于美国。被毛黑色,肩颈结合处有一条白带;头中等大,嘴较长,耳直立，中等大；体躯较长，背略弓，体质强健（图2-4）。汉普夏背最长肌和后躯肌肉发达，瘦肉率高，背膘薄，主要用作是杂交生产父系。

图2-1　长白猪 　　　　　　　　　图2-2　大白猪

图2-3　杜洛克 　　　　　　　　　图2-4　汉普夏

5. 皮特兰

皮特兰原产于比利时，被毛呈大片黑白花，毛色从灰白到栗色或间有红色；耳中等大小稍向下倾斜；体躯宽短，背中幅宽，中间有一深沟，后躯丰满，肌肉发达，肌肉界限明显，后躯血管外露（图2-5）。皮特兰猪具有瘦肉率高、背膘薄、眼肌面积大的优点。

图2-5　皮特兰

二、中国优良地方猪种

（一）中国优良地方猪种质特性

1. 耐粗饲，对产区环境条件有极强的适应能力

如东北民猪长期生活在我国冬季寒冷地区，其粗毛和绒毛总数达到每平方厘米

100.08根，明显超过哈尔滨白猪的每平方厘米21.125根，其保温性强，表现了很强的抗寒能力。

贵州的香猪长期生活在热带地区，对热有较强的耐受能力，放牧时，在32~36℃可游于室外晒太阳，28℃的夜间仍可相挤而卧，其呼吸频率为每分钟(46.6±1.4)次，显著高于长白猪的每分钟(32.8±3.82)次，对散热起到良好的效果，在29℃的环境温度下母猪的繁殖能力表现正常。

西藏的藏猪生活在3 000米以上的高海拔地区，对高海拔有很强的适应能力。

贵州的宗地花猪(贵州关岭猪的一个类型)生活在黔中腹地，属典型的喀斯特地区，对喀斯特山区的生态条件表现了很强的适应性。

2. 性成熟早，母性强，窝产仔数各异

我国地方猪性成熟早，初情期都比国外引进猪早，研究表明：贵州省宗地花猪公猪(55±8.5)天就有爬跨行为，3月龄就有配种能力，小母猪初情期为(97.5±8.6)天；二花脸猪公猪50天可出现爬跨行为，70天可采到成熟的精子，母猪60~70日龄表现初情期；丹麦长白猪初情期为(198±6.71)天。

本地带仔母猪对接近的动物和人，表现了极高的警觉性和进攻性，护仔能力强，极少有压死仔猪的现象，怀孕后期的母猪乳腺发育突出，产仔后奶水充足，表现了较强的母性行为。

在产仔性能上，我国地方猪表现各异，有窝产仔极高的枫泾[窝产仔(15.17±0.28)头]，也有产仔数较低的贵州从江香猪(窝产仔5~6头)。仅在贵州省，各地方猪种的产仔数差异都较大，如贵州的黔北黑猪，根据1996年的记录经产平均高达12.5头，而贵州的白洗猪仅为6.03头。充分表现了我国地方猪种产仔数高低不一，差异较大，呈多样性。

3. 肉质优良，风味较佳

地方猪肉色鲜红，肌间脂肪和肌内脂肪含量丰富，肌纤维细，保水能力强，肉嫩，肉质优良，风味较佳。

4. 体型小，产肉能力差，生长速度慢

我国地方猪种普遍体型较小，屠宰体重低，屠宰率低，胴体瘦肉率低，产肉能力差，生长速度缓慢。研究表明我国地方猪种成年后体重多在150千克以下，如贵州的江口萝卜猪成年公猪平均体重(91.11±4.72)千克，成年母猪平均体重(83.67±2.73)千克；皖北猪公猪成年平均体重149.99千克，成年母猪平均体格体重147.33千克。国外引进的猪种成年平均体重超过200千克，如大白猪成年公猪平均体重为(265±4.68)千克，成年母猪平均体重为(247.8±3.36)千克。

(二)优良地方猪种介绍

1. 华北型

主要分布在秦岭、淮河以北地区。

区域特点：阳光充足，但气候寒冷、干燥，青绿多汁饲料不及南方充裕，饲养管理粗放，多采用放牧或放牧和舍饲结合的方式。

猪种特征：体质坚实，骨骼发达，体型高大，背腰狭窄，腹大不下垂，头嘴尖，耳大下垂，四肢粗壮，冬季密生绒毛，每窝产仔12头以上。

代表性猪种：东北民猪、陕西八眉猪、黄淮海黑猪。

2. 华南型

主要分布于云南省南部、西南部边缘地区；广西；广东南部；台湾；福建东南部。

区域特点：热带和亚热带气候，雨量充沛，气温较高，物产丰富，土壤中缺Ca、P。

猪种特征：背腰阔、凹陷，胸较深，腹大下垂几乎拖地，后躯丰满，四肢开阔短小，骨骼纤细，耳较小、竖立，毛稀皮薄，毛色多为黑白花，早熟易肥，背膘厚、脂肪多，繁殖力低，每胎6~10头。

代表性猪种：两广小花猪、滇南小耳猪等。

3. 华中型

主要分布于长江和珠江之间地区。

区域特点：气候温和，雨量充沛，物产丰富，养猪多为舍饲，管理精细。

猪种特征：体躯较大，背腰较宽多凹陷，腹大下垂，耳大小中等且下垂，被毛稀疏，多为黑白花，生长较快，每窝产仔数10~13头，肉质细嫩。

代表性猪种：广东大花白、浙江金华猪、大花白猪(珠江三角洲地区)。

4. 江海型

主要分布于汉水和长江中下游及东南沿海部分地区。猪种由华北型和华中型混合杂交而成。

区域特点：工农业发达，物产丰富，养猪饲料充足，管理精细。

猪种特征：体型大小不一，腹大、多皱褶，耳大下垂，额部皱纹深、呈棱形，被毛由全黑逐步向黑白花过渡、个别全白。猪种繁殖力极强，经产母猪窝产仔平均13头以上，太湖猪平均窝产仔数15头以上。

代表性猪种：太湖猪、浙江虹桥猪、安徽安庆猪。

5. 西南型

主要分布于四川盆地及云贵高原的大部分地区。

区域特点：气候温和，雨量充沛，无霜期长，物产丰富，农产品加工业发达，饲养管理细致，多为舍饲。

猪种特征：体型稍大，头较大，腿粗短，额部多有旋毛和横行皱纹，背腰较宽，腹大略垂，被毛全黑，或有少数黑白花和红色，产仔数较少，窝产仔8~10头，屠宰率低，脂肪多。

代表性猪种：四川内江猪、荣昌猪、成华猪、雅南猪、贵州关岭猪、乌金猪。

6. 高原型

主要分布在海拔3 000米以上的青藏高原地区。

区域特点：气候干燥、寒冷，植被稀少，猪终年放牧。
猪种特征：小型晚熟，其他特点类似野猪。
代表性猪种：藏猪、甘肃合作猪。

三、培育猪种

培育品种也称"育成品种"。在良好培育条件下育成的猪品种，具有早熟性和高度的生产力，其生产性能较专一化，遗传性稳定，并有高度的种用价值，能对其他低产品种猪起改良作用。

我国近代培育猪种资源，按照毛色和亲本来源，可分为三大类型。

(1) 大白型：父本为苏联大白猪、长白猪、中约克夏、大约克夏，主要育成品种有三江白猪、新淮猪。

(2) 六白型：以巴克夏为主要父本，掺杂少量其他品种外血，主要育成品种有新金猪、吉林黑猪。

(3) 黑白花型：一种以克米洛夫为父本，另一种以巴克夏和苏联大白猪为父本，主要育成品种有东北花猪、北京花猪。

(一) 培育猪种种质特性

培育品种既保留了地方品种的优良特性，又具有外种猪生长快、耗料省、胴体瘦肉率高的特点。但培育程度远不如引入品种，品种整齐度差，后躯不够丰满。

(二) 培育品种介绍

1. 三江白猪(长白猪×东北民猪)

三江白猪主要产于黑龙江。三江白猪头轻嘴直，耳下垂，背腰宽平，腿臀丰满，四肢粗壮，蹄质坚实，被毛全白，毛丛稍密，乳头7对，排列整齐。具有肉用型猪的体躯结构。

2. 新金猪(巴克夏×民猪)

新金猪是肉脂兼用型品种，该品种猪体质结实，结构匀称，头大小适中，颜面略弯曲，耳直立前倾，背腰平直，胸宽深，后躯较丰满，四肢健壮，被毛稀疏，全身黑色，鼻端、尾尖和四肢下部多为白色，具有"六端白"或不完全"六端白"的特征。有效乳头6对以上，排列整齐，体型中等。其特点是生长较快，早熟易肥，饲料利用率高，胴体瘦肉率51%左右，性情温驯，易于管理等。

3. 东北花猪[克米洛夫×(巴克夏×民猪)]

体质结实紧凑，结构匀称，头大小适中，嘴中等长而宽，两耳直立或前倾微垂，胸部宽深，背腰平直，身腰较长，腹大下垂，后躯丰满，四肢强健，被毛为黑白花，其中黑花系以黑花为主，但有少量零散分布的小块白毛。

知识拓展

猪的生物学特性及行为习性

(一) 猪的生物学特性

家猪是由野猪驯化而来的,在长期驯化和进化过程中,形成许多生物学特性,这些生物学特性因不同的猪种或类型而异,有的是其种属的共性,有的是它们各自的特性,特别是一些新的经济学特性,饲养者能够认识和掌握这些特性,加以利用,可获得较好的饲养和繁育效果,达到较高的经济效益。

1. 繁殖力强、世代间隔短

一般而言,猪在4~5月龄性成熟,在6~8月龄可以初次配种,猪的妊娠期短(114天),一年内就可完成第一次产仔,对于经产母猪一年可产两胎以上,若缩短仔猪哺乳期,母猪进行激素处理,可达到2年5胎或1年3胎。

由于猪的性成熟早,妊娠期和哺乳期均较短,因而猪的世代间隔也短,平均为1~1.5年,是牛和马的1/3,羊的1/2,仅次于家禽。

猪是常年发情的多胎高产动物,平均窝产仔10头,比其他家畜要多,但就目前而言,猪的实际繁殖效率并不高,母猪卵巢中有卵原细胞11万个,每一个发情周期内可排卵12~20个,而产仔数常只有8~10头,在繁殖利用年限内只排卵400个左右,公猪一次射精量200~400毫升,其中有精子200亿~800亿个,可见猪的繁殖潜力很强。试验证明,通过外激素处理,可使母猪每个发情期内排卵30~40个,个别可达80个,产仔数可明显提高。这说明,通过采取适当措施改善营养和饲养管理条件,进一步提高猪的繁殖率是可行的。

值得一提的是,我国许多地方猪种都具有性成熟早、产仔数多、母性强的特点(如梅山猪母猪的初情期为75~85日龄,最早见于65日龄发情,7月龄即可产仔),这些优良性状居世界之首,对提高世界及我国养猪生产水平将产生巨大的影响。

2. 食性广,饲料转化率高

猪是杂食动物,可食饲料的种类和范围很广,对饲料的转化率为1:(3~3.5)仅次于家禽,而高于牛羊[肉牛1:(6~8),羊1:(5~6)],猪的这种优势与其自身的消化道特点密切相关。

猪嘴:牙齿发达,上唇短厚、下唇尖小、活动性不大、口裂大,牙齿和舌尖露到外面即可采食,喝水靠口腔内的压力吸水。

猪舌:长而尖薄,主要由横纹肌组成,表面有一层黏膜,上面有形成不规则的舌乳头,大部分的舌乳头有味蕾(味蕾数:鸡250~350个、猪15 000个、小牛25 000个、人9 000个),故猪采食时有选择性,能辨别口味,喜爱酸甜食物。

猪的唾液腺:腺体发达,能分泌大量含有淀粉酶的唾液,一昼夜可分泌15升腺液,其中腮腺占一半,除浸润饲料便于吞咽外,还能将少量淀粉转化为可溶性糖。

猪的胃：容量为7~8升，介于肉食动物的单胃与反刍动物的复胃之间，因而能广泛地利用各种动植物和矿物质饲料，且利用能力较强，甚至对各种农副产品、鸡粪、泔水等都能利用。

猪的肠道：约为体长的20倍（欧洲猪为13.5倍，中国猪为16倍），故饲料通过消化道的时间长（18~20小时），消化吸收充分，猪对精饲料中有机物消化率为76.7%；青草中有机质消化率为44.6%。

猪的消化道特点，使猪能够采食各种饲料来满足生长发育的营养需要，且采食量大，很少过饱，消化快，养分吸收多。但应注意，猪对含纤维素多、体积较大的粗饲料利用能力差，这是因为猪胃内没有能分解粗纤维的微生物，只有大肠内的少量微生物可以分解消化，不如马、驴的盲肠，猪对含粗纤维多的饲料利用率为3%~25%，日粮中粗纤维含量越高，消化率也就越低。在配合猪饲料时，应注意饲料的全价性和易消化性，控制粗纤维的比例，尤其应注意瘦肉型猪或培育杂交猪，尽管我国猪种具有耐粗饲特点，但也符合上述特性。

3. 生长期短、周转快

在肉用家畜中，猪和马、牛、羊相比，无论是胚胎生长期或生后生长期都最短（表2-1）。

表2-1 不同家畜的生长发育期

畜别	猪	牛	羊	马	驴
胚胎期/月	3.8	9.5	5.0	11.34	12.0
生后生长期/年	1.5~2.0	3~4	2~3	4~5	4.5~5.0

猪胚胎期短、同胎仔猪数又多，初生重小，各系统的器官发育不充分，对外界环境抵抗力差，因此，对初生仔猪需精心护理。例如，仔猪头的比例大，四肢不健壮，初生体重小，平均1~1.5千克，不到成年猪体重的1%。

仔猪出生后为补偿胚胎期发育的不足，生长强度很大，出生后2个月内生长发育特别快，1月龄体重可达初生重的5~6倍（7千克），60日龄体重（20千克）为初生重的12~15倍，断乳后直到8月龄以前，猪的生长仍很迅速，尤其瘦肉型猪，生长发育快是其最突出的特性。之后生长逐渐缓慢，到成年时体重维持在一定的水平。这种生长期短、发育迅速、周转快等特点，对降低养猪成本、提高效益十分有益。

4. 屠宰率高，产肉多

在肉用家畜中，猪比其他家畜更能充分利用饲料的营养物质转化成肉，具有增重快、饲料报酬高的特点，尤其瘦肉型猪生长速度快，代谢强度高，对饲料蛋白质的转化率比其他类型猪高，因而沉积瘦肉的能力强，转化为瘦肉的效率比脂肪型猪更高，产肉量大，猪采食100克蛋白质可生产肉类蛋白猪肉12克（牛肉6克、羊肉3克、鸡肉20克），1头母猪可年产1吨肉。

5. 适应性强、分布广

猪的适应能力很强，是世界上分布广、数量最多的家畜之一。除因宗教和习俗原因而禁止养猪的地区外，凡是有人类生存的地方都有猪的饲养，但世界各地饲养数量有所不同。亚洲、欧洲、美洲等占比较大,而非洲、大洋洲占比较少。在中国分布全国各地,但大部分集中在东南沿海、西南山区和黄淮海三个区域。

猪的分布主要受两个因素影响：自然及社会经济条件,农业发展和人口密度。从生态学上的适应性看,表现在对气候的适应；对饲养方法和方式(自由采食和限饲、舍饲和放牧)的适应,这是饲养范围广泛的重要原因。

猪的适应性和抗病力均较强。在发病初期往往不易被发觉,一旦出现病状,病情已相当严重而且难以治疗,这就要求饲养员注意猪的日常动态,一旦有异常现象就应查找原因,及时采取治疗措施。尽管猪的抗逆性较强,但对于极端恶劣的环境,猪会产生各种应激反应症状、生理上出现异常、生长受阻等,如噪声,轻的可使猪产生食欲不振、暂时性惊慌、恐怖等行为；强的噪声可导致母猪早产、流产和难产,或受胎率下降、产仔数减少等现象。对于猪的这种特性,在养猪生产中不能忽视,应给猪创造一个良好的生存环境。

6. 感觉器官的特点

(1)猪的听觉器官发达。猪的耳形大,外耳腔深而广,如同扩音器的喇叭,即使很微弱的响声都能察觉到。尽管猪耳相对很少活动,但头部转动灵活,可以迅速判别声源以及声音的强度、节律、音调。通过呼名和各种命令等声音训练可以很快建立条件反射。仔猪出生后几分钟内便对声音有反应,几小时即可分辨出不同声音刺激,到3~4日龄时就能较快地辨别声音。猪对吃喝的声音较敏感,当它听到饲料铁桶声响时立即起而望食,发出饥饿的叫声。猪对意外声音特别敏感,尤其是对危险信息特别警觉,一旦有意外响声,即使睡觉,也会立即站立起来,保持警惕。因此,为了使猪群保持安静、安心休息,尽量不打扰它们,特别不要轻易捉小猪,以免影响生长和发育。

另外,猪传递信息最重要的方法是用声音发出信号。目前,人们能够识别20种信号,其中有6种对人来说很易辨别。猪本身的叫声因品种、年龄、生活条件不同也有很大的差别,因而不同的个体之间完全可以依据听觉来相互识别和交往。

(2)猪的嗅觉非常灵敏。猪的嗅觉之所以灵敏,是因为猪鼻发达,嗅区广阔,嗅黏膜上的绒毛面积大,嗅神经特别密集,对任何气味都能嗅到和辨别。猪对气味的识别能力是狗的2倍、人的7~8倍。在一个猪群的个体之间,基本上是靠嗅觉保持互相联系。如仔猪初生后便能靠嗅觉寻找乳头,3天后就能固定乳头吃奶,且在任何情况下,都不会弄错,故仔猪的固定乳头或寄养,应在3天内进行比较顺利。猪依靠嗅觉能有效地寻找地下埋藏的食物；找出地下一切异物；识别群内个体；确定自己的圈舍和卧位等,嗅觉在公母的性联系中也起很大作用。

(3)猪的味觉类敏度中等。在味觉成分中,猪首先分辨出甜味和苦味,还能区分不同咸度的饲料,如能识别含有1.5%和2%食盐的饲料。

(4)猪的视力很差。猪的视距短、视野范围小,辨色能力差,不靠近物体就看不见东西,几乎不能用眼睛精确辨别物体的大小形状和光线强弱。对光的刺激比声音刺激的条件反射要慢很多。利用猪的这一特点,进行采精训练；发情的母猪闻到公猪的特有气味就会过来,这时若把公猪赶走,母猪就会在原地表现出"发呆"现象(刚配种的母猪需单独休息十几分钟，以消除气味）。

(5)猪的触觉发达，痛觉很敏感。猪的触觉全身都灵敏，尤其鼻端部位更发达，在觅食和相互往来中常常通过鼻端接触交换信息。猪对痛觉较为敏感，且容易形成条件反射，如利用电围栏放牧，1～2次轻微的电击后就再也不敢触碰围栏了。人若对猪过分粗暴，甚至棒打脚踢，猪就会躲避甚至伤害人，而且对这种痛觉的记忆长久、深刻。

(二)猪的行为习性

动物的行为习性和生物学特性一样，有的取决于先天遗传（内部因素），有的取决于后天的调教、训练或使用（外来因素）。猪和其他动物一样对其生活环境、气候和饲料管理等条件，在行为上的反应具有一定的规律性。随着养猪生产的发展，猪的行为活动方式越来越被生产者重视，对这些行为加以训练和调教，在创造适合猪生活习性的环境的同时，使其后天行为符合现代化生产要求，充分发挥猪自身的生产潜能，获得更好的经济效益。近几十年来，通过对猪行为的观察与研究，将猪的行为分为以下几个类型。

1. 采食行为

采食行为主要包括采食和饮水，并具有年龄特征，这与猪的生长和健康密切相关。除睡眠外，大部分的时间猪都在觅食。猪生来就具有拱土的本能，拱土觅食是猪采食行为的一个显著特征，猪的鼻子是高度发育的感觉器官，拱土觅食时，嗅觉起着决定性的作用。但是拱土不仅对猪舍建筑具有破坏性，而且也容易从土壤中感染寄生虫和疾病，如果喂给均衡的日粮，补充足够的矿物质，则较少发生拱土现象。

猪的采食行为主要表现为：

(1)吃食具有选择性。特别喜爱吃甜食（如哺乳仔猪喜爱甜食，故使用低浓度的糖精溶液可以增加其食欲，改变适口性，但不喜欢吃高浓度糖精）。颗粒料和粉料相比，猪爱吃颗粒料；干湿料相比，猪爱吃湿料，且采食花费的时间也少。

(2)采食频率和次数。猪在白天的采食（6～8次）比夜间（1～3次）多，每次采食10～20分钟。猪的采食量和采食频率随着体重增长而增多，还与不同的饲喂方法和饲料的形状有关，如采用限饲法，采食时间常少于10分钟；自由采食，不仅采食时间延长，还能正确表现每头猪的嗜好及个性。群饲的猪比单喂的猪吃得快，吃得多，增重也较快。猪的采食量虽大，但是有节制，因此很少由于饱食而死亡。

(3)饮水。在多数情况下，饮水和采食同时进行——吃干料的猪每次采食后需立即饮水。在任意采食时，猪饮水和采食交替进行；限饲时，猪在吃完所有饲料后才饮水。猪的饮水量相当多，吃混合料的小猪每昼夜饮水9～10次；吃湿料饮水为2～3次；吃干料饮水量占比约为水：料＝3：1，成年猪和生长猪的饮水量除与饲料结构有关外，很大程度取决于环境温度、体重、生理状态和采食量。

在高温时，猪主要靠水分蒸发散发体内热量，故饮水量增大。在炎热的夏季，猪的饮水高峰在午后。母猪在哺乳期的饮水量大大超过其他时期（表2-2）。

表 2-2　不同环境温度下猪的饮水量

项目	体重/千克	在不同室温下的饮水量/升		
		9 ℃	20 ℃	30 ℃
每千克体重饮水量	20	0.088	0.116	0.170
	60	0.066	0.087	0.118
每千克饲料的饮水量	20	2.53	2.86	4.06
	60	2.47	2.91	4.45

2. 排泄行为

家畜的排泄行为往往是仿效其野生祖先，例如：猪不去吃睡的地方排泄，野猪为避免敌兽发现，不在窝边排泄。猪的排泄可受饲养管理方式的影响，一般认为猪在习惯上是最脏的，实际上，在良好的管理条件下，猪是家畜中最爱清洁的动物。猪通常会保持其睡床清洁、干燥并避免污染，而排泄有一定的时间和地点。

(1) 在时间上：生长猪在采食过程中一般不排泄，饱食后 5 分钟左右开始排泄 1~2 次，至多 3~4 次，且多为先排粪后排尿；在喂料前也有排泄行为，但多为先排尿后排粪；夜间一般进行 2~3 次排粪，由于夜间长因而早晨的排泄量大，一般占全天总排粪量 25%~30%。

(2) 在地点上：如墙角、潮湿、荫蔽或有粪便气味的地方。成年猪在天冷时有尿窝的现象。初生仔猪一般多分散排泄，随着猪月龄的增加排泄逐渐区域化，值得注意的是，如果舍栏过小或同一栏内头数过多而拥挤，猪就无法表现其好洁性，天生的排泄行为受到干扰就会变得混乱。

猪习惯将粪尿排在近饮水处，因此，在水泥地面的猪舍中，将地面的一角用水浇上几天，会诱使猪群在这个地方排泄。

3. 活动和睡眠

猪的行为有明显的昼夜规律。猪的活动大部分在白天、温暖季节和夏天，夜间也活动和采食；遇上阴冷的天气，活动时间缩短。猪的躺卧和睡眠时间很多，延长休息和睡眠时间是正常的功能行为。在有不同的躺卧处可供选择时，猪不喜欢漏粪地面作为躺卧处（据丹麦专家调查表明，养在全部是漏粪地面的猪出现咬尾的频率高）。

昼夜活动因年龄及生产特性不同而有差别，仔猪昼夜休息时间占 60%~70%；种猪为 70%；母猪为 80%~85%；育肥猪为 75%~85%。显然，休息时间根据年龄、体重和机能状况有很大的变动，体重小的猪躺卧时间占 63%；体重大的休息占 73%；妊娠母猪休息时间占 95%，休息高峰在半夜，清晨 8 时左右休息最少。

哺乳母猪在哺乳期内白昼各阶段睡卧次数无明显规律，但睡卧时间长短却有规律。随哺乳天数的增加睡卧时间逐渐减少；走动的次数和时间较有规律，分别表现为由少到多、由短到长，与睡眠休息时间相反。这些都是哺乳母猪特有的行为表现，在饲养管理中应加以重视。哺乳母猪睡卧休息有两种：一种是静卧，休息姿势多为侧卧、少有伏卧，呼吸轻微而均匀，虽闭眼但易惊醒；另一种是熟睡，为侧卧，呼吸深长，有鼾声且常有皮毛抖动，不易惊醒。

仔猪出生后3天内，除吃乳和排泄外，几乎全是酣睡不动。随着日龄增长和体质的增强，活动量逐渐增大，睡眠相应减少。40天大量采食补料后，睡卧时间有所增加，饱食后睡眠一般较安静。通常仔猪的活动和睡眠几乎都是尾随和仿效母猪，大约在出生后5天随母猪活动；10天左右，开始同窝仔猪群体活动，单独活动减少，睡眠休息主要表现为群体睡卧。如出生后第一次哺乳即训练母仔分开，将仔猪置于补饲栏内睡卧休息，仔猪便能集中于睡床内睡卧直到断奶。

猪是多相睡眠动物。一天内活动与睡眠交替几次，猪睡眠时全身肌肉松弛，发出鼾声，经常是成群的同时睡眠。猪每天平均有13%的时间在仿效活动，8时左右为活动顶峰期，20时站立，24时走动低谷期。由此表明，这些活动受内源节律性的控制比受周围温度的影响更大。

在饲养管理中，工作人员应能识别猪的正常睡眠和休息形式，以便发现异常状况。同时，尽可能不干扰猪正常生理行为的节奏，既有利于增重，又可提高饲料利用率。

4. 热调节行为

猪从出生到成年，随着体格大小和体重的变化，对温度耐受力也发生了较大变化，即对冷的耐受力提高，对热的耐受力降低。对成年猪而言，热应激比冷应激影响更大。瘦肉型猪背膘薄，不耐热不耐寒，适于20~23℃，猪舍内最适宜的温度为15~25℃，相对湿度为60%~80%（育肥猪最大适宜湿度为85%）。

猪与其他家畜不同，身上的表皮较薄，被毛稀疏，主要靠皮下脂肪层来隔热。猪的汗腺不发达，发汗甚微，故幼猪和成年猪都怕热，尤其育肥猪更甚，在炎热的气候中缺乏厚密的被毛，以致吸收大量的太阳辐射。如果猪被置于烈日下，就会急喘并且时常发出呼声或痛苦的声音。由于猪散热性能很差，对热的应激比其他家畜更为敏感。因此，在高温时，猪喜欢在泥水中打滚，因为蒸发水分所需的热量取自皮肤，且泥水的蒸发性强，散热作用持续时间比水长很多。如果把猪养在水泥地面的舍内或笼里，它会将在自己的粪尿中打滚或把身体挤在饮水槽内，或躺在阴凉的地面上，四肢张开并喘气。夏天，猪在睡觉时，充分伸展身体，使身体表面得到最大程度的暴露来散热。

新生仔猪适应环境温度的能力是极其有限的，在它们出生时若环境温度偏低，则仔猪的体温很快下降。这主要因为初生仔猪皮下脂肪少，皮薄，被毛稀少，保温性能差，体表面积相对较大（对体重而言），既怕冷又怕湿，因此，保温是提高仔猪成活率的重要措施之一。1周龄要求的适宜温度为30℃左右，随日龄增加，仔猪对环境温度的适应能力逐渐加强。

环境温度对生长育肥猪的采食量、饲料转化、增重以及胴体品质都有影响。低温环境对繁殖力没有影响或影响很少，但高温对猪繁殖率有一定影响。研究结果认为，温度超过30℃时母猪受胎率下降，不发情比例增加，公猪精子活力降低，精子数减少（这种影响是在应激后15~20天开始，一直持续50天左右），配种受胎率下降，胚胎存活数减少。

猪对不同温度变化有不同的应对措施。当遇到寒冷时，不论是新生猪群还是成年猪群，均挤作一团，特别是刚生的仔猪们蜷缩在一起，彼此都减少了身体表面部位的暴露，减少热量散发，这是一种相互取暖御寒的群体行为，对防止体热散失十分有效。另外，猪改变姿势也能减少热量的损失，如外界温度低于10 ℃时，猪改变其在温暖环境中的舒展姿势，而表现出四肢贴近躯体的御寒姿势，减少自身热量的损失，当猪伏卧在自己的四肢上时，其实就减少了传入地面的热量；安静站立时，表现为夹尾、屈背、四肢紧张，尤以后肢为甚；采食时表现出紧凑的姿势。当外界气温回升时，猪就寻找避风向阳处，并侧身而安静站立。

5. 探究行为

探究行为包括探查和体验行为，这种探查和体验行为促进了猪对新事物的学习和适应。猪的活动大部分来源于探究行为，通过看、听、闻、尝、啃、拱和触摸等进行探究。猪对环境的探究并获得信息，是猪的一个基本的生物学功能。猪表现出发达的探究能力，因为它们对所处的环境越多认识，愈能在复杂的环境中选择恰当的行为，以便更好地适应生存。

探究行为在仔猪中表现最为明显，如仔猪出生后2分钟左右即能站起来，并开始用鼻子拱掘，来探查搜寻母猪的乳头，可见猪的探究行为是一种本能。仔猪还用鼻拱或口咬周围环境中所有东西来认识新的事物。

觅食行为与探查行为有密切联系，猪在觅食时采用的是拱掘动作，这就是一种探究行为。例如仔猪在接触到食物时，首先是闻，然后用鼻拱或嘴啃，当诱食料合乎其口味时，仔猪会经常去采食，训练仔猪吃料便易于成功；再如，母仔彼此能准确认识、仔猪吮吸母猪乳头的序位等都是通过嗅觉探查而完成的。

成年猪在猪栏内能明显地划分几个不同地带：睡床、采食、排泄，就是通过嗅觉的探究来区分各地带的气味。当猪进入陌生环境时，开始是怀着恐惧的心理站立或趴卧在一个角落里，似乎随时准备应对来犯者，而这个角落也是它进入这个环境后经短暂的探查后认为的安全地带，经过一段时间后，确认为没有危害时，便会渐渐的四处探查，直到对整个环境熟悉和适应。

在合并后，猪群的互相探查常会产生咬尾恶癖，这时在舍内装置其他物品如轮胎、铁链条等，以吸引转移猪的探查目标，就是利用猪对新物体的探究行为。

6. 争斗行为

争斗行为包括防御、进攻(侵袭)、躲避和守势的活动。争斗行为常发生在相互陌生的两头或两群猪之间，它的作用是确立等级。在生产中常见到的争斗行为，是群体内为了争夺饲料和地盘所引起的，新合并猪群内的相互交锋，除争夺饲料和地盘外，还有调整群居结构的作用(这方面因素起主导)。仔猪一出生，立刻就表现出企图占据母猪最好乳房位置的竞争习性。公猪比母猪好斗，但母猪在一定环境下，也会显示争斗行为，去势的公猪通常在争斗中是十分被动的(与激素—睾酮的分泌减少有关)，成年猪争斗比小猪造成的后果严重得多。当一头猪进入陌生的猪群中，便成为全群攻击的对象，如将两头陌生、性成熟的公猪第一次放在一起时，彼此会发生猛烈争斗，争斗激烈的程度取决于双方之间的坚韧性。有可能只是一次短暂的小冲突，也可能用嘴撕咬持续达1小时之久，直至一方表示屈服。故对成年猪群的管理甚为重要，尤其是在混群时，必须十分小心。实践证明，当猪群的组成发生变动时，特别是组群时，常使用镇静剂和能掩盖气味的气雾剂喷洒，可以减少猪群的对抗和攻击行为，降低经济上的损失。

猪的争斗行为除了受个性特征影响外，主要受饲养密度的影响，饲养的群体过大或密度增加，猪的争斗频率也随之增加。因而，大群猪或高密度饲养时，猪的采食量和饲料利用率都有所下降，严重的表现为只吃不长。对于生产者来说，要做的不是阻拦所有争斗，而是减少或控制争斗，以减少损失，提高经济效益。

7. 群居行为

猪是群居家畜，在野生状态下，常以3~4头母猪和它们的仔猪形成一群。由于现代化饲养方法，猪被限制在一定面积的圈舍内，使它们无法充分表现这种群居行为，不过在群饲的猪群内仍保留猪的合群性，如同窝仔猪平时在母猪带领下出去玩耍，在它们散开时，彼此距离不会太远，而且一旦受惊吓，会立即聚集在一起，或成群逃走。吃乳的仔猪同母猪和同窝仔猪分离后不到几分钟，就会极度紧张、不断大声嘶叫，直到回到母猪和同伴身边，猪的群居生活加强了它们的模仿能力，如仔猪间模仿学习吃料。

一个猪群最初建立时，以争斗攻击行为最为多见，无论是刚出生的仔猪群或是合群并圈的成年猪群，都必须在建立等级序列后才开始正常生活。因此，在组群时，群内个体体重差异不宜悬殊太大，更不宜将不同品种的猪混养，以免抢食和采食不均造成生长发育不齐。

另外，建立优势序列的猪群，应与动物交往中能够相互识别群内个体的头数相适应，一般猪以20头为宜，如果头数过多，就难以建立等级关系，相互斗架频率高而影响休息和吃食。

学习以上猪行为类型后，学生可以在生产中加以运用和训练，使猪适应现代化的管理方法。当然，人的行为和活动对猪行为的影响不可忽视。据研究，猪对饲养员不熟悉和饲养员的有害操作，会使猪产生不快和恐惧的心理反应。所以，饲养员应采取正确的亲和友善的行为，如通过抚摸、搔抓猪的头部或用手喂饲料，猪不仅能很快学会操作性条件反射，同时，可使饲养员注意到猪只或猪群行为的变化，从而得以迅速判断及采取措施避免猪性能受到不良的影响，还可以减少人为造成对猪的不利行为所带来经济上的损失，这也是管理现代化猪场的一个重要方面，对提高养猪生产的经济效益有一定的意义。

实验实训

实验2—1 猪品种识别

一、实训目的

1. 熟记各品种猪的体型外貌特点并准确进行识别。
2. 熟练操作虚拟仿真软件。

二、实训工具与材料

1. 引进品种、地方品种和培育品种若干图片。
2. 空白纸若干。
3. 虚拟仿真软件。

三、实训方法与步骤

1. 将学生分组，每组选定一名组长。
2. 将引进品种、地方品种和培育品种图片、空白纸分发给各组。
3. 每组将识别结果写下，并向其他组汇报结果，其余组对结果进行判定，各组依次进行。
4. 识别结果汇报完毕后，各组在虚拟仿真软件中进一步完成品种识别任务，给过程录像并记录分数。

自测训练

一、单选题

1. 身体短、背腰宽平、臀部圆、四肢矮、背膘厚是(　　)的特征。
   A. 长白猪　　　　　　　B. 原种巴克夏猪　　　　　C. 哈白猪
   D. 太湖猪　　　　　　　E. 民猪

2. 膘厚为2～3.5厘米是(　　)的特征。
   A. 民猪　　　　　　　　B. 三江猪　　　　　　　　C. 香猪
   D. 哈白猪　　　　　　　E. 荣昌猪

3. 我国向微型猪发展的猪品种是(　　)。
   A. 长白猪　　　　　　　B. 湖北白猪　　　　　　　C. 香猪
   D. 三江白猪　　　　　　E. 皮特兰猪

4. 1986年属于我国培育的瘦肉型猪品种的是(　　)。
   A. 湖北白猪　　　　　　B. 太湖猪　　　　　　　　C. 哈白猪
   D. 北京黑猪　　　　　　E. 民猪

5. 属于兼用型猪品种的是(　　)。
   A. 长白猪　　　　　　　B. 哈白猪
   C. 杜洛克猪　　　　　　D. 原种巴克夏猪
   E. 皮特兰猪

6. 属于我国地方猪品种的是(　　)。
   A. 太湖猪　　　　　　　B. 三江白猪　　　　　　　C. 长白猪
   D. 哈白猪　　　　　　　E. 北京黑猪

二、填空题

1. 因经济用途不同，猪可分为_____、_____、_____三种类型。东北民猪和哈白猪属于_____型品种猪，长白猪与杜洛克则为_____型品种猪。
2. 长白猪原产于_____，是世界上著名的_____型品种。汉普夏猪原产于_____，全身为_____色，沿前肢和肩部围绕一条"白带"。
3. 约克夏猪原产_____，是世界上著名的_____型猪品种。
4. 世界上繁殖力最高的猪品种是_____。毛色为红色的是_____品种猪。
5. 瘦肉型猪能有效地利用饲料中的_____转化为_____；脂肪型猪利用饲料中_____转化_____的能力较强。

单元二　猪体型外貌评定

案例导入

某地由于育种工作需要,需从国外引进一批优良种猪,于是派遣几人前往国外引种,历经波折,终于将种猪引回国。因工作需要请专家前往指导工作,专家对引进猪种进行评定时,发现种猪中有单睾猪,而单睾猪并无繁育能力。此次引种不但浪费了人力、物力、财力,还使育种工作滞后,延缓了育种进程,导致了大量的损失。

所谓体形外貌评定即对猪的体型外貌特征、生长发育状况、体质结实度及其种用价值进行综合评定。体形外貌评定是选种工作的一个重要环节,有十分重要的意义。体形外貌评定是猪育种工作的一个重要手段;是种猪选择的一个重要性状;是引进种猪时必须考虑的一个重要方面。通过本任务的学习,你将知道如何评定种猪,避免因引种导致经济损失,并选出优秀的种猪,为养殖带来实际的效益。

一、体型外貌评定概述

外貌即外形,指体型、体质、被毛、皮肤、肢蹄等肉眼能够观察到的外部特征与特性。猪是一个有机统一体,它的外部与内部、形态和机能有着极其密切的关系。猪的外形反映了猪的体质、机能、生产性能和健康状态。

种猪,不论公猪还是母猪,必须身体结实、结构良好才能发挥自身正常功能,包括产仔、哺乳、使用寿命等。体型性状具有一定的遗传性,可影响下一代的体型、生产性能(表2-3)。

表2-3　各体型性状指标的遗传力

性状	范围	平均
前肢	0.04~0.32	0.18
从前视的前肢	0.06~0.47	0.27
前肢骨	0.06~0.47	0.27
前肢系部	0.31~0.48	0.40
前脚趾	0.04~0.21	0.13
后肢	0.04~0.21	0.13
从后视的后肢	0.06~0.47	0.27
后肢跗关节	0.01~0.23	0.12
后肢系部	0.07~0.30	0.19
后脚趾	0.09~0.13	0.16
背	0.15~0.22	0.19
运动	0.08~0.13	0.11

二、猪体形外貌评定部位

(1)体型特征。体型大小、体质、结构。

(2)毛色特征。是否有多种毛色,如有,说明比例。

(3)头部特征。头大小及形状,额部皱纹特征,嘴筒长短,耳型、大小、是否下垂。

(4)躯干特征。长短,背腰是否平直,腹部是否下垂,臀部是否丰满,乳头对数及特征。

(5)四肢特征。粗细及其他特征。

(6)尾长及描述。

(7)肋骨对数。

(8)其他特殊性状(如獠牙等)。

三、种猪体型外貌评定描述

1. 总体评定

良好的外形特征:外形特征明显,呈三角形;体质结实、肌肉丰满、体格发育匀称;母性性征明显(种母猪)、被毛光亮。

不良的外形特征:外形特征不明显,发育不良,过于粗糙或纤细,母性性征不明显(种母猪),被毛粗乱、无光泽。

2. 头颈评定

良好的外形特征:头部清秀,头颈结合良好,上下唇吻合良好,颈较长,颈肩结合良好。

不良的外形特征:头过大或过小,眼无神,上下唇吻合不良,颈肩结合不良。

3. 前驱评定

良好的外形特征:肩部宽厚,肩部与中躯结合良好。

不良的外形特征:头过大或过小,眼无神,上下唇吻合不良,颈肩结合不良。

4. 中驱评定

良好的外形特征:背腰宽、长、平;背中线两侧微隆起,肋骨开张;腹大、紧凑不下拖;乳头 7 对以上,发育正常。

不良的外形特征:背腰狭窄、下陷;体侧多皱、腹大下拖;乳头 7 对以下,有异常、畸形乳头。

5. 后驱评定

良好的外形特征:尻部宽、平,臀部宽厚充实;大腿丰满、肌肉发达;生殖器官发育良好。

不良的外形特征:尻部、臀部尖削、倾斜;大腿瘦削多皱,生殖器官发育不良。

6. 四肢评定

良好的外形特征:四肢发育良好、结实;姿势端正、开张、行动稳健。

不良的外形特征：四肢粗糙、纤细无力；姿势不正、呈 X 形或 O 形；步履艰难。

四、种猪体型外貌评定

整体评定种猪时，需将猪赶至一个平坦、干净且光线良好的场地上，与被选猪保持一定距离，对猪的整体外形、生殖器官、品种特征等进行评定。

1. 种公猪体型外貌评定

总体评定：体质结实，结构匀称，各部结合良好。头部清秀，毛色、耳型符合品种要求，眼明有神，反应灵敏，具有本品种的典型雄性特征。体躯长，背腰平直或呈弓形，肋骨开张良好，腹部容积大而充实，腹底呈直线，大腿丰满，臀部发育良好，尾根附着要高。四肢端正，骨骼结实，着地稳健，步态轻快。被毛短、稀而富有光泽，皮薄而富有弹性。阴囊和睾丸发育良好。

各部位评定：头颈粗壮短厚，雄性特征明显。头中等大小，额部稍宽，嘴鼻长短适中，上下颚吻合良好，光滑整洁，口角较深，无肥腮，颈长中等。

皮肤以细薄为好。肩宽而平坦，肩胛骨角度适中，肌肉附着良好，肩背结合良好。胸宽且深，发育良好。前胸肌肉丰满，鬐甲平宽无凹陷。背腰平直宽广，不能有凹背或凸背。腹部大而不下垂，肘窝明显，切忌草肚垂腹。臀部宽广，肌肉丰满。大腿丰厚，肌肉结实，载肉量多。

四肢高而端正，肢势正确，肢蹄结实，系部有力，无内外八字形，无卧系、蹄裂现象。

生殖器官发育良好，睾丸左右对称，大小匀称，轮廓明显，没有单睾、隐睾或疝，包皮适中，包皮无积尿。

2. 种母猪体型外貌评定

总体评定：种母猪个体具有本品种的典型特征，其外貌与毛色符合本品种要求，体质结实，身体匀称，眼亮有神，腹宽大不下垂，骨骼结实，四肢结构合理、强健有力、蹄系结实。皮肤柔软、强韧、均匀光滑、富有弹性。乳房和乳头是母猪的重要特征表现，要求具有该品种所应有的乳头数，且排列整齐。外生殖器发育正常。

各部位评定：头颈结合良好，与整个体躯的比例匀称，具有本品种的典型特征，额部稍宽，嘴鼻长短适中，上下颚吻合良好，口角较深，腮、颈长中等。头形轻小的母猪多数母性良好，宜选择头颈清秀的个体留作种用。

肩部宽平，肩胛角度适中、丰满，与颈结合良好，平滑而不露痕迹。鬐甲平宽无凹陷。胸部宽、深且开阔，胸宽则胸部发达，内脏器官发育好，相关机能旺盛，食欲较强。背部要宽、平、直且长，背部窄、突起，以及凹背都不好。腰部宜宽、平、直且强壮，长度适中，肌肉充实。胸侧要宽平、强壮、长而深，外观平整、顺滑。肋骨开张而圆弓，外形无皱纹。腹部大小适中、结实而有弹性，不下垂、不卷缩，切忌背腰单薄和乳房拖地。臀和大腿是最主要的产肉部位，总体要求宽广而丰满。后躯宽阔的母猪，骨盆腔发达，便于保胎多产，减少难产。尾巴长短因品种不同而要求不同，不宜过飞节，而超过飞节则是晚熟的特征。

四肢正直，长短适中、左右距离大，无内外八字形等不正常肢势，行走时前后两肢在一条直线上，不宜左右摆动。

有效乳头数不少于 7 对，无假乳头、瞎乳头、副乳头或凹乳头。乳头分布均匀，前后间隔稍远，左右间隔要宽，最后 1 对乳头要分开，以免哺乳时过于拥挤。乳头总数不少于 14 个。

实验实训

实验 2—2 猪体型外貌评定

一、实验目的

通过本次实验要求学生掌握猪的主要品种外貌特征，学习优良种猪的外貌鉴定的程序和方法。

二、实验的设备和材料

1. 不同猪品种图片、挂图、幻灯片和模型等。
2. 观察畜禽模拟养殖中心现有的种猪外貌特征，并进行外貌评定。

三、实验方法和手段

实验采用幻灯观看和讲解，使学生对我国饲养的主要猪的品种外貌特征进行识别和掌握，并通过猪的模型和实地观察进行猪的外貌鉴定。

四、实验内容

(一)观看猪的品种幻灯和图片

1. 在实验室中集体观看我国饲养的主要地方品种、培育品种和引入品种猪的幻灯片。教师讲解细节，学生对各主要品种猪的外貌特征和生产性能达到初步直观了解和掌握。
2. 组织、安排学生到畜禽模拟养殖中心进行实地观察，对不同品种的种猪外貌进行识别。

(二)种猪的外貌鉴定

体型外貌不仅反映出猪的经济类型和品种特征，还在一定程度上反映猪的生长发育、健康状况和对外界环境的适应能力，外形评分时可参考表 2-4。

表 2-4 种猪外形评分参考

项目	良好的外形特征	不良的外形特征	外形分值 母	外形分值 公
总体	外形特征明显,呈三角形;体质结实、肌肉丰满、体格发育匀称;母性性征明显、被毛光亮	外形特征不明,发育不良,过于粗糙或纤细,母性性征不明,被毛粗乱、无光泽	25	30
头颈	头部清秀,头颈结合良好,上下唇吻合良好,颈较长,颈肩结合良好	头过大或过小,眼无神,上下唇吻合不良,颈肩结合不良	5	10
前躯	肩部宽厚,肩部与中躯结合良好	肩部与中躯结合不良、胸部狭窄而浅	10	10
中躯	背腰宽、长、平,背中线两侧微隆起,肋骨开张,腹大、紧凑不下拖,乳头 7 对以上、发育正常	背腰狭窄、下陷;体侧多皱、腹大下拖;乳头 7 对以下、有异常、畸形乳头	30	20
后躯	尻部宽、平,臀部宽厚充实;大腿丰满、肌肉发达;生殖器官发育良好	尻部、臀部尖削、倾斜;大腿瘦削多皱,外生殖器官发育不良	20	15
四肢	四肢发育良好、结实,姿势端正、开张,行动稳健	四肢粗糙、纤细无力;姿势不正、呈 X 形或 O 形;步履艰难	10	15
总分			100	100

五、实验作业

1. 简述所鉴定品种猪的外貌特征及外形特点。
2. 给畜禽模拟养殖中心饲喂种猪评分。

自测训练

假设你到种猪场去挑选一头杜洛克种公猪,如何进行选择?

单元三　种猪的引种

案例导入

某猪场里有300多头繁殖母猪，自××年××月分别从当地及××省两个猪场引进经产和初产母猪（这两家猪场由于经营管理不善，濒临倒闭，价格较为便宜）。引种后未经隔离即混群饲养。饲养一段时间后，该场母猪出现流产、死胎增多、母猪不发情、返情。仔猪26日龄断奶，40日龄左右出现保育猪发病，主要表现为咳嗽、消瘦、眼屎增多、泪斑、被毛粗乱、采食量下降，最后发生死亡。保育成活率由97%下降到70%左右，出现大量致残猪。

在现代化养猪生产中，一个养殖场经济效益的好坏，除了与市场行情、投资环境及饲养管理等有关外，还与种猪的引入有关。优良的种猪是提高养殖效益的基础要素，种猪质量是关系养猪成败的关键环节。

一、引种概念

由于某种原因将非本地产动物或本地产但已灭绝的动物引入本地区的过程。

二、引种原则

1. 明确引种目的

引进种猪的目的包括：纯种繁育作种、育肥，或开展杂交。若是纯种繁育则要定出合适的公母比例，并避免近亲交配；若开展杂交则选一部分优良公猪即可。同时注意品种不宜过多，以便于饲养管理。

2. 生态条件相似性

每个品种都有其生态学特点，因此，引种时应考虑各品种产地及引入地的生态环境、自然地理和气候条件是否相似，且有计划、有目的地选择那些能适应本地生态环境条件的优良种猪。

3. 根据市场需求

选择市场畅销、受欢迎的猪种。

4. 品种适应性评定原则

大量引种时，应先进行品种的适应性观测，证明其经济价值及育种价值良好、能适应当地的环境和饲养管理条件，再大量引种。

5. 社会、经济发展需要原则

根据社会发展、市场需求变化慎重引种，从总体效益、畜牧业发展规划、市场规模以及生态条件等方面，综合考察拟引入品种的可行性和发展前景。

三、引种前准备

1. 制订科学引种计划

在给猪场引种前,应根据本场实际情况制订科学、合理的引种计划,需考虑引种猪日龄,尽可能从同一家种猪场引进,选择能够提供健康无病、性能优良猪的大型种猪公司。

2. 完成技术咨询

调查引种地区的疫病发生情况;引种地区应是国家畜牧兽医部门划定的非疫区;引种场必须具备国家职能部门颁发的《动物防疫许可证》《种畜禽生产经营许可证》《营业执照》等证件;猪群来源清晰,有档案可查。

3. 做好种猪到场前准备

(1)消毒。种猪舍器具、地面、食槽等,以及生活区与场外周边环境需进行彻底消毒后方能使用,可用3‰～4‰氢氧化钠溶液进行喷雾消毒。

(2)准备隔离舍。隔离舍要求距离生产区300米以上,在种猪到场前10天(至少7天),对隔离舍及所有用具彻底消毒。

(3)物品、药品、饲料准备。种猪引进后,猪场进行全封闭管理,禁止外界人员与物品进入场内,以免造成不必要的防疫漏洞。

(4)人员准备。工作人员、后勤人员提前1周进入隔离场,隔离期间遵循只出不进的原则。生产区人员需分别在生活区、生产区洗澡更衣方能进入猪舍。

4. 办理有关引种手续

引种前,按照有关《动物防疫法》要求,将引种地点、品种数量等情况,向本地区县政府以上的动物防疫部门进行申报,办理有关引种审批手续。

四、种猪运输注意事项

1. 运输车辆的清洗、彻底消毒

内外打扫,高压水枪冲洗,喷洒洗衣粉水(浓度0.2%),静置15分钟后高压冲洗,晾干后喷洒戊二醛消毒液(1∶100)静置20分钟,高压冲洗后晾干。

2. 确定运输车辆大小

选择自带隔栏的车辆,并准备锯末、稻草等垫料,以防打滑。

3. 必要工具、药品准备

准备软绳、铁丝、遮雨篷、抗生素、维生素、镇静剂等工具、药品备用。

4. 运输手续准备

运输种猪前,向地区县级以上的动物防疫监督机构申报,凭《动物运输检疫证》《动物及其产品运载工具消毒证明》运输。到场后,出示检疫合格证后进入。

5. 运输途中应激预防与应急处理

为提高种猪抗病能力,在运输前可以给它们肌肉注射长效广谱抗生素。对于躁动不安的种猪，可注射镇静剂。夏季运输，为防止猪中暑，应在早晚运猪并为它们准备充足的饮用水。

若种猪全身震颤、高热，则使用盐酸氯丙嗪，根据种猪体重每千克用药 2 毫克，重症用地塞米松磷酸钠 7～10 毫克一次肌肉注射。若种猪脱水、酸中毒，则使用 3.5% 碳酸氢钠溶液 150～200 毫升，一次静脉注射。

五、种猪隔离检疫过渡期饲养管理

1. 运达种猪的管理

(1)种猪到场后对卸猪台、车辆、猪体及卸车周围地面进行消毒。

(2)卸猪时应将有损伤、脱肛的种猪，隔开单独饲养并及时处理。

(3)种猪按照品种、体重、性别、数量和年龄等进行分舍饲养，密度为每头 3 平方米。

(4)种猪进舍后，先供给少量清洁饮水，并添加补液盐水、电解多维等。休息 4～8 小时后，饲喂日常量 30% 饲料，逐步增加过渡，2～3 天后即可正常采食。

(5)隔离两周后，若种猪健康，可将一些准备淘汰的公猪或母猪放到隔离区，以检测种猪是否有传染病。

(6)种猪必须在隔离舍饲养 45 天以上，严格进行检疫，并进行免疫注射。

(7)按照引种场提供的系谱图，逐一核查，登记，并打上耳标，输入计算机存档。

2. 种猪隔离检疫期管理

(1)养殖人员在隔离结束前不准进入生产区。后勤人员隔离期间一律不外出。隔离期间外来人员一律不准入场。

(2)肉质食品一律不准带入猪场。蛋奶、蔬菜等必须专人定点采购，避免交叉感染。进场物品用紫外照射 2 小时后，方可进入生活区。

(3)能够擦拭的物品要用消毒药液擦拭。

(4)种猪饲料经过熏蒸消毒后，提前 1 周左右进入隔离区。

(5)运送蔬菜、水果等生活物资的车辆必须经过严格消毒，将物资放到门外后，迅速离开。其余外来车辆一律不准入场。

(6)隔离场禁止饲养犬、猫等其他动物。

(7)隔离期间，禁止给种猪用药，避免种猪进行采血检验时出现假阳性。

(8)对种猪进行体温监测，做好猪舍小环境(温度、湿度等)控制。

实验实训

实验 2—3　猪的体尺测量及体重估测

一、实训目的

猪的体尺测量是外形鉴定的辅助方法，通过测量，更加准确地掌握猪的生长发育情况，为外形鉴定提供科学依据。要求掌握猪的体尺测量内容和测量方法，并学会活猪体重的估测。

二、实训材料

1. 不同生长阶段、不同体重、不同品种的猪若干头。
2. 皮尺、直尺、计算器等。

三、实训内容

(一)体尺测量

对猪的各个部位进行测量，以了解各部位的发育情况，在育种上6月龄、10月龄和成龄时各测量一次即可。

1. 注意事项。

①校正测量工具；②测量场地要求平坦；③猪体站立保持自然平直姿势；④测量需在早晨喂前或喂后2小时进行；⑤从左前侧接近猪体，保持安静平稳，切忌追打。

2. 测量方法及部位。

(1)体长。从两耳根中点连线的中部起，用皮尺沿背脊量到尾根的第一自然轮纹为止。

站立姿势正常(四肢直立，颔下线与胸下线同一水线)，用左手把皮尺端点固定在枕寰关节上，右手拉开皮尺固定在背中线的任何一点，然后左手替换右手位置，用右手再拉紧皮尺直至尾根处，即量出体长。

(2)胸围。在肩胛骨后缘用皮尺测量胸部的垂直周径，松紧度以皮尺自然贴紧毛皮为宜。

(3)体高。自鬐甲处至地面的垂直距离。用测仗的主尺放在猪左侧前肢附近，然后移动横尺紧贴鬐甲最高点，读主尺数即体高。

(4)半臀围。自左侧膝关节前缘，经肛门绕至右侧膝关节前缘的距离，用皮尺紧贴体表量取。

(二)体重测量

体重估测是在无称重条件时，用以上测量数式计算。

$$体重(千克)=\frac{胸围(厘米)\times 体长(厘米)}{(142\text{ 或 }156\text{ 或 }162)\times 100}$$

注：检测猪营养状况良好的用142，营养状况中等的用156，营养状况不良的用162。

四、实训作业

1. 每人作1~2次测量体尺，熟悉其内容和方法。
2. 根据自己所测量的数据计算该头猪的体重。

自测训练

一、单选题

1. 新引进的种猪到场后,必须在隔离舍内隔离饲养(　　),经过严格检疫、消毒后才能转入生产区。
   A. 2～3个月　　　B. 30～45天　　　C. 45～60天　　　D、10～20天
2. 引种最适宜的季节是(　　)。
   A. 春秋季　　　　B. 春夏季　　　　C. 秋冬季　　　　D、夏秋季

二、问答题

种猪引入原则是什么?

模块三　猪的繁殖技术

学习目标

知识目标

1. 掌握母猪发情鉴定知识。
2. 掌握适时配种的最佳时机。
3. 掌握母猪人工授精的操作要点。
4. 掌握母猪妊娠诊断的常规办法。

能力目标

1. 能够进行母猪的发情鉴定操作。
2. 能够进行母猪的人工授精操作。
3. 能够进行母猪分娩与接产的操作。

素质目标

学会用科学的理论指导、安排生产，培养"科学技术是第一生产力"意识。

单元一　母猪发情鉴定技术

案例导入

猪场配怀舍的查情员因家中有事请假了，王东临时被安排担任查情员，由于没有经验，他感到非常紧张，并回忆课堂上老师说的母猪发情征状：压背反射、不吃鸣叫、外阴红肿等，实际操作时，母猪所表现的征状千奇百怪，实在不好判断，硬着头皮做了一轮。组长复查时发现，有不少没发情的被鉴定为发情，已经发情的没有被鉴定出来，王东被组长一顿批评，他纳闷，到底该怎么鉴定母猪是否发情呢？

在猪繁殖操作中，母猪发情鉴定是一个重要的环节。主要根据母猪发情时的生殖器官变化和行为表现，对母猪发情阶段进行准确判断，以确定母猪的排卵时间和最佳配种时机，为后续的配种提供依据。

一、母猪的发情周期

母猪达到性成熟以后，卵巢中就会出现有规律的卵泡成熟和排卵过程，并具有周期性。母猪上一次发情排卵到下一次发情排卵的这段时间称为发情周期或性周期。

1. 性成熟与适配年龄

(1)性成熟。公、母猪到一定年龄后,生殖器官发育完全,能够产生相应的精子或卵子,并具备繁殖下一代的能力,这个阶段称为性成熟。其中,青年母猪出现第一次发情并排出卵子的时间称为初情期。

猪性成熟的早晚,除受性别和品种影响外,还与营养水平和饲养管理等因素有关。通常,母猪的性成熟为3~6月龄。公猪为3~7月龄。我国的一些地方品种母猪性成熟为3~4月龄、公猪为3~6月龄;引进品种(如长白猪、大约克猪、杜洛克猪等)略微晚一些,母猪性成熟多为6~8月龄、公猪为6~7月龄。

(2)初配适龄。达到性成熟时,公、母猪的身体尚未发育成熟,不宜进行配种。如果过早配种,不仅母猪的受胎率低,而且会影响母猪的第一胎产仔成绩和泌乳力以及后续的繁殖性能,也影响公猪身体健康和配种效果以及后代的质量;如果配种过晚,则会降低种猪的有效利用年限,增加生产成本。

因此,一般在青年母猪的第二或第三个发情期配种,即第一次发情后1.0~1.5个月后配种。生产上,大多采用成年猪体重的60%~70%作为配种的标准,如瘦肉型品种或有瘦肉型品种血缘的公猪,初配年龄以8~9月龄、体重100~120千克为宜;二元引进品种或含引进品种血缘的种母猪,7~8月龄、体重90~110千克,开始配种;地方品种6月龄左右、体重70~80千克时,开始配种。

如果母猪上次发情没有配种或配种未受孕,则每间隔一定时间会出现一次发情,如此周而复始,直到性机能停止活动的年龄。

2. 发情周期的划分和发情持续期

母猪的发情具有一定的周期性,而且发情没有季节性,属于常年发情动物。母猪发情周期的计算,是从上一次发情开始到下一次发情开始,或从上一次发情结束到下一次发情结束所间隔的时间。母猪的发情一般以18~23天为一个周期,平均为21天。

母猪发情周期的长短主要受品种、年龄、季节、胎次以及是否交配和排卵等因素影响,而温度和光照对其影响很小,如地方品种猪的发情周期大多为18~19天、杂种猪为19~20天;而国外品种猪,如大约克夏猪为20~23天。如果母猪交配并发生排卵但没有受孕(即假孕),则发情周期适当延长。

(1)发情周期的划分。根据母猪的生殖生理和行为变化,可将发情周期人为地划分为若干阶段。生产上,多采用四期分法或二期分法来划分。

①四期分法。根据母猪的精神状态、性行为表现(对公猪的性欲表现)、卵巢及生殖道的变化,将母猪的发情周期分为以下四个阶段。

a. 发情前期:母猪发情的准备阶段。若以发情征状开始出现时为发情周期的第1天,则发情前期相当于上次发情周期的第17~19天,持续时间为2.7天左右。此时期,在促卵泡激素作用下,母猪卵巢上原有的黄体萎缩退化,新的卵泡开始生长发育;血液中的孕激素水平逐渐下降,雌激素水平逐渐上升;生殖道供血量开始增加,毛细血管扩张;子宫腺体增生,分泌作用加强并分泌少量稀薄黏液;阴道黏膜由淡黄色或浅红色变为深红色(后备母猪较为明显);外阴肿胀,阴道和阴门黏膜有轻度充血、肿胀,有少量稀薄黏液分泌,其黏度渐渐增加。

此时期的母猪精神兴奋,躁动不安,运动增加,喜欢接近公猪,但发情行为不明显,尚无性欲表现,既不接受公猪或其他母猪的爬跨,也不允许人骑在背上,不宜进行人工输精或配种。进行镜检时,将阴道黏液制成涂片,可以观察到大而轮廓不清的扁平上皮细胞和白细胞分布。

b. 发情中期:母猪集中发情并接受交配,相当于发情周期的第1~2天,持续时间为2~3天(瘦肉型母猪)或3~5天(地方母猪)。此时期,卵巢上的卵泡迅速发育,卵巢体积增大、成熟。大多数母猪在发情末期排卵,排卵前,血液中的孕激素水平降至最低,雌激素水平升至最高;子宫黏膜充血、肿胀,子宫黏膜显著增生,子宫颈口松弛开张,子宫肌层收缩加强,腺体分泌更加旺盛;外阴充血肿胀到高峰,充血发红,阴道黏膜颜色呈深红色,较发情前期更为明显,有大量透明稀薄黏液流出,随之阴门肿胀度减轻、变软,红色开始减退,分泌物也变浓厚、黏度增加。

母猪的外在行为、性欲表现明显,相互爬跨或接受爬跨,部分母猪出现精神发呆,站立不动,允许压背而不动。压背时,母猪双耳竖起向后,后肢紧绷。镜检时,阴道黏液涂片中分布有无核的上皮细胞和白细胞。

c. 发情后期:是母猪发情后的恢复阶段,相当于发情周期的第3~4天。此时,卵巢上的卵泡破裂、排卵,卵泡腔开始充血并形成黄体,同时分泌孕酮;雌激素水平下降,孕激素水平逐渐上升;子宫肌层收缩和腺体分泌活动减弱,子宫颈口收缩、关闭,子宫颈内膜增厚;外阴肿胀逐渐消失,恢复到正常状态。

此时的母猪精神状态逐渐恢复正常,性欲逐渐消失,并转入安静状态,有时仍躁动不安,爬跨其他母猪,但拒绝公猪爬跨和交配。镜检时,阴道黏液涂片中有脱落的阴道黏膜上皮细胞。

d. 休情期:休情期又称间情期,是指前一次发情结束到下一次发情前的阶段,相当于发情周期的第4~16天,持续时间为13~14天。在休情期的前期,卵巢上的黄体逐渐生长、发育至最大;孕激素分泌逐渐增加乃至达到最高水平;子宫内膜增厚,子宫腺体高度发育,能分泌含有糖原的子宫乳。如果卵子已经受精,此状态延续下去,母猪不再出现发情;如果卵子未受精,则进入休情期的后期,增厚的子宫内膜回缩,呈矮柱状,腺体缩小、分泌活动停止;黄体开始退化萎缩,新的卵泡开始发育,进入下一个发情周期前期。休情期的末期,卵巢上的黄体萎缩,生殖道向发情前期状态变化。

在整个休情期,母猪精神保持安静状态,没有发情征状。镜检时,阴道黏液涂片中分布着有核和无核的扁平上皮细胞及大量的白细胞。

②二期分法。以卵巢组织形态学变化以及卵泡发育状态和黄体存在与否为依据,将发情周期分为以下两个阶段。

a. 卵泡期:黄体进一步退化,卵泡开始发育、成熟直到排卵为止,持续时间为5~7天,即前次发情的第16天至本次发情的第2~3天,相当于四期分法的发情前期、发情期和发情后期。此时,卵泡逐渐发育、增大;雌激素分泌逐渐增多至最高水平、黄体消失，孕激素逐渐下降至最低水平；子宫内膜增厚，子宫腺体分泌活动增强，黏液增加，子宫肌层收缩增强；外阴逐渐充血、肿胀，出现发情征状。

b. 黄体期：从卵巢排卵后、黄体开始形成到黄体萎缩退化为止的时期，即发情周期的第2~3天到第16~17天，相当于四期分法的休情期阶段的大部分时间。此时卵泡发生破裂，黄体逐渐发育、生长，达到最大体积后又逐渐萎缩、消失，新的卵泡开始发育。由于黄体分泌的孕激素作用于子宫，子宫内膜进一步生长、发育、增厚，血管增生、变粗，子宫腺体分泌活动增强，子宫肌层收缩受到抑制。

(2) 发情持续期。发情持续期就是发情中期，是指母猪从一次发情开始到结束所持续的时间，受品种、个体、年龄、季节及饲养管理等因素制约。母猪的发情持续期为2~5天，平均为2.5天；春季和夏季稍短，而秋季、冬季稍长；国外引进品种稍短；老龄母猪稍短，青年母猪则稍长。

二、母猪的发情表现

母猪发情征状的强弱，随品种类型而不同。我国许多地方品种猪发情征状明显；高度培育品种猪和杂种母猪发情征状不如地方良种明显，如杜洛克母猪发情就没有大约克母猪、长白母猪明显。此外，后备母猪的发情比生产母猪难于鉴定。母猪的发情征状表现可归纳为以下四个方面。

1. 行为特征

母猪发情时，主要表现为食欲减退，对周围环境十分敏感，兴奋不安，一有动静马上抬头，东张西望，号叫、拱地；常在舍内来回走动，或常站在舍门口或拱舍门，并不时爬墙张望，甚至跳圈寻找公猪（称"闹圈"）；早起晚睡，追人追猪，高潮期呆立不动。未发情的母猪，采食正常，喜欢上午趴卧睡觉，而发情的母猪却常站立于舍门处，咬栏杆或咬其他母猪，愿意接近公猪或爬跨其他母猪。

在群养条件下，随着发情高潮的到来，上述表现越发频繁，随后母猪食欲逐渐恢复，号叫频率逐渐减少，呆滞，愿意接受其他猪爬跨，此时配种最佳。

2. 外阴变化

母猪发情时，外阴部充血肿胀（图3-1），并有极少量的黏液流出，阴道黏膜颜色多由浅红变深红再变浅红，外阴部由硬变软再变硬。随后母猪阴门变为淡红、微皱、稍干，阴唇黏膜血红开始减退，颜色由浅变深再变浅；黏液（图3-2）由稀薄转为黏稠，此时母猪进入发情末期，正是配种佳期。由于母猪发情时的外阴部肿胀表现比较明显，故母猪的发情鉴定主要采用外阴部观察法来确定。

3. 接受爬跨

母猪发情到一定程度时，不仅接受公猪爬跨，还愿意接受其他母猪爬跨，甚至主动对别的母猪爬跨。若将公猪赶入舍栏内，发情母猪极为兴奋，会主动接近公猪，头对头地嗅闻；若公猪爬跨其后背时，则静立不动，这正是配种良机。

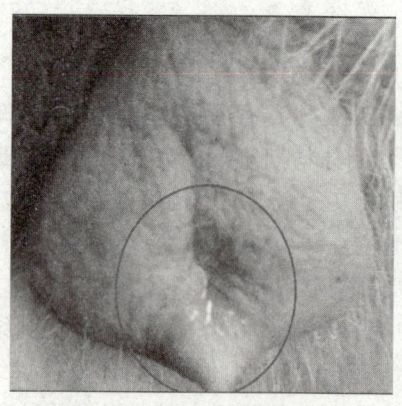

图 3-1 外阴部充血肿胀 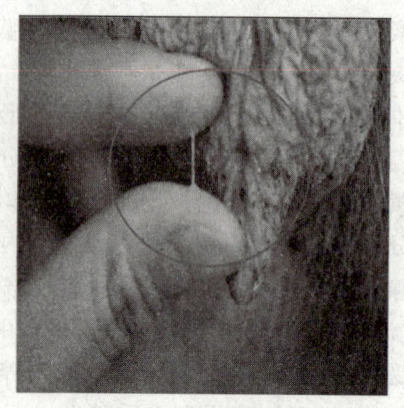　　　　　图 3-2 黏液黏稠

4. 压背反射

采用人为按压或骑坐其背腰部的方法，发情母猪经常两后腿叉开，呆立不动、尾稍翘起、凹腰弓背，出现"静立反射"(图 3-3)。母猪四肢前后活动，不安静，又哼叫，这表明尚在发情初期，或者已到了发情后期，不宜配种；按压后母猪不哼不叫，四肢叉开、呆立不动、弓腰，这是母猪发情最旺的阶段，是配种最旺期。

配种员用手按压母猪背腰部，大白母猪耳尖向后背，长白耳根轻微上翘；杜洛克耳朵轻微向上翘，向前推动母猪，不仅不逃脱，反而有向后的作用力，说明母猪发情已达最显著时期。如图 3-4 所示为猪发情期"两耳耸立"。

图 3-3 静立反射 　　　　　图 3-4 两耳耸立

相对而言，培育品种的发情表现不如地方猪种明显，如杜洛克母猪比大约克母猪、长白母猪难于鉴定，而我国地方猪种的发情明显。此外，后备母猪比经产母猪难于鉴定，经产母猪的发情表现持续 2~3 天；后备母猪持续 1~2 天，而排卵在表现发情征状后的 36~40 小时。因此，在生产上，多在 6：30 至 8：30 和 16：00 至 17：30 各检查 1 次母猪是否发情。

三、发情鉴定的方法

发情鉴定技术是对母猪发情阶段及排卵时间做出判断的技术。通过发情鉴定，可以判析母猪是否发情、发情所处的阶段并推测出排卵时间，从而为确定母猪适宜的配种或输精时间提供依据。

发情鉴定常用的方法有试情法、外部观察法和阴道检查法。由于母猪发情持续期长，外阴部和行为变化明显，生产上，母猪发情鉴定以外部观察为主，结合压背法进行判断。

通过发情鉴定，不仅可以提高母猪的受胎率和繁殖率，而且还可以发现母猪的性机能是否正常，以便及时治疗生殖系统疾病。发情鉴定主要包括以下几种方法。

1. 外部观察法

外部观察法主要是通过观察母猪的行为表现、精神状态和阴道排泄物等来确定是否发情、发情程度。生产上，采用"一看、二听、三算、四压背、五综合"的鉴定方法，即："一看"外阴部变化、行为表现、采食情况；"二听"母猪的叫声；"三算"发情周期和持续期；"四压背"试验；"五综合"分析。当阴户不再流出黏液，黏膜由红色变为粉红色，出现"静立反射"时，为输精较好时间。

具体方法为：当母猪处于发情初期，表现为不安，时常鸣叫，外阴稍充血肿胀，食欲减退，大约半天后外阴充血明显，略微湿润，喜欢爬跨其他母猪，也接受其他母猪爬跨。之后，母猪的交配欲望达到高峰，此时阴门黏膜充血更为明显，呈潮红湿润，如果有其他猪爬压其背部，则出现静立反应。

可根据上述方法综合鉴定母猪发情而适时配种，也可采用人工合成的公猪外激素对母猪喷雾，观察母猪的反应，具有很高的准确率。

2. 试情法

试情法采用公猪来鉴定母猪是否进入发情期。在生产中，一般选用活跃、唾液分泌旺盛、行动缓慢的老龄公猪，或者采用结扎或带有试情布的公猪，也可以采用母猪或者育肥猪进行试情。为了防止试情过程中发生本交，试情用的公猪要经过相应的处理，如结扎输精管、戴上试情布等。

(1)公猪试情。把公猪赶到母猪舍内，如母猪拒绝公猪爬跨，证明母猪未发情；如母猪主动接近公猪，接受公猪爬跨，证明母猪正在发情。

(2)母猪试情。将其他母猪或育肥猪赶到母猪舍内，如果母猪爬跨其他猪，说明正在发情；如果不爬跨其他母猪或拒绝其他猪入舍，则没有发情。

(3)人工试情。通常有人的接近或用手、器械触摸母猪阴部时，未发情母猪会躲避；如果母猪不躲避人的接近，用手按压母猪后躯时，表现静立不动并用力支撑，用手或器械接触其外阴部也不躲闪，说明母猪正在发情，应及时配种。

3. 阴道检查法

(1)阴道黏膜检查法。阴道黏膜检查法利用开腔器打开阴道，借助光源，观察阴道黏膜颜色及分泌物的变化情况，来确定发情阶段。母猪发情时，常表现为阴道黏膜充血潮红、分泌物增多、较容易插入开腔器等。单独依据这种方法鉴定发情状态不够准确，所以常作为其他鉴定方法的辅助方法。

(2)阴道黏液涂片法。阴道黏液涂片法通过在显微镜下，分析阴道黏液涂片的细胞组成，来确定母猪是否发情，以及发情所处哪个阶段。如母猪处于发情前期，涂片中有大量的红细胞、角质化细胞、有核上皮细胞出现,白细胞呈少量分散;发情时,涂片中黏膜细胞发生角质化,并伴有大量无核上皮细胞;发情后期,涂片中有较多的白细胞、非角质化上皮细胞和少量角质化上皮细胞。

4. 电阻测定法

电阻法根据母猪发情时生殖道分泌物增多、盐类和离子结晶物增加,采用专用的测情器测定阴道黏液电阻值的变化规律,来判断其发情和发情阶段。这种方法能较准确地鉴定出母猪发情阶段,从而可推算出最适的配种或输精时间。实践证明,将阴道的最低电阻值作为判断适宜交配(输精)的依据,产仔数最多,如母猪发情 30 小时后的电阻值(505～805 欧姆,平均为 725 欧姆)最低,在母猪发情后 30～42 小时交配(输精)受胎率最高。

5. 外激素法

近年来,外激素法是发达国家养猪场用来进行母猪发情鉴定的一种新方法,采用人工合成的公猪外激素,直接喷洒在被测母猪鼻子上,如果母猪出现呆立、压背反射等特征,则确定为发情。此法较简单,可避免驱赶试情公猪的麻烦,特别适用于规模化猪场使用。

6. 人工压背法

用双手按压母猪腰部,若母猪静立不动,即表示该母猪的发情已达高潮,母猪在静立反应中期输精受胎率较高。生产中使用"压背法"时,最好有成年公猪在场,所选用公猪最好是口嚼白沫多、性欲好的,以便让母猪接受公猪的声音和气味,在这种情况下发情检出率几乎为 100%;若公猪不在场时,会有 1/3 的母猪不出现压背反应。

7. 超声波检测法

B 型超声诊断技术也可用于母猪的发情和排卵鉴定,但对 B 超仪器的质量要求及操作人员的技术要求均很高。近年由于高分辨率的兽用便携式 B 超仪的推广,使 B 超鉴定动物发情技术在生产中的应用率越来越高。

四、发情鉴定的注意事项

为了准确判定母猪是否发情,在进行母猪发情鉴定时要注意以下事项:

①检查应在饲喂半小时后和天黑前进行;②采用人工查情与公猪试情相结合的方法;③保证试情公猪与母猪鼻对鼻地接触,检查人员应在母猪栏后注意观察母猪的行为和表现,并现场记录;④多选用流出较多唾液的老龄公猪查情;⑤如在栏内检查发情,一定要用木板等辅助,让公猪在几头母猪前运动,接触 5～10 分钟;⑥当对母猪实施压背时,争取让公猪面对面刺激母猪,而且应限定 3～4 头母猪为一组;⑦配种员所有工作时间的 1/3 应放在母猪发情鉴定上,上、下午各做一次发情鉴定;⑧仔细观察站立发情的征兆,发情的母猪在 5 分钟内将做出反应,没有反应的母猪需要 12～24 小时后重新检查发情。

资料卡

促进母猪正常发情排卵的措施

为了使母猪同期发情配种和提高母猪年产仔窝数,需要促进母猪提早发情。有些母猪在仔猪断奶后 10 天仍不发情,除调整营养供应、改善饲养管理条件外,还应采取相应措施。控制母猪正常发情的方法主要有公猪诱导、合群并圈、按摩乳房并注射激素。

(1)公猪诱导法。经常用试情公猪追爬不发情的空怀母猪,通过公猪分泌的外激素气味和接触性刺激,以及神经反射的作用,引起脑下垂体分泌促卵泡激素,促使母猪发情排卵;或播放公猪求偶声音磁带,利用条件反射作用试情。

(2)合群并圈。把不发情的空怀母猪合并到发情母猪的舍内饲养,通过发情母猪的爬跨刺激,促进空怀母猪的发情排卵。操作时需避免母猪间打架。

(3)按摩乳房。对不发情的母猪,可采用按摩乳房促进发情。方法是:每天早晨喂食后,用手掌按摩每个乳房表层,共 10 分钟左右。经过几天,待母猪有了发情症状后,再每天进行表层及深层按摩各 5 分钟。配种当天深层按摩约 10 分钟。表层按摩的作用是,加强脑垂体前叶机能,使卵泡成熟,促进发情。深层按摩是用指尖端放在乳房周围的皮肤上,不要触到乳头,作圆周运动,按摩乳腺层,依次按摩每个乳房,主要是加强垂体作用,促使其分泌黄体生成素,促进排卵。

(4)强制输精。对不发情的母猪实行强制交配或强制进行人工输精。

(5)加强运动。对膘情正常但不发情的母猪,实行放牧、放青。

(6)激素催情。对不发情的母猪实行激素催情,常用的方法有:

①按每 10 千克体重注射绒毛膜促性腺激素(HCG)100 国际单位或孕马血清(PMSG)1 毫升。

②按每头每次 2 毫升,间隔 24 小时,2 次注射三合激素。每 1 毫升三合激素含丙酮睾丸 2.5 毫克;孕酮 12.5 毫克;苯甲酸雌二醇 1.5 毫克。

实验实训

实验 3—1　发情鉴定

一、实训目的

学会判断母猪最佳配种时期。

二、实训内容

1. 母猪发情行为观察。
2. 发情鉴定。

三、实训条件

在规模化猪场寻找一定数量处于不同发情时期的母猪，记录本、医用棉签、试情公猪。

四、实训方法

发情鉴定人员经过更衣消毒后，带着记录本进入母猪舍，在工作道上逐栏进行详细观察，也可以在该舍饲养员的指导下，重点寻找根据后备母猪年龄推算出来的将要发情的母猪或是断乳后1周左右的母猪。

1. 观察母猪的发情行为。

发情母猪表现兴奋不安、有时哼叫、食欲减退。非发情母猪采食后上午均喜欢趴卧睡觉，而发情的母猪却常站立于栏门处或爬跨其他母猪。将公猪赶入栏内，发情母猪会主动接近公猪。发情鉴定人员慢慢靠近疑似发情母猪臀后认真观察阴门颜色和状态变化。白色猪的阴门表现潮红、水肿，有的有黏液流出。黑色猪或其他有色猪，只能看见水肿及黏液变化。

2. 发情鉴定方法。

（1）阴门变化法。将疑似发情母猪赶到光线较好的地方或将舍内照明灯打开，仔细观察母猪阴门颜色、状态。白猪阴门由潮红变成浅红，由水肿变为稍有消失出现微皱，阴门较干，此时可以实施配种。如果阴门水肿没有消失迹象或已完全消失，说明配种适期不到或已过。

（2）阴道黏液法。仔细观察疑似发情母猪阴道口的底端，当阴道口底端流出的黏液由稀薄变成黏稠。用医用棉签蘸取黏液，其黏液不易与阴道口脱离，拖拉成黏液线时，说明此时是配种的最佳时期，应进行配种。

（3）试情法。将疑似发情母猪赶到配种场或配种栏内，让试情公猪与疑似发情母猪接触，如果疑似发情母猪允许试情公猪的爬跨，说明此时可以进行本交配种。如果不接受公猪的爬跨，说明此时不是配种佳期。

（4）静立反应检查法。将疑似发情的母猪赶到静立反应检查栏内，检查人员站在疑似发情母猪的侧面或臀后，用双手用力按压疑似发情母猪的臀部，如果发情母猪站立不动，出现神情呆滞，或两腿叉开，或尾巴甩向一侧，出现接受配种迹象，说明此时最适合本交配种。

国外发情鉴定人员的做法是：将公猪放在邻栏，发情鉴定人员侧坐或直接骑在疑似发情母猪的背腰部，双手压在母猪的肩上，如果疑似发情母猪站立不动，说明此时是最适合本交配种的时期。

实践证明，公猪在场，利用公猪的气味及叫声可增加发情鉴定的准确性。也可以用脚蹬其臀部，如果母猪后坐，则可以安排本交配种。生产实践中，多采取观察阴门颜色、状态变化，阴道黏液粘黏程度，静立反应检查结果等各项指标进行综合判断，如果有试情公猪或配种公猪可以直接试情，这样能增加可信程度。

五、实训报告

填写母猪发情鉴定表(表3-1)。

表3-1 母猪发情鉴定表

栋栏号	母猪品种	母猪耳号	所用方法				鉴定结果
			阴门变化	阴道黏液	试情法	静立反应	

自测训练

一、单选题

1. 猪的发情周期平均为(　　)天左右。
   A. 14   B. 21   C. 28   D. 42
2. 母猪发情持续的时间平均为(　　)天。
   A. 2.5   B. 7   C. 14   D. 21
3. 当母畜表现(　　)时，其阴道黏膜会因充血而潮红。
   A. 妊娠   B. 乏情   C. 休情   D. 发情

二、判断题

1. "压背法"是对猪常用的发情鉴定法。   (   )
2. 发情持续期即是发情周期。   (   )
3. 外部观察法适用于各种家畜的发情鉴定。   (   )
4. 用手按压母猪腰背后部，母猪不哼不叫、四肢叉开、呆立不动、腰部下塌时，是配种最佳时期。   (   )
5. 母畜发情时，常表现出行为安静、食欲增加、不断鸣叫、愿意接受爬跨等行为。
                                                              (   )
6. 当母猪表现发情时，其阴道黏膜分泌的黏液量变化规律是少—多—少。 (   )

单元二 猪的配种技术

案例导入

王东今天的任务是作为助手配合配种师傅给发情母猪人工授精。来到配怀舍后,他发现今天要配种的母猪较多,有二十多头。于是由师傅负责插输精管,安排王东接精液瓶,工作起来后,王东觉得还是太慢,为了让输精更快一点,于是自作主张用手挤压输精瓶,哪知刚一挤,精液就外流,师傅看见后也赶快制止了他的这种行为。王东很迷惑,人工授精该怎样操作?为什么输精时不能大力挤压输精瓶呢?

配种是猪场的一个关键岗位,要求配种员准确地判断母猪发情阶段,掌握好配种时机,娴熟地进行输精操作,才能保证较高的配怀率。

通常,母猪发情持续时间为 40～70 小时,而且因品种、年龄、季节不同而存在差异。瘦肉型品种猪发情持续时间较短,地方猪种发情持续时间较长;青年母猪比老龄母猪发情持续时间长;春季比秋、冬季发情持续时间要短。因此,配种时间的适当与否,不仅是决定母猪受胎与产仔数的关键,也是猪群扩大规模、提高养猪效益的基本前提。

一、配种时间

1. 母猪的排卵

母猪排卵时间多发生在发情后 24～36 小时内,例如,国内品种多为 36～42 小时,排卵持续时间 10～15 小时(最长达 45 小时);国外品种为 36～90 小时,平均 53 小时;瘦肉型猪发情持续时间为 40～70 小时,排卵在最后的 1/3 时间内,排卵持续 6 小时。

母猪发情期进行了配种,如果没有受孕,则休情期过一段时间之后又进入发情前期;如已受孕,则进入妊娠阶段,但是母猪产后发情却不遵循上述规律。母猪产后有 3 次发情,第一次发情是产后 1 周左右,此次发情绝大多数母猪只有轻微的发情表现,但不排卵,所以不能配种受孕。第二次发情是产后 27～32 天,此次既发情又排卵,但只有少数母猪(带仔少或地方猪种)可以配种受孕。第三次发情是仔猪断奶后 1 周左右,工厂化养猪场绝大多数母猪在此次发情期内完成配种。

2. 配种时间

公、母猪交配适期主要根据母猪发情和排卵规律、精子和卵子在母猪生殖道中存活时间来确定。在母猪生殖道内,精子和卵子保持受精能力的时间分别为 10～24 小时和 6～18 小时,公猪配种时排出的精子,要经过 2～3 小时才能到达受精部位(输卵管上 1/3 处的壶腹部)并完成受精。因此,适宜配种的时间为母猪排卵前 2～3 小时,即母猪发情开始后的 20～34 小时。

在生产中,用手压母猪的背部或臀部,母猪呆立不动,或用试情公猪爬跨出现呆立不动时即为配种适期。首次配种应在静立反应开始后 12～16 小时完成，经过 12～14 小时后，再进行配种 1 次。

母猪的配种时间多在发情后的第 2～3 天进行，而且要与发情鉴定结果相结合。要注意母猪的年龄差异对配种适期的影响。一般来说，老龄猪的排卵较早，青年猪的排卵较晚，所以民间有"老配早、小配晚，不老不小配中间"的说法。老龄母猪要适当提前做发情鉴定，防止错过配种佳期；青年母猪在发情后第 3 天做发情鉴定。母猪发情后，每天至少进行两次发情鉴定，以便及时配种。本交配种应安排在静立反射产生时，而人工授精的第一次输精应安排在静立反射（公猪在场）产生后的 12～16 小时，第二次输精安排在第一次输精后 12～14 小时。

二、配种方法

1. 自然交配

自然交配是将公、母猪混养在一起，任其自由交配。自然交配是一种粗放的配种方法，不利于公猪个体的发育和使用年限，并可传播生殖器官疾病。通常，在 15～20 头母猪中放入 1 头公猪，让其自然交配。这种配种方式在养猪生产上已很少采用。

2. 人工辅助交配

人工辅助交配是将公、母猪分开饲养，在母猪发情时，将母猪赶到指定地点与公猪交配或将公猪赶到母猪栏内交配。这种配种方法既能掌握猪群的血统，严格执行选种选配计划，又能控制交配的时间和次数，对品种改良和提高猪群的生产性能起到良好效果，也能够合理地使用公猪，是生产实践中较为合理的一种配种方法。

人工辅助交配应选择地势平坦、地面坚实而不光滑的地方做配种栏（规格为长 4.0 米、宽 3.0 米），地面采用橡胶垫子、木制地板、水泥砖或在水泥地面上放少量沙子、锯屑以利于公、母猪的站立。公、母猪交配前，先将母猪阴门、尾巴、臀部用 0.1％高锰酸钾溶液擦洗消毒，将公猪包皮内尿液挤排干净，使用 0.1％的高锰酸钾将包皮周围消毒。配种人员戴上消毒过的橡胶手套或一次性塑料手套，准备做配种的辅助工作。当公猪爬跨到母猪背上时，操作人员一只手将母猪尾巴拉向一侧、另一只手托住公猪包皮，将包皮紧贴在母猪阴门口，便于阴茎进入阴道。当公猪射精时肛门闪动，阴囊及后躯充血，一般交配时间为 10 分钟左右。

如果公猪体重、体格明显大于母猪时，可在配种栏地面临时搭建一个高度为 10～20 厘米的木制平台，将母猪赶到平台上，将公猪赶到平台下。当公猪爬到母猪背上时，由两人抬起公猪的两前肢，协助母猪支撑公猪完成配种；如果母猪体重、体格明显大于公猪时，应将公猪赶到台上，将母猪赶到台下进行配种。

3. 人工授精

猪的人工授精技术是采用徒手或特制的假阴道，借助采精台采集公猪精液，经检查合格后按精子特有的生理代谢特性，在精液内加入适宜精子生存的保护剂——稀释液，放在常温、低温或超低温条件下保存。当发情母猪需要配种时，再利用一根橡胶或塑料输精管将精液输入到母猪的生殖道内，以代替自然交配的一种配种方法。人工授精操作主要包括精液的采集、品质检查、稀释、保存、输精和运输等技术环节。

三、人工授精操作

1. 采精前的准备

采精一般在采精室进行，采精前应进行如下的准备工作。

(1)采精室准备。采精室清洁无尘，安静无干扰，地面平坦不滑，操作台和地面需每天擦拭。采精前，先将假畜台周围清扫干净，特别是公猪精液中的胶状物，一旦残留地面，公猪走动很容易打滑，易造成公猪扭伤而影响生产。采精室内避免积水、积尿，不能放置易倒或易发出较大响声的东西，以免影响公猪的性行为。

(2)采精人员的准备。采精人员及所穿工作服装应尽量固定，以便与公猪建立较稳的条件反射，同时不可涂抹化妆品等带有刺激性气味的物质，以免分散公猪注意力，操作时注意人畜安全。采精人员穿戴洁净的工作衣帽、长胶鞋、乳胶手套，修短指甲，乳胶手套应先用70%酒精消毒、晾干，30分钟后使用。

(3)器械的清洗和消毒。器械用2%的碳酸氢钠(小苏打)液洗刷1次，再用蒸馏水或清洁水冲洗5～6次。清洗完毕后进行消毒，玻璃类、金属类、纱布、毛巾等物品先煮沸，再放于恒温干燥箱内灭菌(120 ℃、15～30分钟)；输精胶管用煮沸消毒或蒸汽灭菌；水温计采用酒精棉球消毒；稀释液采用隔水煮沸10～15分钟或直接煮沸消毒，消毒过的器械使用前用稀释液冲洗1次。

(4)加强种公猪调教。对种公猪的调教方法有以下几种：①利用发情母猪生殖道分泌物或尿液对种公猪诱导采精；②直接用发情母猪作实体进行诱导采精；③利用已调教好的种公猪爬跨假畜台进行训练和调教。调教成功后要连采几天，以巩固其建立起的条件反射，调教好的公猪不准再进行本交配种。

采精前，将公猪赶进采精预备室后，先剪去公猪包皮周围的长毛，用40 ℃温水洗净包皮及其周围，再用0.1%的高锰酸钾溶液擦洗、抹干。

2. 采精方法

猪的采精方法有很多，但以假阴道采精法和徒手采精法较为常见，其中最常用的是徒手采精法。

(1)假阴道采精法。利用假阴道内的压力、温度、湿润度来诱使公猪兴奋而射精，并获得精液。假阴道主要由阴道外壳、内胎、集精杯、气嘴、胶管漏斗和双连球等部分组成，外壳上面有一个注水孔，通过注入45～50 ℃的温水，来保持假阴道内温度在38～40 ℃；内胎由外到内涂匀润滑剂，以增加其润滑度；用双连球进行充气，增大内胎的空气压力，使内胎具备类似母猪阴道壁的功能。假阴道一端为阴茎插入口，另一端则装上一个胶管漏斗，以便将精液收集到集精杯内。这种采精方法用于给猪配种比较麻烦，所需设备多，易污染精液，目前使用得不多。

(2)徒手采精法。徒手采精法已被广泛应用，所用设备(如采精杯、手套、纱布等)简单，操作简便，同时可根据需要取得公猪射精不同阶段的精液，缺点是公猪的阴茎刚伸出和抽动时，容易使阴茎碰到假畜台而损伤龟头或擦伤阴茎表皮，操作不当时易污染精液。

具体做法如下：将公猪赶到采精室，先让其嗅、拱假畜台，工作人员用手抚摸公猪的阴茎部和腹部，以刺激其性欲的提高。当公猪性欲达到旺盛爬上假畜台时，公猪将阴茎龟头伸出体外，并来回抽动。采精员站在台猪的右（左）后侧，当公猪爬上采精台后，采精员随即蹲下，待公猪阴茎伸出时，用手握紧其阴茎龟头，特别是要抓住螺旋部分，并顺势拉出阴茎，控制其龟头不能转动或回缩，并带有松紧节奏，以刺激射精。当公猪充分兴奋、龟头频频弹动时，表示将要射精。公猪开始射精时多为精清，不宜收集，待射出较浓稠的乳白色精液时，应立即以右（左）手持集精杯，放在稍离开阴茎龟头处将射出的精液收集于集精杯内。当第一次射精后，刺激公猪射第二次，继续接收。射精后、待公猪退下采精台时，采精员应顺势用左（右）手将阴茎送入包皮中。

采精人员面对公猪的头部，能够注意到公猪的变化，防止公猪突然跳下伤及采精人员。采精时，若采精人员能发出类似母猪发情时的"呼呼"声，对刺激公猪的性欲会有很大的作用，有利于公猪的射精。经过训练调教后的公猪，一般1周采精1次，12月龄以后，每周可增加至2次，成年后每周2～3次，输精紧张时每天1次也可。采精过于频繁的公猪，精液品质差，密度小、精子活力低、母猪配种受胎率低、产仔数少，公猪的可利用年限短，经常不采精的公猪，精子在附睾贮存时间过长，精子畸形或死亡率增高，采得的精液活精子少，精子活力差，不适合配种，故公猪采精应根据年龄按不同的频率进行，不宜随意采精。采精用公猪的使用年限，美国一般为1.5年，更新率比较高；而中国一般为2～3年，但饲养管理要合理、规范。对于超过4年的老龄公猪，由于精液品质逐渐下降，一般不予留用。

3. 精液品质检查

精液的品质检查、稀释处理和保存，均在精液处理室进行，处理精液时要求严格规范。新采集的精液应转移到37 ℃水浴锅内水浴，或直接将精液袋放入37 ℃水浴锅内保温，以免温度降低而影响精子活力。精液要立刻进行品质鉴定，以便决定可否留用，检查要迅速、准确，在5～10分钟内完成，从而保证受胎率和产仔数的提高。

精液品质检查的主要指标有：射精量、颜色、气味、精子密度、精子活力、酸碱度、黏稠度、畸形精子率等。后备公猪的射精量一般为150～200毫升；成年公猪为200～300毫升，个别为800～1 000毫升。正常精液为乳白色或灰白色，如带有绿色或黄色是混有脓液或尿液；若带有淡红色或红褐色是含有血液，这样的精液应舍弃不用。精液略有腥味，pH为6.8～7.2。精液的活力评定一般按0.1～1.0的10级评分法进行，鲜精活力要求不低于0.7。

正常公猪的精子密度为每毫升2.0亿～3.0亿个，个别为每毫升5.0亿个。按每个输精剂量至少30亿个有效精子计算出可稀释的倍数，通常可稀释10～15倍。一般要求畸形率不超过18%，可用普通显微镜测定。

4. 精液的稀释

精液稀释的目的是要增加精液容量，提高精液的利用率；提供营养物质，有利于精子体外的生存。目前，可采用自行配制稀释液或直接购买成品袋装稀释粉进行配制。自行配制操作相对复杂，适合用量较大的猪场，袋装稀释粉只需按要求加入蒸馏水即可，操作方便易行。

精液的稀释液分短期保存（3天左右）和长期保存（5~8天）两种。采精后立即输精的精液，可不稀释；需要在1天内输精的精液，可用单成分稀释液稀释；需要保存1~2天的精液，可用二成分稀释液稀释；需要保存3天以上的，可用综合稀释液稀释。

一般情况下，对于同一种稀释液，精子密度越大，所消耗的能量越多，保存的时间越短。每头猪人工授精的剂量为30亿~50亿个精子，体积为80~100毫升，如美国采用每80毫升头份30亿个；我国一般采用每100毫升头份40亿个。

5. 精液的贮存和运输

（1）精液的保存。现行的精液保存方法可分为常温（15~25 ℃）保存、低温（0~5 ℃）保存和超低温（-79 ℃或-196 ℃）保存三种。猪的精液冷冻保存效果差，受胎率低，故多采用液态保存。

公猪的全份精液最适宜在15~20 ℃保存。由于保存时间不同，保存方法略有区别。贮存3~4小时内的精液不需要进行降温处理，常温保存即可；贮存5~24小时的精液，在经过自然降温处理后，放在15~20 ℃的保温箱或保温瓶中密封贮存。

（2）精液的运输。运输时精液容器应装满封严并用毛巾包好，以免运输中振荡产生泡沫，尽量缩短运输时间、控制温度变化。冬季用保温箱，调节箱内温度在20~25 ℃，防止温度变化。应避免阳光直射和沾染烟、酒气味。

6. 输精

（1）输精导管的选择。输精导管分为一次性输精管和多次性输精管两种。一次性输精管又分为螺旋头型和海绵头型两种，长度为50~51厘米。螺旋头一般用无害的橡胶制成，适合后备母猪的输精；海绵头一般用质地柔软的海绵制成，通过特制胶与输精导管粘在一起，适合经产母猪的输精。选择海绵头输精导管时，要注意海绵头粘牢，避免脱落到母猪子宫内；要注意海绵头内输精导管的深度，一般以0.5毫米为宜。若输精导管在海绵头内包含太多，则输精时会因海绵体太硬而损伤母猪阴道和子宫壁；若包含太少，则会因海绵头太软而不易插入或难以输精。

多次性输精导管多为特制的胶管，经过清洗、消毒等处理后，可以重复使用，故成本较低而比较受欢迎。但是，因头部无膨大或螺旋部分，输精时易倒流，而且多次用输精导管易变形。

（2）输精时间。输精的适宜时间是在母猪发情出现后的12~36小时，以接受公猪爬跨或进行压背实验而出现静立反射为判定标准。在大群饲养的情形下，母猪多借助公猪的试情，或者在有公猪在场的情况下用压背法加以确定。

为防止贻误输精时间，多采用以下两种输精方法：①每天试情1次，对出现发情表现的母猪延迟12~24小时进行首次输精，间隔8~12小时进行第二次输精；②每天试情2次，在出现发情后第12小时和第24小时各输精1次。

应当注意，母猪每天至少要检查两次静立反应，特别是用鲜精进行人工授精的母猪更要注意。在第一次观察到静立反应后，如果公猪不在场，说明已经错过了输精的最适阶段，此时应当尽快实施第一次输精。

(3)输精方法。输精时，母猪一般不需保定。用手将母猪阴唇分开，手持输精胶管插入母猪的生殖道内，先斜上方插入10厘米左右，再向水平方向插进，当感觉到有阻力时再稍用一点力(插入25～30厘米)，再将输精导管左右旋转，稍用力，顶部则进入子宫颈第2～3皱褶处，发情的猪便会将输精导管锁定，可输入精液。

正常的输精时间应与自然交配时间一样，一般为5～10分钟，若时间太短，则不利于精液的吸收而出现倒流；若时间太长，则不利于输精工作的进行。输精后，要保证母猪在圈舍内停留一段时间，送回舍后1小时再饲喂。

资料卡

深部输精

深部输精(Deep Insemination，DI)，是指在传统的人工授精基础上，使用更为先进的技术和特殊的人工输精器械，将公猪精液从更深入子宫的部位甚至是输卵管输入，以达到让精子更容易进入输卵管与卵子结合的目的。

深部输精的优点：

①深部输精减少了精液的使用量，提高了公猪的利用率。传统输精一次使用精液80～100毫升，浓度每毫升3亿～4亿个。而深部输精只需要45～80毫升，或者是精液密度在每毫升2亿个左右即可；

②减少输精时间。传统输精80～100毫升的精液全部输完，平均要在5分钟以上，而使用深部输精，精液输完的时间在3分钟左右，在技术熟练的基础上提高了工作效率；

③减少精液回流的现象。由于深部输精，精液输入的位置在子宫颈的后部，受到子宫颈的保护，精液回流的情况比传统输精大大减少；

④加快选育进程，利于优势公猪精液的利用。由于精液量和精液浓度的降低，使一头优良公猪的高品质精液可以分给更多的母猪使用，加快优势基因的扩散；

⑤对母猪发情有一定的鉴定作用。在发情期内，母猪的子宫颈处于有18～22小时完全开放状态，如果深部输精的内导管无法顺利插入，可以从侧面反映出还未到或者已经过了最佳发情期。

实验实训

实验3-2 猪的配种操作

一、目的要求

通过实习的操作，了解和掌握猪发情的变化规律与变化过程，确定适宜的配种时间，并掌握配种方法。

二、教学内容与方法

(一)发情表现

(1)行为方面。对外界反应敏感,兴奋不安,食欲减退,鸣叫,爬栏或跳栏,爬跨其他母猪,阴户掀动,频频排尿,随着发情进展,手按背腰部表现呆立不动,举尾不动;发情后期,拒绝公猪爬跨,精神逐渐恢复正常。

(2)外阴户表现(表3-2)。

表3-2 外阴户表现

	前期	发情期
外阴户	微红肿	充血肿胀到透亮(末期紫红皱缩)
黏液	少	多
	水样	黏稠
	透明	半透明(乳白色)
阴道	浅红	深红
	干涩	润滑

(二)判定输精适期(输精时间)

(1)断奶后3~6天发情的经产母猪,出现静立反应后6~12小时进行第1次输精配种。

(2)后备母猪和断奶后7天以上发情的经产母猪,一出现静立反应,就进行配种(输精)。

(三)配种方法

1. 人工辅助交配。

配种前,公、母猪分开饲养,发情配种时,把母猪赶到固定交配地方,然后将配种计划指定的公猪赶入,交配后再将公、母猪分开饲养。

提高人工辅助交配效果的措施:

(1)选配场所:①位置要远离公猪舍;②场址要保持安静、清洁、无异物;③场地平坦、不打滑;④雨天、冷天安排在室内进行。

(2)选择有利交配时间:①饲喂前后2小时;②冷天选中午,夏季选早晚。

(3)交配前准备工作:①外生殖器用0.1%高锰酸钾冲洗;②长期不配种的公猪应把衰老精液弃除;③空爬跨。

(4)配种过程中:①稳住母猪,并将尾巴轻轻拉向一侧,用手拉开包皮并顺势导入阴道;②保证公猪安全。

(5)配种结束后:①手按母猪背腰部或轻拍后臀,以防精液倒流,切忌让母猪躺下,可让其自由活动一段时间;②公猪马上回舍,不得立即饮水或进食,更不能洗澡;③工作人员及时记录。

(6)特殊情况：如有体格差异时，要用配种架或人工帮助。

2. 人工授精。

(1)精液检查。从17 ℃精液保存箱中取出的精液，无需升温至37 ℃，摇匀后可直接输精，但检查精液活力需将玻片预热至37 ℃；有的猪场输精时采取升温，注意以每2分钟升温1 ℃的速度，把精液升温至38 ℃。精液活力≥0.7。

(2)输精剂量。一般输精剂量不低于20毫升，有效精子密度不低于每毫升0.3亿个，受胎效果仍然良好。瘦肉型母猪的授精量与本地猪有较大差异。瘦肉型经产母猪授精量100毫升；后备母猪80毫升；本地猪40毫升即可。

(3)输精前准备。

①输精人员的准备。输精人员的手指甲要剪平磨光，用75%的酒精消毒手臂，干燥后戴上薄膜手套，清洁母猪阴户后，脱去手套，再插入输精管。

②保定母猪，并用45 ℃的0.1%高锰酸钾水溶液清洁母猪外阴、尾根及臀部周围，再用温水浸湿毛巾，擦干外阴部。

③在输精管海绵头部前端涂上润滑剂。从密封袋中取出没有受任何污染的一次性输精管(手不应接触输精管的前2/3部分)，在其前端涂上红霉素软膏作润滑剂。

(4)输精操作。

①将输精管插入母猪的生殖道内：双手分开母猪外阴部，然后左手使外阴口保持张开状态，将输精管45°角向上插入母猪生殖道内10厘米左右时，将输精管平推，当感到有阻力时，继续缓慢向左旋转并用力将输精管向前送入，直到感觉输精管前端被锁定(轻轻回拉不动)；一次性输精器在插入过程中，当感到有阻力时，再用力推送5厘米左右，使其卡在子宫颈中。

②输精：从精液贮存箱中取出品质合格的精液，确认公猪品种、耳号；缓慢颠倒摇匀精液，打开精液袋封口将塑料管暴露出来，接到输精管上，将精液袋后端提起，开始进行输精(也可将精液袋先套在输精管上，之后再将输精管插入母猪生殖道内)。

在输精过程中，应不断抚摸母猪的乳房、外阴侧或压背以刺激母猪，使其子宫收缩产生负压，将精液吸纳。输精时，除非输精开始时精液不向下流动，否则勿将精液挤入母猪的生殖道内，以防精液倒流。

(5)防止精液倒流。用控制精液袋高低的方法来调节精液流出的速度。输精时间一般在3~7分钟，输完后，可把输精管后端一小段折起，用精液袋上的圆孔固定，使输精器滞留在生殖道内3~5分钟，让输精管慢慢滑落；或精液输完后，以较快的速度将输精管向下抽出，刺激子宫颈口收缩，防止精液倒流。

(6)每头母猪每次输精都应使用一条新的一次性输精管，防止子宫炎发生。

(7)经产母猪用一次性海绵头输精管，输精前检查海绵头是否松动；后备母猪用一次性螺旋头输精管。

(8)输精时的问题处理。

①如果在插入输精管时，母猪排尿，就应将这支输精管丢弃(多次性输精管应带回重

新消毒处理)。

②如果在输精时，精液倒流，应将精液袋放低，使生殖道内的精液流回精液袋中，再略微提高精液袋，使精液缓慢流入生殖道，同时注意压迫母猪的背部或对母猪的侧腹部及乳房进行按摩，以促进子宫收缩。

③如果以上方法仍然不能解决问题，继续倒流或不向下流动，可前后移动输精管，或抽出输精管，重新插入锁定后，继续输精。

(9) 输精次数。一般经产母猪一个配种情期输精2次，后备母猪一个配种情期输精3次。最后一次输精后18小时应检查母猪是否已经过了发情期，如未过发情期，仍有静立反应，应再输精一次。两次输精的间隔时间一般为8～12小时。

三、实训报告

填写母猪发情变化记录(表3-3)，小组间互相讨论及写出心得体会。

表3-3 母猪发情变化记录

母猪号	发情时间	外部表现	备注

自测训练

一、选择题

1. 给猪进行常温精子活力检查时，要求其精子活力不得低于( )。
   A. 0.5   B. 0.6   C. 0.7   D. 0.8
2. 配种(输精)时间一般应在母猪( )。
   A. 排卵后6～12小时
   B. 排卵时
   C. 排卵前的6～12小时
   D. 排卵后6小时
3. 母猪一般排卵持续时间是( )。
   A. 4～5小时   B. 8～26小时   C. 18～48小时   D. 70～92小时
4. 在检查17 ℃精液活力时必须将温度提升到( )。
   A. 40 ℃   B. 37 ℃   C. 25 ℃   D. 27 ℃

二、判断题

1. 在输精过程中，用力拍打母猪臀部，能加快输精速度，刺激母猪吸收精液。
   ( )
2. 从理论上讲，将精液倒入稀释液中并不会对精子产生影响。 ( )
3. 在输精过程中尽量节省精子，低剂量输精也能保证母猪受胎率，必要的时候可以一个剂量精液输两头母猪。 ( )
4. 常温精液产品在保存时，应每隔12小时将精液翻动一下，避免精子扎堆死亡。
   ( )

单元三　妊娠诊断技术

案例导入

配种 30 天后，就需要将确定妊娠的母猪转移到妊娠舍。王东看到配种 20 天时，就有师傅对猪进行观察，有时还拿来便携式 B 超仪进行探照，显示的图像，王东也不太明白，总之经过一系列检查以后，师傅总能很准确地把已经妊娠的母猪找出来。母猪的妊娠诊断该怎样做呢？

妊娠诊断是母猪繁殖管理上的一项重要内容，其目的是确定母猪是否妊娠，以便区别对待。准确判断母猪妊娠与否，不仅有利于受孕母猪保胎，缩短胎次间隔，增加产仔数目，而且还可以提高母猪的繁殖力和增加猪场的经济效益。

一、妊娠诊断

母猪配种后 3 周不再发情，而且食欲渐增、被毛顺溜光亮、增膘明显、性情温顺、行动谨慎稳重、贪睡、尾巴自然下垂、阴户缩成一线，并且出现驱赶夹尾走路等表现，初步判断为已经妊娠。妊娠诊断的方法主要有外表观察法、仪器诊断法、化学诊断法、激素诊断法和活组织检查法五种。

1. 外表观察法

主要根据妊娠后母猪的行为变化和外部表现来判断是否妊娠。妊娠母猪因体内新陈代谢和内分泌系统的变化，导致行为及外部形态特征发生一系列的变化，这些变化有一定规律，掌握这些变化规律就可以判断是否妊娠及妊娠进展状况。

(1) 行为变化。妊娠初期无行为变化，随着妊娠日龄的增加，母猪食欲增加、膘情改善、毛色光亮、性情温顺、行动迟缓、活动量减少。妊娠后期，排尿次数增多、容易疲劳，接近分娩时有做窝行为。

(2) 乳腺变化。妊娠初期乳腺的变化不明显。妊娠一定日龄后，乳头变粗、颜色为粉红，乳房开始发育，甚至临近分娩前可以挤出乳汁。

(3) 身体变化。妊娠初期，胎儿生长缓慢；妊娠中期或后期，腹围增大，下腹部突出；妊娠 60 天以后，在最后两对乳头上方的腹壁，可以触诊到胎儿；妊娠 75 天以后，部分母猪可看到胎动，随着临产期的接近，胎动会越来越明显。

另外，母猪配种后因营养、生理疾患或环境应激造成的乏情也有时被误诊为妊娠，且上述表现在妊娠的中、后期比较明显，早期难以准确地判断。因此，此法只能作为早期妊娠诊断的辅助手段，应与其他诊断方法配合使用。

2. 仪器诊断法

利用超声波感应效果测定动物胎儿心跳数，从而进行早期妊娠诊断。实践证明，配种后 20～29 天诊断的准确率为 80% 左右；40 天后的准确率为 100%。这种方法不仅可以确定妊娠，而且还可以确定胎儿的数目，晚期还可以判定胎儿的性别。但一次性投资较高。

3. 化学诊断法

取母猪尿液 15 毫升放入大试管中，加浓硫酸 3 毫升或盐酸 5 毫升，加温到 100 ℃，保持 10 分钟；冷却到室温，加入 18 毫升苯，加塞后振荡，分离出雌激素层；加 10 毫升浓硫酸，再加塞振荡，并加热到 80 ℃，保持 25 分钟；借日光或紫外线灯观察，若在硫酸层出现荧光则是阳性反应。母猪配种或授精后 26～30 天，每 100 毫升尿液中含有孕酮 5 毫克时，即为阳性反应值。此种方法准确率可达 95%。

4. 激素诊断法

在母猪配种后 16～17 天，耳根皮下注射 3～5 毫升人工合成雌激素，注射后出现发情征状的是空怀母猪，5 天内不发情的则为妊娠母猪。采用此种方法，时间必须准确，因为注射时间太早，会打乱未孕母猪的发情周期，延长黄体寿命，造成长期不发情。

5. 活组织检查法

在母猪配种后 20～30 天，从阴道刮取一小块上皮组织样品，固定染色并进行显微镜观察。如上皮组织的上皮细胞层明显减少，仅有 2～3 层细胞，而且较密，则认为该母猪妊娠；如排列疏松且为多层(3 层以上)，则认为未妊娠。此种方法的缺点是：①在剖解取样时技巧性强，不易掌握；②必须小心标记样品；③因需要染色，不能立即得到结果。这种方法的准确率为 80%～95%。

二、预产期的推算

母猪的妊娠期一般为 111～117 天，平均为 114 天。为了便于记忆，通常用"三、三、三"来表示。一般以母猪妊娠期 114 天来计算预产期。预产期的计算方法较多，下面介绍几个。

(1)"三．三．三"法，即在配种日期的基础上，月份加 3，日期加 3 周又 3 天，所得日期就是预产期。例如，4 月 1 日配种，预产期为 7 月 25 日；9 月 20 日配种，预产期为 1 月 14 日。

(2)"月加 3，日加 20"法，即在配种日期的基础上，月份加 3，日期加 20，所得日期就是预产期。例如，4 月 1 日配种，预产期为 7 月 21 日；9 月 20 日配种，预产期为 1 月 10 日。

(3)"月加 4，日减 10"法，即在配种日期的基础上，月份加 4，日期减 10，所得日期就是预产期。例如，4 月 1 日配种，预产期为 7 月 21 日；9 月 20 日配种，预产期为 1 月 10 日分娩。

实验实训

实验 3—3　预产期推算

一、实训目的

通过公式法或查表法，学会预产期推算。

二、实训内容

1. 运用公式法进行预产期计算。
2. 查预产期推算表推算预产期。

三、实训条件

母猪配种记录、母猪预产期推算表。

四、实训方法

(1)公式法。妊娠期是指由受精到分娩这段时间。猪的妊娠期一般为108～120天，平均为114天。每月按30天计算，则公式为：配种月份数加4，配种日期数减6。简称"加4减6"法。

在计算过程中，如果配种日期数小于或等于6时，应向月份数借1位，规则是：借1等于在日期数上加30；如果月份数相加大于12，则应减去12，年度上后延一年。为了精确推算预产期，可进行校正，其方法是：妊娠期所跨过的大月份数应在预产日期上减去，如果妊娠期经过2月份，应根据2月份的平闰，进行加2或加1；如果是平年应在预产日期上加2；如果是闰年应在预产日期上加1。

(2)查表法。在预产期推算表的第一行数字中找到配种月份数，在左侧第一行找到配种日期数，垂直相交处为预产日期数，如2019年2月23日配种，则预产期为2019年6月17日。

母猪预产期推算表见表3-4，预产期推算结果见表3-5。

表3-4　母猪预产期推算

	1月	2月	3月	4月	5月	6月	7月	8月	9月	10月	11月	12月
1日	4.25	5.26	6.23	7.24	8.23	9.23	10.23	11.23	12.24	1.23	2.23	3.25
2日	4.26	5.27	6.24	7.25	8.24	9.24	10.24	11.24	12.25	1.24	2.24	3.26
3日	4.27	5.28	6.25	7.26	8.25	9.25	10.25	11.25	12.26	1.25	2.25	3.27
4日	4.28	5.29	6.26	7.27	8.26	9.26	10.26	11.26	12.27	1.26	2.26	3.28
5日	4.29	5.30	6.27	7.28	8.27	9.27	10.27	11.27	12.28	1.27	2.27	3.29
6日	4.30	5.31	6.28	7.29	8.28	9.28	10.28	11.28	12.29	1.28	2.28	3.30
7日	5.1	6.1	6.29	7.30	8.29	9.29	10.29	11.29	12.30	1.29	3.1	3.31
8日	5.2	6.2	6.30	7.31	8.30	9.30	10.30	11.30	12.31	1.30	3.2	4.1
9日	5.3	6.3	7.1	8.1	8.31	10.1	10.31	12.1	1.1	1.31	3.3	4.2
10日	5.4	6.4	7.2	8.2	9.1	10.2	11.1	12.2	1.2	2.1	3.4	4.3

续表

	1月	2月	3月	4月	5月	6月	7月	8月	9月	10月	11月	12月
11日	5.5	6.5	7.3	8.3	9.2	10.3	11.2	12.3	1.3	2.2	3.5	4.4
12日	5.6	6.6	7.4	8.4	9.3	10.4	11.3	12.4	1.4	2.3	3.6	4.5
13日	5.7	6.7	7.5	8.5	9.4	10.5	11.4	12.5	1.5	2.4	3.7	4.6
14日	5.8	6.8	7.6	8.6	9.5	10.6	11.5	12.6	1.6	2.5	3.8	4.7
15日	5.9	6.9	7.7	8.7	9.6	10.7	11.6	12.7	1.7	2.6	3.9	4.8
16日	5.10	6.10	7.8	8.8	9.7	10.8	11.7	12.8	1.8	2.7	3.10	4.9
17日	5.11	6.11	7.9	8.9	9.8	10.9	11.8	12.9	1.9	2.8	3.11	4.10
18日	5.12	6.12	7.10	8.10	9.9	10.10	11.9	12.10	1.10	2.9	3.12	4.11
19日	5.13	6.13	7.11	8.11	9.10	10.11	11.10	12.11	1.11	2.10	3.13	4.12
20日	5.14	6.14	7.12	8.12	9.11	10.12	11.11	12.12	1.12	2.11	3.14	4.13
21日	5.15	6.15	7.13	8.13	9.12	10.13	11.12	12.13	1.13	2.12	3.15	4.14
22日	5.16	6.16	7.14	8.14	9.13	10.14	11.13	12.14	1.14	2.13	3.16	4.15
23日	5.17	6.17	7.15	8.15	9.14	10.15	11.14	12.15	1.15	2.14	3.17	4.16
24日	5.18	6.18	7.16	8.16	9.15	10.16	11.15	12.16	1.16	2.15	3,18	4.17
25日	5.19	6.19	7.17	8.17	9.16	10.17	11.16	12.17	1.17	2.16	3.19	4.18
26日	5.20	6.20	7.18	8.18	9.17	10.18	11.17	12.18	1.18	2.17	3.20	4.19
27日	5.21	6.21	7.19	8.19	9.18	10.19	11.18	12.19	1.19	2.18	3.21	4.20
28日	5.22	6.22	7.20	8.20	9.19	10.20	11.19	12.20	1.20	2.19	3.22	4.21
29日	5.23		7.21	8.21	9.20	10.21	11.20	12.21	1.21	2.20	3.23	4.22
30日	5.24		7.22	8.22	9.21	10.22	11.21	12.22	1.22	2.21	3.24	4.23
31日	5.25		7.23		9.22		11.22	12.23		2.22		4.24

表 3-5 预产期推算结果

栋栏号	品种	耳号	配种日期	方法		预产期
				公式法	查表法	

自测训练

母猪妊娠诊断的方法有哪些？请简述每种方法的优缺点。

单元四　母猪的分娩接产技术

📁 案例导入

王东到猪场产房工作已经1个月了，从刚来时给猪接产时的手忙脚乱，到现在的轻车熟路。经过1个月的学习和实践，他学会了怎样推算预产期；接产的正确操作流程；也知道了假死仔猪怎么判断和抢救；母猪发生难产怎么处理。

母猪分娩是将发育成熟的胎儿排出体外的过程。对临产母猪进行适当的接产和助产措施，是保证母仔平安的关键，也是提高养猪效益的关键技术之一。

一、分娩前的准备

1. 产房的准备

准备的重点是保温与消毒。

分娩前应预备好保温良好的产房，产房及其供暖或保温设备应很好地检修，尤其是在北方冬季分娩时显得更为重要。若没有保温产房，必须有仔猪保温小圈，并设有红外线灯或电热板等电热设备。

产前消毒事关重要。腹泻是育仔中最大难题之一，而腹泻发生的主要原因是由病毒、细菌和寄生虫等引起的。另外，由于母猪分娩后体力下降，各种病原微生物也乘虚而入，常引起母猪产后由于发烧而拒食。

一般于产前10~15天进行全场清扫、消毒。消毒应该是整体性的，不能只局限于产房。对环境、圈舍、过道、墙壁、地面、围栏、饲槽、饮水器具等要先用高压水冲洗，再用2%~3%的火碱水喷洒消毒，24小时后再用高压水冲洗。墙壁最好用20%石灰乳粉刷。地面若潮湿，可撒些生石灰，接触水后变成石灰乳，有消毒作用。应加强通风，保持产房干燥。产房温度以15~18 ℃为宜。

在没有采暖设备的产房，入冬前应备好干燥的、柔软的、铡短的（20厘米左右）垫草备用。

2. 物品的准备

产前，可根据需要准备好毛巾、抹布、水桶、水盆、消毒药品5%的碘伏、催产药物、剪刀、缝合针和缝合线，备用保险丝、灯泡及风灯。若冬季分娩，还应准备好防寒用品，最好再预备些25%的葡萄糖液，以备做抢救仔猪使用。若是种猪场还应准备好记录本、秤、耳号钳子或耳标钳子和耳标。

二、母猪的产前管理

在母猪临产前15~20天，用1%~2%的敌百虫溶液，同时对猪和垫草进行喷雾灭虱，并更换垫草。为彻底消灭新孵出的小虱子，隔周再喷一次。这样可有效地灭掉猪虱，防止传给仔猪。

若母猪膘情好，产前5~7天应逐渐减料，至临产前1~2天，日粮可减到一半，临产停喂。对膘情不好、乳房膨起不明显的母猪，不仅不减料，反而应多喂些易消化的、富含蛋白质的催乳饲料。

产前10多天开始做好母猪产前的饲料过渡，防止因饲料骤变引起母猪产后消化不良和仔猪下痢。

母猪产前坚持自由运动，做好防流保胎工作。

在预产期前5天左右迁入产房。过早迁入，易污染产房；过晚迁入则母猪对产房生疏，不易赶入产房。

密切关注、仔细观察母猪的征兆变化，做好随时接产的准备。

三、接产及人工助产

1. 母猪分娩征兆

(1) 行动不安，叼草做窝。
(2) 骨盆开张，尾根两侧下陷，俗称"塌胯"。
(3) 频繁排泄。
(4) 乳房及乳头胀起，开始时用手能挤出乳滴，到后来能挤出较多的奶水。
(5) 时起时卧，体躯抖动时，为阵痛开始。
(6) 阴部流出稀薄、稍带黏膜和粉红色的黏液，称"破水"，则分娩在即。

2. 接产

要求产房必须安静，动作要求稳、准、轻、快。

当母猪尾根上举时，仔猪即将娩出。此时，用消毒过的手先将娩出部分轻轻固定，然后再顺着产轴方向轻轻将仔猪拉出。

落草后：应尽快地擦净仔猪口鼻周围及口腔内的黏液，以防误咽。用干软的草擦干仔猪周身，以防仔猪着凉。然后断脐，在距仔猪腹壁4厘米处，用右手先将脐带内的血液向仔猪腹部方向挤压，用力捏脐带片刻，再用已消毒的拇指指甲将脐带掐断，不整齐断口，有利于止血，一般不用剪刀剪断。除特殊情况一般不主张结扎。最后在脐带断端涂上5%碘酊消毒，并将排出的胎衣和脐带捡出。进行打耳号(用5%碘酊消毒)、称初生重(或初生窝重)，并填写仔猪记录卡等资料。早吃初乳。

3. 假死仔猪的急救

母猪产前反应剧烈，会造成仔猪脐带早断；产道狭窄及胎势、胎位不正常，也会造成脐带已经断了的胎儿娩出时间长，这都会导致产出的仔猪窒息。

没有呼吸，但心脏还在跳动，用手轻按脐带根，有波动感，这样的仔猪称为假死仔猪。

首先应掏除和擦净其口腔内和鼻部的黏液，然后一手托住仔猪臀部，一手托住肩部，将仔猪轻轻折动，做人工呼吸，直到恢复呼吸为止。也可倒提拍背或对仔猪口鼻吹气。

4. 人工助产和难产处置

猪分娩，通常每 5～20 分钟产出 1 头仔猪，正常产仔分娩过程持续 2～4 小时。胎衣排净，平均需 4.5 小时。

分娩过程超出正常分娩时间，则为慢产。若破水以后 30 分钟仍产不出仔猪，或分娩过程中，母猪娩力很强，但产不出仔猪则为难产，应及时救助。

为减少分娩中的仔猪死亡与损失，应实行人工助产。可随着母猪阵痛节奏，用手沿腹侧由前下方向后上方进行"推拿"助产，必要时可针刺百会穴。可以肌肉注射人工合成催产素或脑垂体后叶激素。如遇有仔猪胎位倒生或只产出一条肢体等异常情况，可用还原整复助产的办法，使之呈正胎向、正胎位后再轻轻地沿顺产轴方向拉出。

若助产无效，并确诊为难产，则应掏出胎儿。接产者先用肥皂水洗净手和手臂，将手指合拢呈圆锥状，然后带动手臂慢慢伸入产道。若是浅部胎儿造成难产，即可抓住胎儿适当部位（如下颌、腿等），再随母猪努责，慢慢将仔猪拉出；若是深部胎儿造成的难产，手能触摸到胎儿，但抓不住适当部位时，可用手带入有活结且较长的缝合线（需事先消毒），将活结套在仔猪适当部位，先往手中拉动，待能抓住适当部位时再慢慢将仔猪掏出；若母猪体小、产道狭窄、胎儿过大，实在无法助产，则应立即请兽医实施剖腹手术，以确保母仔安全。

在助产过程中，要注意做好保定和消毒工作，尽力避免产道或外阴损伤和感染，更要确保人、猪安全。

助产完毕应给母猪注射抗生素等药物，以防感染发病。若母猪不吃食或有脱水症状时，应进行抗炎治疗，并在耳静脉滴注 5％ 葡萄糖生理盐水 500～1 000 毫升，加维生素 C 0.2～0.5 克。

分娩完全结束后，应及时将胎衣、脐带和被污染的垫草撤走，换上新的备用垫草，以免母猪嚼吃，不但不好消化，也极易养成吃仔的恶癖。最后用温水将母猪外阴、后躯、腹下及乳头擦洗干净。

5. 仔猪生后的一些处置

仔猪出生后，多进行打耳号或卡耳标、断尾、称重、记录等工作。为区别个体，可用耳号钳子将仔猪两耳打出不同的孔洞和缺刻组成耳号。打耳号时，必须打透软骨，否则容易长上，分辨不清。宜使用撕不碎、洗不掉的专用耳标。只需用专用的耳标安装器（也称耳标钳子）将耳标钉在猪耳朵上即可。猪耳标颜色鲜明多样，数码是用专用记号笔书写，清晰不掉。

为了防止以后咬尾现象发生，可用消毒过的钳子在距尾根 1 厘米处剪掉仔猪尾巴，然后用 5％碘伏消毒。剪犬牙。

四、母猪产后的喂养与管理

母猪产后腹内空虚、腹内压急骤下降，饥饿感很强。应让母猪休息 1～2 小后，先饲喂温热、加少许盐的鼓皮豆饼汤，逐渐增加喂量，以防发生食滞乳。注意产后 2～3 天不宜喂得过多，饲粮应是营养丰富又易消化。饲喂量的增加，可根据母猪的膘情、体力、泌乳及消化状况灵活掌握。产后 5~7 天可逐渐达到标准喂量或实行不限量饲喂。

若天气暖和，母猪于产后 2~3 天可带仔猪到户外进行运动。

若母猪无奶或缺奶，可喂给小米粥、豆浆汁、线麻籽糊、小鱼小虾汤、胎衣汤、下水汤、海带肉汤、胡萝卜及甜菜等催乳饲料进行催奶。对膘情好而奶量少的母猪可用药物催乳。如：当归、王不留行、漏芦、通草各 30 克，水煎配小麦麸喂服，每天 1 次连续 3 天。

为了促进母猪消化，改善乳质预防仔猪下痢，产后给母猪喂些小苏打，每头每日 25 克，分 2~3 次投给，也可加青绿多汁饲料。有便秘趋向的母猪，可加适量盐。

产房要保持干暖清洁，空气新鲜。保持产圈及过道的卫生，粪便要随时清除，最好每周消毒 1~2 次，否则易造成母猪产后感染、发烧、拒食、无乳，也易患子宫炎、乳房炎和无奶综合征，若患病需及时治疗和采取相应措施。

实验实训

实验 3—4　猪的分娩、接产与初生仔猪的护理

一、实验目的和要求

从观察母猪的分娩与接产全过程，掌握母猪的分娩接产的各项准备工作。熟悉和了解母猪的临产症状、分娩接产及假死仔猪的处理等方法，熟悉和掌握初生仔猪的护理技术等。

二、内容与方法

(一)猪分娩的准备工作

分娩与接产工作是猪场重要生产环节，除应作好产前预备，使分娩母猪提前一周进产房，还应在产前做以下工作。

(1)产房或猪栏的防寒保暖或防暑降温工作，修缮仔猪的补料栏或暖窝，备足垫料(草)。

(2)备好有关物品和用具，如照明灯、护仔箱、称猪篮、耳号钳、记录本、毛巾、消毒药品(碘酒、高锰酸钾)。

(3)产前 3~5 天做好产房或猪栏及猪体的清洁、消毒工作。

(4)临产前 5~7 天，调整母猪日粮。母猪过肥要逐步减料 10%~30%，停喂多汁料。防乳汁过多或过浓引起乳房炎或仔猪下痢。母猪过瘦或乳房膨胀不足，应适当添加蛋白质饲料催奶。

(二)观察母猪临产症状

(1)母猪临产前腹部大而下垂，阴户红肿、松弛，成年母猪尾根两侧下陷。

(2)乳房膨大下垂，红肿发亮，产前2～3天，乳头变硬外张，用手可挤出乳汁，待临产4～6小时前乳汁可成股挤出。

(3)衔草作窝，行动不安，时起时卧，尿频，排粪量少次数多且分散（拉小尿），一般在6～12小时可分娩。

(4)阵缩待产。母猪由闹圈到安静躺卧，并开始有努责现象，从阴户流出黏性羊水时（即破水），1小时内可分娩。

(三)人工接产

(1)当母猪出现阵缩待产征状时，接产人员应将接产用具、药品备齐，在旁安静守候。母猪腹部肌肉间歇性的强烈收缩（阵缩像颤抖），阴户阵阵涌出胎水。当母猪屏气，腹部上抬，尾部高举，尾帚扫动时，即可娩出胎儿。产式有头位、臀位，属正常。

(2)仔猪产出后，接生员应立即用左手抓住仔猪躯干，右手掏出口鼻黏液，并用清洁抹布或垫草，擦净全身黏液。

(3)用左手抓住脐带，右手把脐带内的血向仔猪腹部挤压几次，然后左手抓住仔猪躯干，用中指和无名指夹住脐带，右手在离腹部4厘米处把脐带捏断，断处用碘酒消毒。若断脐流血不止，可用手指捏住断头片刻。

(4)仔猪正常分娩间歇时间为15分钟，也有两头连产的。分娩持续时间1～4小时，一般胎衣开始流出（全部仔猪产出后10～30分钟）说明已产完，1～4小时可排尽。但有时产出几头小猪后，排出部分胎衣，再产仔几头，再排出胎衣，甚至随着胎衣娩出产仔。胎衣包着的仔猪易窒息而死，应立即撕开胎衣抢救。

(5)产完后，应打扫产房，擦干母猪后躯污物，再一次给母猪乳房消毒后，换上新垫草，安抚母猪卧下。清点胎衣数与仔猪数是否相符，产程结束。

(6)难产处理与仔猪假死急救。

①难产处理。母猪一般难产较少，有时因母猪衰弱、阵缩无力或个别仔猪胎衣异常，堵住产道，导致难产，应尽早人工助产。先注射人工合成催产素，注射后20～30分钟即可产出仔猪。如仍无效，可手术掏出。术前应剪磨指甲，用肥皂、来苏尔洗净，消毒手臂，涂润滑剂。之后将手并拢成圆锥状，母猪努责间歇时慢慢伸入产道，摸到仔猪后，可抓住不放，随着母猪慢慢努责将仔猪拉出，产出一头后，如转为正常分娩，不再继续。术后，母猪应注射抗生素或其他抗炎症药物。

②仔猪的急救。对停止呼吸但心跳仍在的仔猪应进行急救，方法如下：

a. 实行人工呼吸、仔猪仰卧，一手托着肩部，另一手托着臀部，做一曲一伸运动，直到仔猪叫出声为止。或先吸出仔猪喉部羊水，再往鼻孔吹气，促使仔猪呼吸；

b. 提起仔猪后腿，用手轻轻拍打仔猪臀部；

c. 用酒精涂在仔猪的鼻部，刺激仔猪恢复呼吸。

(7)初生护理。

①早吃初乳。对性情较好或顺产的母猪可以边产仔边给仔猪哺乳。采用护仔箱接产，吃初乳最晚不得超过出生后1～2小时。吃初乳前应用手挤压各乳头，弃去最初挤出的乳

汁。检查乳量及浓度和乳空数目以便确定有效乳头数和带仔数，并用0.1%高锰酸钾溶液清洗乳房，然后给仔猪吮吸。对弱仔可用人工辅助吃1~2次。

②匀窝寄养。对多产或无乳仔猪采取匀窝寄养应做到以下几点。

a. 乳母要选择性情温顺、泌乳量多、母性强的母猪。

b. 养仔应吃足半天以上初乳，以增强抗病力。

c. 两头母猪分娩日期相近(2~3天内)，两窝仔猪体重大小相似。

d. 隔离母仔使生仔与养仔气味混淆。使乳母胀奶，养仔饥饿，促使母仔亲近。

e. 避免病猪寄养。

③剪齿。仔猪出生时已有末端尖锐的上下第三门齿与犬齿3枚。在仔猪相互争抢固定乳头时会伤及面颊及母猪乳头，使母猪不让仔猪吸乳。剪齿可与称重、打号同时进行。方法是左手抓住仔猪头部后方，以拇指及食指捏住口角将口腔打开，用剪齿钳从根部剪平即可。

④保育间培育训练。为保温、防压，可在仔猪补饲栏一角设保育间，留有仔猪出入孔，内铺软干草。将150~250瓦红外灯吊在距仔猪躺卧40~50厘米处，可保持猪床温度30℃左右。仔猪出生后即放入取暖、休息，哺乳时放出，经2~3天训练，即可养成自由出入的习惯。

(8) 母猪初产护理。为保温与防便秘，产后母猪第一次可喂给加盐小麦麸汤，分娩后2~3天喂料不能过多，应喂一些易消化的稀粥状饲料，经5~7天后按哺乳母猪标准喂给，并随时注意母猪的呼吸、体温、排泄和乳房的状况。

三、实训报告

完成实训报告。

自测训练

一、单选题

1. 直接控制母猪分娩时阵缩的激素是(　　)。
   A. 催产素　　　　　　　　　B. 促乳激素
   C. 孕激素　　　　　　　　　D. 雌激素

2. 仔猪断尾时应(　　)。
   A. 断去2/3，留1/3　　　　　B. 断去1/3，留2/3
   C. 断一半，留一半　　　　　D. 全断掉

3. 仔猪的初生重量应在出生后(　　)小时之内称量。
   A. 24　　　　　　　　　　　B. 12
   C. 48　　　　　　　　　　　D. 72

4. 接产时操作顺序正确的是( )。
   A. 断脐—擦黏液—吃初乳   B. 擦黏液—断脐—吃初乳
   C. 吃初乳—断脐—擦黏液   D. 擦黏液—吃初乳—断脐
5. 阵缩和破水过早引起的难产属于( )。
   A. 产力性难产   B. 产道性难产
   C. 人为性难产   D. 胎儿性难产

二、判断题

1. 初生仔猪假死的表现是呼吸停止，但心脏和脐带动脉还在跳动。（   ）
2. 猪产房内要保持黑暗，以防止仔猪由于受光线刺激而产生咬尾的恶癖。（   ）

· 77 ·

模块四　种猪饲养管理技术

学习目标

知识目标
1. 掌握各阶段种猪的生理特点、淘汰标准。
2. 掌握各阶段种猪的营养需求。
3. 掌握各阶段种猪的饲养目标。
4. 掌握各阶段种猪的管理要点。

能力目标
1. 能根据各阶段种猪的生理特点，淘汰种猪。
2. 能根据各阶段种猪的营养需求，选择合适的饲料。
3. 能根据各阶段种猪的饲养目标，确定种猪的饲喂量、饲喂次数及膘情管理。
4. 能根据各阶段种猪的管理要点，制订种猪的日常管理计划。

素质目标
1. 具备良好的职业道德和责任心。
2. 具备耐得住寂寞、不怕脏、不怕苦、不怕累的职业精神。
3. 具备合作精神。
4. 具备执行力。
5. 具备很好的沟通能力。

单元一　种公猪饲养管理

案例导入

×××现代化种猪养殖场的规模是300头种公猪，其中青年公猪50头，成年公猪200头，老年公猪50头。但工作人员最近发现，养殖场的公猪身上总是很脏，部分猪群出现咳喘；同时，部分猪群出现了跛脚、射精量下降等情况。

这个种猪场的饲养管理哪里出现了问题？判断依据是什么？该如何解决呢？

一、种公猪的生理特点

(1)射精量大，平均每次250毫升，总精子数目多(每毫升1.5亿个)。

(2)交配时间长:平均5~10分钟,个别为20分钟以上。

(3)精液成分复杂:精子占2%~5%,附睾分泌物占2%,精囊分泌物占15%~20%,前列腺分泌物占55%~70%,尿道球腺分泌物占10%~25%。

(4)精液化学成分多:水占97%,粗蛋白质占1.2%~2%,粗脂肪占0.2%,钙占0.916%,可溶性碳水化合物占1%,其中粗蛋白占精液干物质的60%以上。

二、种公猪的营养需求

种公猪精液中干物质的主要成分是蛋白质(3%~10%),又有精液量大、总精子数目多、交配时间长等特点,需要消耗较多的营养物质,特别是蛋白质,因此,必须给予足够的氨基酸平衡的动物性蛋白质。瘦肉型种公猪的饲养标准为每千克日粮含消化能12~13兆焦、粗蛋白质14%~16%,根据种公猪的不同时期及利用强度确定蛋白质含量:幼龄公猪18%,后备公猪16%,成年公猪14%,采精繁忙时提高到20%。

三、种公猪的饲养

(1)饲养目标。种公猪的饲养目标是维持健康和合理的体况(3分为佳)、满足公猪生长发育的需要、保持良好的活力和旺盛的性欲、保持肢蹄的健康、提高使用年限、保证提供大量优质的精液。俗话讲:"母猪好,好一窝;公猪好,好一坡",可见公猪在生产中的作用之大。

(2)饲养日粮。供给合理的全价平衡日粮是维持公猪生命活动、产生精子、保持旺盛配种能力和提高公猪健康的物质基础。营养水平过高,可使体内沉积过多的脂肪;营养水平过低,可使公猪体内脂肪、蛋白质损耗,形成氮和碳的负平衡,公猪消瘦、体质下降。

①蛋白质。蛋白质对精液数量、质量及精子寿命都有很大的影响,形成精液的必需氨基酸包括赖氨酸、色氨酸、组氨酸和甲硫氨酸等,尤其是赖氨酸最为重要。在公猪的日粮中必须给予适量的优质蛋白质。多种来源的蛋白质饲料可以互补,以提高蛋白质的生物学价值。动物性蛋白质(血粉、鱼粉、肉骨粉、鸡蛋)对提高精液品质有良好效果。如果日粮中缺乏蛋白质,对精液品质有不良影响;但长期蛋白质过剩,会使精子活力与浓度降低,导致畸形精子增多。

②能量(DE)。过高容易使公猪体内沉积过多脂肪,造成性机能显著降低,甚至丧失繁殖能力;过低导致公猪消瘦,体质下降。

③矿物质。公猪日粮中钙磷不足或比例不当,会造成精液品质显著降低,出现死精、发育不全或活力低的精子;过量的钙磷会加快骨骼的钙化速度,并可能发生软骨病而引起公猪跛足,加速公猪的淘汰。微量元素硒、锌等都是公猪不可缺少的营养物质。硒是谷胱甘肽的组成成分,对于保证精子膜和精子细胞器膜的结构和功能发挥重要的作用。锌对维持睾丸的正常功能发挥着非常重要的作用。

④维生素。维生素A、维生素D、维生素E对精液品质也有很大影响。缺乏以上维生素时,公猪的性反射降低,精液品质下降,精子数量大大减少。如长期缺乏,则会使

睾丸发生肿胀或干燥萎缩,不产生精子,丧失繁殖能力。维生素 D 缺乏时,便会影响机体对钙磷的吸收,间接影响精液品质。

建议优良瘦肉型种公猪营养标准:每千克配合日粮含可消化能 13.38 兆焦,粗蛋白质 17%,赖氨酸 0.75%~0.9%,钙 0.9%,磷 0.75%,盐 0.35%~0.40%,日喂量 2.0~2.5 千克。

种公猪的饲料严禁发霉变质及有毒饲料混入,另外,饲料要有良好的适口性。饲喂公猪要定时定量,每顿不宜喂太饱,日粮容积不宜过大,以免造成垂腹,影响配种。对种公猪来说,以湿拌料日喂 3 次为宜。

(3)合适的饲养方式。根据公猪全年配种任务的集中和分散度,可以选择以下两种不同的饲养方式。

①一贯加强的饲养方式。在现代养猪业中,均为母猪常年均衡产仔,这就需要公猪常年负担配种任务。因此,全年都需要均衡地保持公猪配种时所需要的营养。

②配种季节加强的饲养方式。母猪若实行季节产仔,在配种季节开始前 1 个月,对公猪逐渐增加营养,配种季节保持较高的营养水平,配种季节过后,逐渐降低营养水平,但仍需要维持公猪种用体况的营养供给。

四、种公猪的管理

种公猪除与其他猪一样应该生活在清洁、干燥、空气新鲜、舒适的环境中,除此之外,还应做好以下几项工作:

(1)建立良好的管理制度。饲喂、运动、采精、配种及擦拭等各项工作都应在固定的时间内进行,利用条件反射养成规律性的生活习惯,便于管理操作。

(2)单圈饲养。公猪单圈饲养,减少了干扰,保证食欲正常,杜绝爬跨、自淫和打架咬斗。

(3)加强运动,尤其是休闲期。运动是加强机体新陈代谢、锻炼神经系统和肌肉的重要措施。合理的运动可以促进种公猪的食欲,增强体质,提高其精液品质和配种能力,从而延长利用年限。如果运动量不够,公猪会贪睡、肥胖、性欲低下、四肢软弱且患肢蹄病,影响配种效果。一般要求采取单个驱赶运动方式,上下午各运动 1 次,每次约 1 小时,行程 2 千米。夏季应在早晨和傍晚进行,冬季在中午进行。如遇酷暑严寒、刮风下雨等恶劣天气,应停止进行。

(4)刷拭和修蹄。每天定时用刷子刷拭猪蹄 1~2 次,夏天结合淋浴冲洗,可保持皮肤清洁卫生,减少患皮肤病和外寄生虫病的可能,并加强性活动能力,提高性欲。同时,这也是饲养员调教公猪的机会,使公猪乐于接近人,并且温顺听从管教,便于采精和辅助配种。要经常注意修整公猪的蹄子,以免影响公猪正常的活动和配种。

(5)定期检查精液品质。实行人工授精的公猪,每次采精都要检查精液品质。如为本交,要求每 10 天左右检查一次。后备公猪使用前和由非配种期转入配种期的公猪都必须进行精液品质检查。然后根据精液品质的好坏来调整日粮营养水平、公猪的运动和配种强度。

(6)防寒保暖、防暑降温。种公猪的适宜温度为18~20℃。冬季要防寒保暖，以减少饲料消耗和疾病的发生。夏季高温高湿对公猪的影响尤为严重，必须引起足够的重视。在高温高湿季节，引发公猪食欲下降，性欲低下；或者精液品质严重下降（精子活力低下、少精、死精、精子畸形），甚至中暑死亡。加强高温季节的防暑降温工作，是养好公猪的重要任务之一。

(7)保持适当的膘情，定期称重。公猪体况非常重要，它会影响公猪的性欲、精子产量以及爬跨假畜台的能力，根据科学的体况评分标准得出公猪正确膘情，对饲喂量进行调整，保证种公猪优良繁殖性能。

五、种公猪的合理利用

(1)初配年龄。应根据后备公猪的品种特性和性成熟时间，决定初配年龄。地方猪种初配为8~10月龄，培育品种则以10~12月龄为宜，体重要达到该品种成年体重的50%~60%，过早会影响公猪的生长发育，缩短利用年限；过晚会降低性欲，影响正常配种和经济。每天配种不宜超过一次，在配种较集中的情况，要配两次时，需间隔4~6小时，且连续配种4~5天后，要休息1~2天，让公猪恢复体力。

(2)种公猪的利用强度。要根据公猪本身体质的强弱和年龄合理安排配种。如利用过度，则会导致公猪体质虚弱，降低配种能力和缩短利用年限；如利用过少，则会出现体躯肥胖，配种能力低下。一般来讲，具有良好种用体况的公猪应遵循以下原则：

①1~1.5岁的青年公猪：每周2~3次；

②1.5~3岁的壮年公猪：每天1~2次，每天2次，应早、晚各配1次，间隔8~10小时。连配4~6天，休息1天；

③3岁以上的老年公猪：间隔1~2天配一次，连配2次；对于配种能力低下的老年公猪，要及时淘汰。

实验实训

实验4-1 人工采精

一、目的要求

通过实训，使学生熟悉和了解公猪的采精技术及精液品质检查、稀释、储存等方法，掌握给公猪采精的技术。

二、教学内容与方法

(一)采精方法

(1)假阴道采精法。借助于特制模仿母猪阴道功能的器械采取公猪精液，目前已很少使用。

(2)徒手采精法。模仿母猪子宫颈对公猪螺旋阴茎龟头的约束力而引起射精。因此，采精时手要握成空拳，当公猪阴茎伸出时，将阴茎导入空拳内，让其抽送转动片刻，用手指由松到紧握住阴茎龟头不转动；随阴茎充分勃起时顺势牵伸向前，手指有弹性、有节奏地调节压力，公猪开始射精。

徒手采精法是目前广泛使用的一种方法，具有设备简单、操作方便等优点，其缺点是精液容易污染和受冷环境的影响。为避免精液污染，操作时采精人员要戴上消毒手套，待公猪爬跨假母猪后，用0.1%高锰酸钾溶液将公猪包皮附近洗净消毒，并用生理盐水冲洗干净。

(二)采精室设计

(1)采精场地。采精场必须在室内，尽可能不受气温、日光、风、灰尘、雨雪影响。采精场地应能防止公猪逃跑。采精室总面积约10平方米，采精区(除安全区外)面积为2.5米×2.5米。采精室应保持整洁，采精区内不能放置除假母猪、防滑垫以外的其他物品。

(2)采精室地面。应为混凝土地面，应既有利于冲刷，又能防滑。

(3)墙壁与屋顶。墙壁与屋顶应洁净，不落灰、不掉墙皮。

(4)假母猪。一般为木制台面，用角钢或钢管作支架，台面宽26厘米，长100厘米，高度一般为50～55厘米，高度最好可以调整。假母猪台面呈圆弧形(相当于圆的1/4)，在假母猪后部公猪阴茎伸出的地方，应将其下部木头削薄，以便于公猪阴茎伸出和防止阴茎损伤。假母猪后端至后支架应有30厘米的距离，以方便公猪阴茎伸出和采精操作。假母猪应牢固地固定在地面上。

(5)防滑垫。在假母猪后方地面应放一块100厘米×60厘米的防滑垫，以使在公猪采精时站立更舒适，防止滑倒。

(6)防护栏。应用直径10～15厘米、高出地面70厘米的钢管作防护栏。一般防护栏在假母猪的左侧，距墙壁70～100厘米，钢管之间的净间距为26～30厘米。这样可形成一个公猪不能进入、但人可以进出的安全区。以保证公猪进攻人时，采精员能及时躲避到安全区。

(7)水龙头、水管、清扫、刷拭工具。水龙头及水槽应安装在安全区内，安全区内还应放一些用于清扫地面、刷拭公猪体表的工具及冲刷地面的水管。

(8)赶猪板。为了更安全地驱赶公猪和采精时接近公猪，应配备一个100厘米长、60厘米宽的赶猪板，并将其放在安全区。

(9)搁架。为了方便采精用品的放置，可在采精室离假母猪较近的地方的墙壁上，安装一个搁架，搁架高130厘米，以便采精人员方便拿取；同时，还可以防止公猪将其撞倒。如果采精室与精液处理室仅有一墙之隔，可以在隔墙上装一个从两边都能打开的柜子，这样可以将在精液处理室中准备好的采精用品放在柜子内，然后从采精室那边取出；同样，将采到的精液放入柜内后，也可以从精液处理室中取出。

(三)采精的操作规程

(1)稀释液、精液品质检查用品准备。采精前应配制好精液稀释液,并将稀释液放在35℃水浴锅中预温,同时打开显微镜的恒温台,使控制器温度调至37℃,并在载物台上放置两张洁净的载玻片和盖玻片,然后准备采精用品;没有恒温台的实验室,可将两块厚玻璃和两张洁净的载玻片和盖玻片放于恒温消毒柜中,将消毒柜控制器调整至37℃。

(2)采精杯安装及其他采精用品准备。打开洗净干燥的保温杯盖子,放在37℃的干燥箱中约5分钟。取出,将两层食品袋装入保温杯内,并用洁净的玻璃棒使其贴靠在保温杯壁上,袋口翻向保温杯外,上盖一层专用过滤网,用橡皮筋固定,并使过滤网中部下陷,以避免公猪射精过快或精液过滤慢时,精液外溢。最后用一张纸巾盖在网上,再轻轻地将保温杯盖上。取两张纸巾装入工作服口袋中;采精员一手(右手)带双层无毒的聚乙烯塑料手套,另一手(左手)拿保温杯或将集精杯放于工作服的口袋中。

(3)检查采精室。检查各种设备是否牢固可靠、用品齐全,并对假母猪表面进行清洁。

(4)公猪的准备。采精员将待采精的公猪赶至采精栏,如果时间允许,可用0.1%的高锰酸钾溶液清洗其腹部和包皮(可用喷水瓶喷),再用温水(夏天用自来水)清洗干净并擦干,避免药物残留对精子造成伤害;必要时,可将公猪的阴毛剪短。

公猪采精调教方法如下。

①后备公猪7月龄开始进行采精调教。

②每次调教时间不超过15分钟。

③一旦采精获得成功,分别在第2~3天再采精1次,进行巩固,掌握该技术。

④采精调教可采用发情母猪诱导、观摩有经验公猪采精、以发情母猪分泌物刺激等方法。

⑤调教公猪时要有耐心,不准打骂。

⑥注意公猪和调教人员的安全。

(5)按摩公猪的包皮腔,排出尿液。采精员蹲在(或坐在)公猪左侧,用右手尽可能地按摩公猪的包皮,使其排出包皮液(尿液),并诱导公猪爬跨假母猪。

(6)锁定公猪阴茎的龟头。当公猪爬跨假母猪并逐渐伸出阴茎(个别公猪需要按摩包皮,使其阴茎伸出),脱去外层手套,使公猪阴茎龟头伸入空拳(拳心向前上,小指侧向前下);用中指、无名指和小指紧握伸出的公猪阴茎螺旋状龟头,顺其向前冲力将阴茎的S状弯曲拉直,握紧阴茎龟头防止其旋转,公猪即可安静下来并开始射精;小心地取下保温杯盖和盖在滤网上的纸巾。

(7)精液的分段收集。最初射出的少量精液含精子很少,而且含菌量大,所以不能接取,在公猪射出部分清亮的液体后,可用纸巾将清液和胶状物擦除。开始接取精液,有些公猪分2~3个阶段将浓份精液射出,直到公猪射精完毕,射精过程历时5~7分钟;应尽可能只收集含精子多的精液,清亮的精液尽可能不收集。

(8)采精结束。公猪射精结束时，会射出一些胶状物，同时环顾左右，采精人员要注意观察公猪的头部动作。如果公猪阴茎软缩或有下假母猪动作，就应停止采精，使其阴茎缩回。注意：不要过早中止采精，要让公猪射精过程完整，否则会造成公猪不适。

(9)将精液送至实验室。除去过滤网及其网上的胶状物，将食品袋口束在一起，放在保温杯口边缘处，盖上杯盖。将公猪赶回猪舍。将精液送实验室。

(四)采精过程注意事项

1. 人畜安全。

(1)采精员应注意安全，平时要善待公猪，不要强行驱赶、恐吓。

(2)初次训练采精的公猪，应在公猪爬上假母猪后，再从后方靠近，并握住阴茎，一旦采精成功，一般都能避免公猪的攻击行为。

(3)平时仍应注意观察公猪的行为，并保持合适的位置关系，一旦公猪出现攻击行为，采精员应立刻逃至安全角。

(4)确保假母猪牢固，并保证假母猪上没有会对公猪产生伤害的地方，如锋利的边角等。

2. 使公猪感到舒适。

(1)在锁定龟头时，食指和拇指不要用力，因为这样可能会握住阴茎的体部，使公猪感到不适。

(2)手握龟头的力量应适当，不可过紧也不可过松，以有利于公猪射精和不使公猪龟头转动为度，不同的公猪对握力要求不同。

(3)即使不收集最后射出的精液也应让公猪的射精过程完整，不能过早中止采精。

(4)夏天采精应在气温凉爽时进行，如果气温很高，应先给公猪冲凉，半小时后再采精。

3. 精液卫生。

(1)经常保持采精栏和假母猪的清洁干燥。

(2)保持公猪体表卫生，采精前应将公猪的下腹部及两肋部污物清除，同时注意治疗公猪皮肤病如疥癣，以减少采精时异物进入精液中。

(3)采精前尽可能将包皮腔中的尿液排净，如果采精过程中包皮腔中有残留尿液顺阴茎流下时，可放下集精杯，用一张纸巾将尿液吸走，然后继续采精。如果包皮液(尿液)进入精液中，从而导致精子死亡，精液报废。

(4)不要收集最初射出的精液和最后部分的精液。

4. 采精时间。

应在上午采食后2小时采精，饥饿状态时和刚喂饱时不能采精。最好固定每次采精的时间。

5. 采精频率。

成年公猪每周2~3次，青年公猪(1岁左右)每周1~2次。最好固定每头公猪的采精频率。

(五)精液品质的检查操作规程

(1)精液量。以电子天平称量精液,按每克1毫升计,避免以量筒等转移精液盛放容器的方法测量精液体积;公猪一次射精量为200~250毫升,多者可达500毫升以上。

(2)颜色。正常的精液是乳白色或浅灰白,精子密度越高,色泽愈浓,其透明度愈低。如带有绿色或黄色是混有脓液或尿液,若带有淡红色或红褐色是含有血液,这样的精液应舍弃不用,会同兽医寻找原因。

(3)气味。猪精液略带腥味,如有异常气味,应弃。

(4)pH(酸碱度)。以pH计测量,pH值呈中性或微碱性。

(5)精子活率检查。活率是指呈直线运动的精子百分率,在显微镜下观察精子活率,一般按0.1~1.0的十级评分法进行,新鲜精液活率要求不低于0.7,活力低于0.5分应废弃。也有按五级评分法,如果精子无凝集,出现大群运动波,无明显死亡精子应为"很好"(5分);如果精液出现大群运动波,但有少量死亡精子应为"好"(4分);如果有成群运动,但有精子少量凝集现象,应为"一般"(3分);有大片凝集或死亡,但有部分精子正常运动应为"差"(2分)。一般,3分以上的新鲜精液和保存精液方可用于稀释和输精。

(6)精子密度。每毫升精液中所含的精子数,是确定稀释倍数的重要指标。要求用血细胞计数板进行计数或精液密度仪测定。血细胞计数板计数方法:

①以微量加样品,取具有代表性的原精液100微升,3%氯化钠溶液900微升,混匀,使之稀释10倍;

②在血细胞计数室上放一个盖玻片,取1滴上述精液放入计数板的槽中,靠虹吸将精液吸入计数室内;

③在高倍镜下计数5个中方格内的精子总数,将该数乘以50万,即得原精液每毫升的精子数(即精液密度)。

正常的全份精液的密度在每毫升1.5亿~3亿个。浓份精液密度在每毫升3~6亿个。

精子的密度分为密、中、稀、无四级。在显微镜视野中,精子间的空隙小于1个精子者为密级,小于1~2个精子者为中级,小于2~3个精子者为稀级,无精子者应废弃。

(7)精子畸形率。畸形率是指异常精子的百分率,一般要求畸形率不超过18%,其测定可用普通显微镜,但需伊红或姬姆沙染色,相差显微镜可直接观察活精子的畸形率,公猪使用过频或高温环境会出现精子尾部带有原生质滴的畸形精子;畸形精子种类很多,如:巨型精子、短小精子、双头或双尾精子、顶体膨胀或脱落、精子头部残缺或与尾部分离、尾部变曲。要求每头公猪每两周检查一次精子畸形率。

(六)稀释精液

①精液采集后应尽快稀释,原精贮存不超过30分钟。

②未经品质检查或检查不合格(活力0.7以下)的精液不能稀释。

③稀释液与精液要求等温稀释,两者温差不超过1℃,即稀释液应加热至33~37℃,以精液温度为标准,来调节稀释液的温度,绝不能反过来操作。

④稀释时，将稀释液沿盛精液的杯(瓶)壁缓慢加入精液中，然后轻轻摇动或用消毒玻璃棒搅拌，使之混合均匀。

⑤如作高倍稀释时，应先进行低倍稀释 1：(1～2)，稍待片刻后再将余下的稀释液沿壁缓慢加入，以防造成"稀释打击"。

⑥稀释倍数的确定：活率≥0.7 的精液，一般按每个输精剂量含总精子 40 亿个，输精量为 80～90 毫升确定稀释倍数。

例如：某头公猪一次采精量是 200 毫升，活力为 0.8，密度为 2 亿个/毫升，要求每个输精剂量是含 40 亿精子，输精量为 80 毫升，则总精子数为 200×2 亿＝400 亿个，输精头份为 400÷40＝10，加入稀释液的量为 10×80－200＝600（毫升）。

⑦稀释后要求静置片刻再作精子活力检查，如果稀释前后活力一样，即可进行分装与保存，如果活力下降，说明稀释液的配制或稀释操作有问题，不宜使用，并应查明原因加以改进。

⑧稀释后的精液应分装在 30～40 毫升(1 个精量)的小瓶内保存。要装满瓶，瓶内不留空气，瓶口要封严。保存的环境温度为 15 ℃左右(10～20 ℃)。通常有效保存时间为 48 小时左右，如原精液品质好，稀释得当可达 72 小时左右。按以上要求保存的精液可直接运输，在运输过程中要避免振荡，保持温度(10～20 ℃)。

⑨不准随便更改各种稀释液配方的成分及其相互比例，也不准几种不同配方稀释液随意混合使用。

⑩稀释液的配方。

Kiev 稀释液：葡萄糖 6 克，乙二胺四乙酸(EDTA)0.37 克，二水柠檬酸钠 0.37 克，碳酸氢钠 0.12 克，蒸馏水 100 毫升。

IVT 稀释液：二水柠檬酸钠 2 克，无水碳酸氢 0.21 克，氯化钾 0.04 克，葡萄糖 0.3 克，氨苯磺胺 0.3 克，蒸馏水 100 毫升，混合后加热充分溶解，冷却后通入二氧化碳约 20 分钟，使 pH 值达 6.5。此配方欧洲应用较广。

奶粉-葡萄糖液（日本）：脱脂奶粉 3 克，葡萄糖 9 克，碳酸氢钠 0.24 克，α-氨基-对甲苯磺酰胺盐酸盐 0.2 克，磺胺甲基嘧啶钠 0.4 克，灭菌蒸馏水 200 毫升。

我国常用的稀释液配方为：葡萄糖 5～6 克，柠檬酸钠 0.3～0.5 克，EDTA0.1 克，抗生素 10 万国际单位，蒸馏水加至 100 毫升。

在稀释液中使用抗生素，使常温保存精液中细菌污染大为减少，目前常使用庆大霉素、林肯霉素、壮观霉素、新霉素、黏菌素等，这些抗生素的抑菌效果比传统的青霉素和链霉素要好。对于抗生素的选用，据贾莉(1989)的实验结果，以庆大霉素(每毫升 100 国际单位)、头孢菌素和林肯霉素(每毫升 20 毫克)的抑菌效果最好，而青、链霉素(每毫升 500 国际单位)的效果最差。

(七)精液稀释后保存

应将精液保存在 17 ℃的保温箱中。

三、实训报告

小组间互相讨论及完成心得体会。

自测训练

一、选择题

1. 下列有关种公猪的饲养管理方法中不正确的是(　　)。
   A. 单圈饲养
   B. 定期称重，定期检查精液质量
   C. 要适当加强运动，经常刷拭种公猪
   D. 种公猪怕冷不怕热，所以特别要注意冬天的防寒保暖
2. 种公猪一般可利用(　　)年。
   A. 1～2　　　　B. 2～3　　　　C. 3～4　　　　D. 5～6
3. 种公猪理想的圈舍温度是(　　)。
   A. 16～20 ℃　　B. 18～23 ℃　　C. 20～23 ℃　　D. 20～27 ℃

二、判断题

1. 地方猪种公猪的初配年龄为8～10月龄，培育品种则以10～12月龄为宜。(　　)
2. 成年种公猪的射精量为5～10毫升。(　　)
3. 现代化养猪工艺中，种公猪一般是单栏饲养，也有2～3头一栏饲养的。(　　)

单元二　后备种猪的饲养管理

案例导入

××种猪场的后备公猪在达到初配年龄后，准备使用时发现存在性欲障碍，主要表现为：

(1)不愿接近、不爬跨，甚至害怕、躲避发情母猪。

(2)精液密度低、精子畸形率高等。

(3)软鞭、阴茎不能伸出等。

这个种猪场的后备公猪饲养管理哪里出现了问题？判断依据是什么？该如何解决呢？

一个正常生产的猪群，由于性欲减退、配种能力降低或其他机能障碍等原因，每年需淘汰部分繁殖种猪，后备猪的培育就是为了及时补充种猪。

一、后备种猪的生理特点

仔猪育成到初次配种前是后备猪的培育阶段。培育后备种猪的目的在于获得体格健壮、发育良好、具有品种典型特征和高度种用价值的种猪。后备猪的培育阶段。

(1)4月龄以上的后备猪，其消化器官比较发达，消化机能和适应环境的能力逐渐增强，是各组织器官发育的生理成熟时期。

(2)4月龄以前，主要长骨骼和肌肉，4月龄以后逐渐减慢。

(3)4~7月龄生长速度最快。

(4)6月龄以后体内开始沉积脂肪。

后备猪的成熟，不仅是体重的增长，而且包括身体组织、器官和机能的完善和成熟，尤其是生殖器官以及与其相应的整个生理机能的变化。为了使猪场保持较高的生产水平，每年必须选留和培育出占种猪群25%~30%的后备公、母猪，来替代年老体弱、繁殖性能低下的种公、母猪。

二、后备种猪的饲养目标

1. 后备猪的培育目标

长期目标：使后备猪的繁殖潜能极大化，形成健全的后备猪营养体系。

短期目标：提高配种成功率、合格率；获得最佳的排卵数、最大的胚胎存活率，达到理想的体况。

2. 后备猪的饲养目标

25~50千克：促进骨骼、肌肉、卵巢、免疫系统发育。

60千克至初情期：及时启动初情期、促进卵泡发育，获得最大排卵数，提高卵泡质量，获得最大受精率，具备最佳初配体况。

三、后备猪的饲养

后备猪良好的种用体况是性征明显、无遗传疾患、发育良好，在6~12月龄（品种不同、要求不同）达到成年猪体重的50%~60%时配种，不应过肥，以免发生繁殖障碍。为此，在配制后备猪日粮时，要注意能量和蛋白质的比例，特别是矿物质、维生素和必需氨基酸的补充。一般采用前高后低的营养水平。配合饲料的原料要多样化，既可保持营养需要，又可保持酸碱平衡。饲养过程中原料种类应尽可能不变，以免引起猪食欲不振或消化不良。

后备猪的饲养应划分为四阶段来管理。

(1) 后备小猪阶段。50~100斤（70~100日龄）。骨骼发育和肌肉生长（饲喂小猪料）。

(2) 后备前期。100~200斤（100~165日龄）。拉骨架、调节体况、控制长速、健肢蹄，有利于达到体熟与性成熟生长，饲喂后备前期料，日喂1.5~2.5千克。

(3) 后备后期。免疫、驯化、隔离45天，200~260斤（165~210日龄）。饲喂后备催情料，日喂2.6~2.8千克，初情期启动，有利于睾丸、卵巢、卵泡发育，及时达到性成熟。

(4) 配前2周。260~280斤配种（210~225日龄），饲喂后备催情料，日喂3.2~3.5千克，短期优饲，促进发情、排卵、提高配种率。

为了促进后备猪的生长发育，有条件的猪场可加喂一些优质的青绿饲料。

四、后备猪的管理

后备猪的管理主要包括运动、环境控制、称重和卫生管理。

1. 运动

运动对后备猪是非常重要的，既可锻炼身体，促进骨骼和肌肉的正常发育，保证匀称结实的体型，防止过肥或肢蹄不良，又可增强体质和性能力，防止发情失调和寡产。因此，后备猪要有适当的运动。尤其是放牧运动可呼吸新鲜空气、接受日光浴、拱食鲜土和绿植，对促进生长发育和提高抗病力有良好的作用。

2. 环境控制

温度：后备舍温度应控制在20~22 ℃。

湿度：后备舍相对湿度应控制在60%~70%。夏季有水帘工作，湿度较大，春秋冬季应做好猪舍的冲洗工作，保证湿度。

有害气体的含量应控制在：二氧化碳小于0.3%，一氧化碳小于0.0005%，氨气小于0.001%，硫化氢小于0.001%。如果进到猪舍闻到有较浓的气味，则要加强通风。

3. 称重

为了掌握幼猪的生长发育情况，可每月称重一次，6月龄后加测体尺，并统计其饲料消耗量。通过称重，可知其生长发育的优劣，适时调整其营养水平和饲喂量，使之达到品种发育的要求。

4. 卫生管理

为保证猪只良好的生产环境和优质新鲜的饲料，在平时的饲养管理中，应做好猪舍内外环境卫生工作，主要包括以下几个方面：

(1) 每天早上喂料时，清粪1次；下午加料时，再清粪1次。每天两次清粪以保证猪舍干净卫生。

(2) 每天清洁料槽里的湿料(防止因温度高而引起的饲料发霉)和粉料(适口性差)。

(3) 对于病猪舍应重点打扫，使猪栏整洁，以便增加猪只自身抵抗疾病的能力。

(4) 每周整理清扫一次猪舍外环境。

另外，值得注意的是，后备公猪达到性成熟后，会焦躁不安，经常互相爬跨，不正常吃食，生长缓慢，尤其是性成熟早的品种更是如此。因此，应在后备公猪达到性成熟后，实行单圈饲养，合群运动，除自由运动外，还要进行放牧或驱赶运动，这样既可保证食欲，增强体质，又可避免造成自淫恶癖。

五、后备猪的初配适龄

后备猪生长发育到一定月龄和体重时，便有了性功能和性行为，称为性成熟。达到性成熟的公、母猪具有繁殖能力，若配种便可产生后代。后备猪达到性成熟的月龄和体重，随品种类型、饲养管理水平和气候条件等不同，后备公猪较母猪性成熟早；我国地方品种较培育品种和引入品种性成熟早；营养水平高、气候温暖的地区性成熟早，反之则较晚。一般来说，地方品种的后备公猪2～3月龄达到性成熟，后备母猪3～4月龄、体重达30～50千克时达到性成熟；培育品种和引入品种的后备公猪4～5月龄达到性成熟，后备母猪5～6月龄、体重60～80千克时达到性成熟。

影响性成熟的环境因素有：①公、母猪合群；②更换生活环境；③封闭式饲养；④营养；⑤外源激素。

达到性成熟的后备公、母猪虽具有了繁殖能力，但身体各组织器官包括生殖器官，还在进一步的生长发育中，各种功能还需要进一步完善。若配种过早，不仅影响第一胎的繁殖成绩，还将影响其生长发育，降低成年体重和终身的繁殖力。

1. 后备公猪的初配适龄

后备公猪的初配适龄一般根据品种、年龄和体重确定：

南方(早熟型)猪种	8～10月龄	体重60～70千克
北方猪种	8～10月龄	体重80～90千克
国内培育品种	9～10月龄	体重≥100千克
引入瘦肉型品种	8～9月龄	体重≥120千克

2. 后备母猪的初配适龄

后备母猪的初配适龄因品种、体重而有所区别：

南方品种	≥7月龄	体重≥60千克
北方品种	≥8月龄	体重≥75千克
瘦肉型品种	9～10月龄	体重≥110千克

注：若饲养管理条件较差，虽然月龄已达到初配时期但体重较轻，必须推迟配种，同时加强饲养管理，使其体重尽快达到要求；如果饲养管理较好，虽然体重已接近初配体重但月龄尚小，最好提前通过调整饲料营养水平来控制增重，使各器官和机能得到充分发育。

六、后备猪的选种

依据各场的生产情况决定选留数量，一般后备猪应占猪群的20%～25%。

1. 后备公猪的选种

后备公猪的选择要求：

(1)品种特征。符合相应品种的特征，如：毛色、耳型、头型等，特别是纯种公猪必须符合种用的要求；

(2)身体结构。整体结构要匀称、协调，头大而宽，颈短而粗，背腰平直，四肢强健，蹄趾粗壮、对称，无跛蹄；

(3)性特征。睾丸发育良好、对称，无单睾、隐睾，包皮积尿不明显，性欲旺盛，无翻转乳头和副乳头，且具有6～7对以上；

(4)系谱资料。猪场必须有系谱，具备完整的记录档案，根据记录分析各性状逐代传递的趋向，选择综合评价指数最优的个体。

2. 后备母猪的选种

在选择后备母猪时，应遵循以下标准，以确保种猪最佳的产量和寿命。

(1)身体状况。快速生长、体况适中；整体与后部结构良好；背腰平直，没有露肩；无过度肌肉化；繁殖性能方面良好；无明显的感染和创伤，如脓肿、伤口、咬尾、皮疹、流泪等。

(2)后腿。无僵硬的臀部或跛腿，以及走路不平衡；无关节肿胀；无膝盖/关节擦伤或钙化的迹象；无受伤的迹象等。

(3)前腿。强壮而笔直；无屈膝；张开没有呈外八字；无脚趾向内，内八字腿等迹象。

(4)乳头。至少12个有效乳头，如不影响其他选择性状，越多越好；无瞎乳头、内陷的乳头(图4-1)；良好的腹线(图4-2)两侧乳头匀称，每条线上有一半的乳头；乳头应相对靠近腹部中线，不可不均匀；无乳房疾病或其他功能障碍等迹象。

(5)阴户。发育、大小和形状良好；无幼稚外阴(幼稚外阴可能表明生殖功能不发达)；无雌雄同体；外阴和肛门不共用；无小而尖的外阴(小而尖的外阴可能会引起繁殖问题)；无咬伤和擦伤(若有外伤，在选择前仔细检查伤口，并确保在交配前伤口已愈合)。

(6)脚趾。无脚趾或脚垫开裂；悬蹄不能接触地面，接触地面可引起趾关节和悬蹄受损；内外脚趾大小均匀，脚趾内侧小，对关节造成不均匀的磨损和压力。

(7)后臀部。后臀部平滑且坡度好，无镰刀状腿、牛角腿等现象。

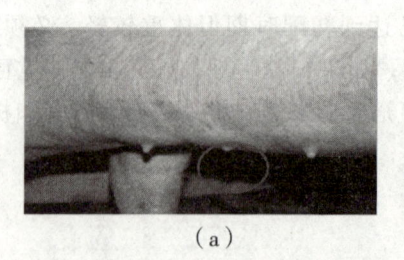

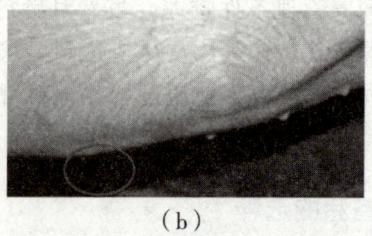

图 4-1 母猪乳头

(a)发育不良乳头；(b)瞎乳头

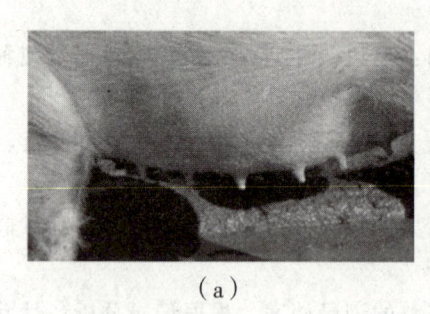

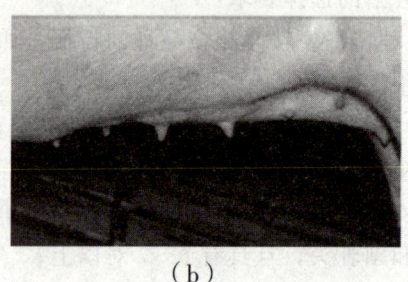

图 4-2 母猪腹线

(a)理想腹线；(b)不均匀，大小不一

七、后备公猪的调教

1. 准备

在进行种公猪调教前应做好以下准备：

(1)青年公猪已经通过抚摸、拍打、表扬等与人建立了有规律的接触，也与其他猪有了良好的接触。

(2)饲喂时检查公猪，以确保其完全健康，没有紧张、伤残和发烧等现象。

(3)准备采精栏(含假畜台和橡胶垫)、赶猪板、采精材料用具。

(4)确保公猪栏和采精栏清洁干燥，并有很好的防滑地面，在假畜台地面垫上防滑垫。

2. 调教过程

(1)调整假畜台的高度，使其适合青年公猪爬跨。

(2)将公猪赶入采精栏，并将另一头待训公猪赶至准备区。

(3)让公猪熟悉假畜台和采精栏环境，饲养员应站在栏外观察公猪，并通过言语和公猪交流。

(4)在公猪爬上假畜台、阴茎开始抽动时，采精员应进入栏内，帮助公猪阴茎勃起。

(5)如果公猪在 20 分钟内仍未能成功爬上假畜台，应将假畜台移开或将公猪赶回公猪栏。

(6)每天重复调教 20 分钟，直至公猪成功爬跨假畜台。

(7)一旦公猪爬跨成功,戴2层手套,检查其包皮是否正常并使阴茎正常伸出。一旦公猪阴茎成功勃起,应观察其阴茎是否有损伤。如果包皮前端阴毛过长,应在抓阴茎前剪去。

(8)按照采精程序收集公猪精液。

(9)如果公猪爬下假畜台,应鼓励其再次爬跨,当其在栏内走动时应摩擦其包皮直至再次爬跨。在抓紧阴茎前应让其在手中伸缩几次。

(10)如果公猪不能安静下来射精,应摘下手套用手直接抓住阴茎采精。

(11)首次采精成功后,应在第2天重复采精,然后再隔3~5天进行第3次采精,加强记忆。前3次采集的精液不可用于人工授精。

(12)调教成功后的一个月内应每周采精1次,然后进入正常的采精日程安排。

(13)如果公猪坚持不愿爬跨假畜台,可以使用以下方法:

①坐在假畜台的头部,让公猪从后部开始接触假畜台,通过与公猪建立的关系来激起公猪的拱、推、咬等行为;

②将公猪转入刚采精结束的采精栏内,这种气味可增加其对假畜台的兴趣;

③在假畜台上涂抹发情母猪的尿液;

④在采精栏旁边饲喂青年公猪,让其观察其他公猪采精,若有必要,可注射一针律胎素。

实验实训

实验4-2 后备猪的选择

一、实训目的

通过查找后备猪生长发育资料和体形外貌观察,学会后备猪选择。

二、实训内容

1. 查阅后备猪生长发育资料。
2. 后备猪体形外貌观察。
3. 后备猪选择。

三、实训条件

待选后备公猪、后备母猪的生长发育记录,后备公猪和后备母猪的生产性能报告。

四、实训方法

1. 后备公猪选择。

先查找后备公猪生长发育记录和生产性能报告,根据资料提供的数据进行排队,然后结合体形外貌作出选择,数量应根据公猪利用年限,确定公猪更新比例,例如,公、母猪利用年限为2.5年,则公猪年更新比例至少为40%,再根据所需公猪数量的2倍进行选择。

具体选择要求:

(1)生产性能。通过比较生长发育记录和生产性能进行选择。要求其生长速度快、背膘薄、饲料转化率高。

(2)体形外貌。后备公猪应该是体质结实、强壮、四肢端正,不要选择直腿和高弓形背。毛色应符合本品种。活泼爱动,反应灵敏。睾丸发育良好,左右对称,松紧适度,阴茎包皮正常,性欲旺盛,精液品质良好。严禁单睾、隐睾、睾丸不对称、疝气、间性猪、包皮肥大或过紧。乳头要求6对或6对以上,沿腹中线两侧排列整齐,无异常乳头。

2. 后备母猪选择。

后备母猪应该能正常地发情、排卵、参加配种,能够产出数量多、质量好的仔猪;能够哺育好全窝仔猪;体质结实,在背膘和生长速度上具有良好的遗传素质。

具体选择要求:外生殖器官发育较大、下垂,正常乳头7~8对,且沿腹中线两侧排列整齐,四肢结实。应选择生长速度快、饲料转化率高、背膘薄的后备母猪,不要选择外生殖器发育较小且上翘、瞎乳头、翻转乳头、肢蹄运动有障碍的后备母猪。后备母猪所需数量的计算方法,首先应根据母猪平均淘汰胎次、断乳时间,计算出母猪的年更新比例。例如,母猪平均7胎淘汰,4周龄断乳,则母猪的产仔间隔为114+28+7=149天,母猪在群年数为149×7÷365=2.85年,母猪年更新比例至少为35%。按照所需数量的2~4倍进行选留,将生产性能低下、身体缺陷的个体在不同测定选择时期进行淘汰,最后留下所需补充母猪的数量。生产实践上,一般最后一次淘汰所剩预留母猪数量应超过年淘汰母猪数量10%左右,便于增加选择概率,防止空缺。

后备公、母猪均要在繁殖性能好的家系内选择,如产仔数多、母性强、哺乳性能好、仔猪断乳窝重大等。

五、实训报告

记录后备猪选择的要求和过程,考核标准见表4-1。

表4-1 考核标准

考核项目	考核要点	A	B	C	D	E	备注
态度	端正	9~10	8~8.9	7~7.9	6~6.9	<6	考核项目和考核标准可视情况调整
后备公猪选择	叙述后备公猪的主要选择标准	36~40	32~35.9	28~31.9	24~27.9	<24	
后备母猪选择	叙述后备母猪的主要选择标准	36~40	32~35.9	28~31.9	24~27.9	<24	
实训报告	填写标准、内容翔实、字迹工整、记录正确	9~10	8~8.9	7~7.9	6~6.9	6	

自测训练

一、单选题

1. 后备母猪在（　　）日龄对应体重达到135～145千克。
   A. 210～230　　　　　　　　　B. 220～240
   C. 230～260　　　　　　　　　D. 240～280

2. 后备猪在配种前（　　）开始，需要对其进行优饲并添加葡萄糖粉100克，标准为每头每天多维5克以增加头胎母猪排卵数进而增加产仔数。
   A. 14 天　　　　　　　　　　B. 7 天
   C. 18 天　　　　　　　　　　D. 21 天

二、多选题

1. （　　）是后备母猪肢蹄选择时应剔出的遗传结构性缺陷。
   A. X 型腿　　　　　　　　　B. O 型腿
   C. 八字腿　　　　　　　　　D. 刀腿

2. （　　）是后备母猪肢蹄选择时必须剔出的肢蹄缺陷。
   A. 屈膝　　　　　　　　　　B. 牛角状附关节
   C. 竖蹄　　　　　　　　　　D. 明显卧系

单元三　空怀母猪饲养管理技术

📂 案例导入

2021年3月，鉴于年初某猪场发生非洲猪瘟疫情，采取静默生产后猪群管理出现滞后问题，导致安徽省某规模化猪场连续多个批次（母猪25天）受胎率不足80%，同时小部分猪群出现乏情甚至不发情，无任何发情症状，部分猪群出现流产症状。现养殖场目的是提升母猪25天受胎率，解决母猪出现乏情、不发情、流产等问题。

这个猪场饲养管理哪里出现了问题，判断依据是什么？该如何解决猪场出现的问题呢？

空怀母猪是指尚未配种的或者是虽配种但没有受孕的母猪，包括青年母猪和经产母猪。该阶段母猪饲养的时间虽然短暂，但对母猪的繁殖力乃至对全场生产水平影响很大。饲养空怀母猪要抓好两件事，一是要使青年母猪早发情，多排卵；二是要使断奶母猪或配过种但没有受孕的母猪尽快重新配种受孕。

一、空怀母猪的生理特点

母猪在泌乳期间不发情、排卵现象的原因是，在哺乳期间，仔猪的吸吮行为刺激垂体前叶分泌泌乳素和促黄体分泌素，促进黄体分泌孕酮，抑制母猪卵泡的发育，使母猪体内的雌激素维持在较低水平。当母猪断奶后，哺乳仔猪的吸吮刺激行为消失，垂体前叶分泌泌乳素和促黄体分泌素的水平降低，黄体溶解，降低了孕酮分泌，母猪卵巢的卵泡开始迅速发育，体内雌激素水平迅速提高，导致母猪出现发情征状。当发情征状出现一段时间后，发育成熟的卵泡破裂，卵子排出，为配种妊娠做好了生理准备。

一般情况下，饲养良好的断奶母猪群，在断奶后的1周内发情率可达85%以上；10天以内可达95%以上，发情期受胎率可达90%以上。在实际生产中，哺乳期母猪由于喂仔猪大量泌乳，营养状态多处于负平衡，断奶时体重损失、膘情处于偏低水平。同时，断奶后体内激素水平也处于快速变化阶段，生理机能较脆弱，稳定性较差。如果饲养管理不当会导致内分泌紊乱而延迟发情时间，甚至成为乏情母猪。有不少猪场的母猪长时间不发情或发情不受胎占到10%以上，这无疑会大幅降低生产效率，给猪场造成很大的经济损失。在生产中应考虑到影响母猪发情、配种的各种因素，为空怀母猪提供适合的圈舍环境和饲料营养，做到精细化科学管理，以促进母猪发情和排卵，提高配种受胎率。

二、空怀母猪的饲养目标

(1) 促使青年母猪早发情、多排卵、早配种，达到多胎高产的目的，增加母猪的使用年限。

(2)对断奶母猪或未孕母猪,积极采取措施组织配种,缩短空怀时间,减少非生产天数,降低饲养成本,提高经济效益。

三、空怀母猪的饲养

1. 空怀母猪的营养需要

母猪结束哺乳期后,从产房转入空怀舍,进入到空怀配种阶段,个体间体况变化较大,这阶段的饲料控制是空怀母猪管理的重点。在生产中,应根据本场空怀母猪的实际情况,对饲料的营养水平和饲喂量做一定的调整。一般对断奶后体重损失不大的母猪,在断奶开始2~3天以内,适当减少饲料喂量,每头每天控制在1.8~2.0千克,促进母猪干奶,避免乳房炎的发生;但对断奶后相对瘦弱的母猪则不必减料,反而应该进行优饲,让其尽快恢复到繁殖体况。断奶3天以后,逐渐恢复到正常的喂量,断奶1周左右,可采用短期优势促进母猪发情排卵。另外,应在空怀母猪饲料中加入适量的矿物质、维生素,尤其多喂一些青绿多汁饲料,这对空怀母猪迅速补充泌乳期消耗的矿物质、恢复母猪正常的繁殖机能、及时发情配种更加有利。

2. 空怀母猪的饲养

(1)分阶段饲养。为后备段空怀母猪提供足够的能量、蛋白质,注意氨基酸平衡,增加钙、磷用量,补充足量的与生殖活动有关的维生素A、维生素E、生物素、叶酸、胆碱等。怀孕段空怀母猪做到"依膘给料",促进母猪的发情排卵,提高受胎率和产仔数,达到高产、节粮、降低成本的目的,防止母猪过肥或过瘦。分娩段空怀母猪实现母猪采食量最大化,提升母猪发情利用率——缩短配种间隔,减少母猪淘汰数量,提高母猪使用年限。

(2)依据体况饲养。根据母猪的体况评分饲喂,评分过高增加饲喂量;评分过低降低饲喂量。

(3)短期优饲。短期优饲是母猪在配种前的一段较短时间内,给母猪提供较高水平能量和营养,以促进母猪发情,增加母猪的排卵数。经产母猪从仔猪断奶到再次配种的短时期内加料,对促进其排卵和产仔数的提高不如后备母猪,但也有一定效果。

四、空怀母猪的管理

1. 单栏饲养和小群饲养

单栏饲养空怀母猪的活动范围小,母猪后侧饲养公猪,以促进发情。小群饲养就是将4~6头同时(或相近)断奶的母猪养在同一栏(圈)内,可以自由活动,特别是设有舍外运动场的圈舍,运动的范围较大。实践证明群饲空怀母猪可促进发情,特别是群内出现发情母猪后,由于爬跨和外激素的刺激,可以诱导其他空怀母猪发情,同时便于管理人员观察和发现发情母猪,也方便用公猪试情。

每天早晚两次观察记录空怀母猪的发情状况。喂食时观察其健康状况,及时发现和治疗病猪。

2. 创造适宜的环境

空怀母猪圈舍温湿度要求：温度为15～18 ℃，相对湿度为65%～75%。另外，圈舍要注意保持清洁卫生、干燥、空气流通、采光良好的环境。空怀母猪如果得不到良好的饲养管理条件，将影响发情排卵和配种受胎。

3. 及时观察母猪发情

哺乳母猪通常在仔猪断奶后5～7天发情，饲养人员要及时观察和记录。观察时间一般在早上喂料前和晚上喂料后，每天观察2次。观察母猪发情方法，可以直接观察，如采食减少，精神兴奋、喜叫、外阴红肿逐渐萎缩且有分泌物（浓鼻涕状）等；也可驱赶公猪到母猪圈试情，这种方法比较及时、准确。

五、促进空怀母猪发情排卵的措施

1. 断奶母猪发情时间推迟的原因

在断奶后第1周内有80%～90%的成年断奶母猪发情；第2周则有10%～20%，超过2周没有发情的母猪，则确定为发情延迟或乏情母猪，造成此现象的因素很多，主要有以下几种：

(1) 后备母猪的初配月龄过早。刚进入初情期的青年母猪，虽然其生殖器已具有正常的生殖机能，但还没有达到体成熟，此时配种受孕对下一个繁殖周期有不良影响。青年母猪过早配种受孕会导致初产仔数少、仔猪初生重小、断奶重小和成活率低，同时还会影响母猪本身的增重。成年后，体重比相同品种的同龄母猪轻25～40千克，这种体重偏小的母猪产仔断奶后，发情往往推迟甚至成为乏情母猪；

(2) 母猪断奶时体重损失过多。在正常情况下，母猪经历一个泌乳期后，体重都有不同程度的下降，体重损失占分娩后体重的5%～15%。如果断奶后的饲养管理得当，则不会影响后续的发情配种。但若母猪断奶时过度消瘦，体重下降幅度偏大（体重损失超过20%），则有可能影响下一个繁殖周期的繁殖性能。由于饲养管理的原因，个别断奶母猪体重损失甚至达到50千克，此类母猪，断奶至发情时间间隔会明显延长，甚至成为长期乏情的母猪而被淘汰；

(3) 季节与热应激的影响。母猪可以常年发情配种，但在炎热的6～9月，断奶后1周的母猪发情率较其他季节低10%～20%，尤其是初产母猪更为明显，发情率比经产母猪低25%。瘦肉型品种的母猪对高温更为敏感，夏季气温在29.4 ℃以上会干扰母猪的发情行为，降低采食量和排卵数。当夏季温度持续32 ℃以上时，很多断奶母猪停止发情。

(4) 母猪过肥。在饲喂同样饲料，又不限制其饲喂量的情况下，有些母猪泌乳量低、哺乳仔猪头数少，这样的母猪断奶时体重不减，体内沉积了大量脂肪，造成母猪卵泡发育停止，从而不能正常自然发情和配种。

(5) 饲料配制不科学。有些猪场不使用母猪专用饲料，而是选用生长育肥猪饲料喂母猪。尽管饲养成本要低一些，但饲养时间稍长，可能带来很大危害。

(6) 内分泌异常或其他疾病。母猪在分娩时产道损伤、污染、胎衣不下或胎衣碎片残存；难产时操作不卫生；人工授精时消毒不彻底；配种时公猪生殖器官或精液内含有病原微生物；母猪患有布鲁氏菌病或其他微生物引起的炎症，均有可能造成母猪发情推迟或不发情。

2. 促进母猪发情，减少发情延迟和乏情母猪数量

哺乳母猪断奶后是否正常发情，对母猪的生产力影响很大。在生产实践中，应注意加强管理，尽量减少断奶母猪延迟发情和出现乏情的比例。比如，后备母猪要达到性成熟和体成熟两项指标后，再参与配种；对哺乳期的母猪，要提高饲料水平，使断奶时体重损失不超过10%；采用适宜的通风降温方法，使炎热季节对母猪发情的负面影响降到最低程度；哺乳期带仔猪过少的母猪，要及时限制饲料喂量或做好仔猪寄养、并窝工作，减少断奶时出现过肥的母猪；改善猪舍环境和管理措施，降低饲养密度，减少母猪由于内分泌紊乱导致的乏情现象。

在猪场中，虽然采取了相关措施促进母猪发情，但还有一定比例的断奶母猪出现乏情现象。一年当中，夏末和秋季乏情现象较为严重，而初产母猪比成年母猪更为突出。如果断奶后母猪群在1周内的发情率长期低于80%，则应全面检查饲养管理措施是否得当，并进行全面整改，对乏情母猪采取必要的干预措施。有研究表明，母猪断奶至发情的时间间隔与母猪的胎次呈现强负相关，即母猪每增加一个胎次，断奶至发情的时间间隔缩短1.4天。另有研究表明，初产母猪在断奶后1周内发情的占52.3%，而成年母猪则为77.4%。初产母猪断奶后有两个发情高峰时段，即断奶后10天内和第24～30天；而成年母猪在断奶后10天内有85%～90%发情，且可以正常配种受胎。

在规模化猪场中，母猪长期缺乏运动和光照，饲养密度强度过高，容易造成母猪生殖内分泌功能紊乱。因此，平时的饲养管理中采取加强母猪运动、适度增加光照、降低饲养密度、短期优饲、提高饲喂量、公猪刺激、母猪群养等方式，均可促进母猪发情。如果还有空怀母猪不发情，可使用外源生殖激素，如PG600、PMSG和排卵素3号等，一般3～5天即可发情配种。

资料卡

母猪不发情的原因及其解决方法

造成母猪不发情的原因很多，但主要与猪的遗传缺陷、品种、饲养管理方式(饲养密度，光照)、营养状况和疾病等因素有关。

1. 遗传原因

由于选种不严格，使一些遗传缺陷得以延续，造成母猪不发情和繁殖障碍，如母猪雌雄同体，即从表面看是母猪，肛门下面有阴蒂、阴门和阴唇，但腹腔内无卵巢而有睾丸。另外，生殖道有生理疾患，如阴道管道形成不完全、子宫发育不全等。在实际生产中，上述生殖器官缺陷较难发现，一旦发现长期不发情的后备母猪，必须淘汰。要避免遗传因素，就必须加强选种工作：一是严格查验后备母猪的祖先系谱，对上几代有遗传疾患的母猪不能留作种用；二是严格检查后备母猪的外生殖器官发育情况，对生殖器官存在缺陷的母猪不能留作种用。

2. 品种原因

猪的品种对发情有重要的影响。我国地方猪种大多为早熟品种，只要日粮的营养水平不是过低，或母猪体况不是过瘦、过肥，不发情的比例很小；而国外引进的瘦肉型猪种，在饲喂正常的情况下，晚发情和不发情的比例较高。对安静发情的母猪，除用公猪试情外，必要时可注射 PMSG（孕马血清促性腺激素）400～1 000 国际单位，若 3 天后仍未发情，则再注射 400～1 000 国际单位，或加注 HCG（人绒毛膜促性腺激素）200～500 国际单位，还不发情的母猪则应淘汰。

3. 营养原因

营养不良是造成母猪不发情的主要原因之一，母猪体况过瘦或长期缺乏某些与繁殖有主要关系的营养，如能量、蛋白质、维生素和矿物质等，使某些内分泌腺的功能出现异常，导致母猪不发情。如果母猪的营养过剩、体形过度肥胖，造成卵巢脂肪化，也会影响发情。为防止母猪营养不良或营养过剩，应该合理饲养管理母猪，饲料的营养水平应严格按饲养标准，防止体形过瘦或过肥，但实践中更要注意看膘饲喂，以保持正常的繁殖体况，有条件的应饲喂优质的青绿饲料。

4. 环境因素

当夏季环境温度长期在 30 ℃以上时，母猪卵巢的性功能会受到抑制，此期母猪断奶后的不发情率明显比其他季节高，初产的青年母猪受的影响更大。母猪长期饲养在黑暗或一直被阳光照射的环境中，对母猪的发情都会产生不利影响。试验证明，每日光照超过 12 小时，可能会对母猪的发情活动产生抑制作用。为了防止温度和光照对母猪发情的不良影响，应为母猪提供适当的光照和环境温度条件。目前，较有效的防暑降温措施有下列几种：采用空调、湿帘负压通风设备降温；用隔热保暖建筑材料建造猪舍；淋浴降温、滴水降温、喷雾水降温和增加通风等。饲养密度过大过小都会使后备母猪初情期延迟，群养母猪的规模以每圈 6 头左右为宜，饲养密度以每头母猪占地面积 1.2～2.5 平方米为宜。

5. 疾病原因

生殖道炎症和其他疾病，如子宫炎、阴道炎、部分黄体化和非黄体化的卵泡囊肿等可造成母猪不发情或繁殖障碍。对上述疾病要对症下药，及时治疗，以促使母猪恢复正常发情。乙型脑炎、伪狂犬病、细小病毒病等疾病都会导致母猪不发情或延迟发情，甚至繁殖障碍，上述疾病必须以预防为主，按免疫程序用疫苗预防。

自测训练

一、单选题

1. 流产母猪需要重新配种，在配种前至少让母猪休息（　　）天。
　　A. 28　　　　　　B. 14　　　　　　C. 18　　　　　　D. 21

2. 应如何管理空怀母猪？（   ）
   A. 放任母猪让其自己发情
   B. 轮流用公猪在前面走动的方法催情及将其赶进公猪栏催情
   C. 空怀母猪超过 45 天时要淘汰
   D. 全对
3. 空怀母猪的饲养管理目的是让其及早地、明显地（   ）。
   A. 增膘　　　　B. 发情　　　　C. 产仔　　　　D. 哺乳

二、多选题

空怀母猪饲养管理的目的有（   ）。
A. 提高断奶 7 天发情利用率
B. 缩短发情间隔
C. 使母猪排卵更集中
D. 为受胎率、产仔数、仔猪出生均匀度的提升提供基础

单元四　妊娠母猪饲养管理技术

案例导入

王东今天接到组长安排的任务，将20头临近分娩的母猪送上产床。安排工作时组长特别交代，要小心操作。王东因还有其他工作，为提高效益，他一次赶五头去产房，想不出意外，意外还是发生了，因通道狭窄，猪相互拥挤，导致一头母猪摔倒，当天晚上这头母猪发生了流产，小猪全都不足1 000克，成活率堪忧。

妊娠母猪是指从配种妊娠后到分娩前阶段的母猪，该阶段母猪饲养时间较长。妊娠母猪饲养管理的中心任务是：保证胎儿能在母体内得到充分的生长发育，防止吸收胎儿、流产和死胎的发生，使母猪每窝生产出数量多、出生体重大、体质健壮和体形均匀整齐的仔猪；同时，使母猪有适度的膘情和良好的泌乳性能。

一、妊娠母猪的营养需要

(1)母猪的维持需要。
(2)提高胚胎成活率、多产仔，PSY28头以上。
(3)提供胎儿生长营养，产仔出生重平均达到每头1.5千克。
(4)提供子宫和乳腺发育的营养，增强母猪体况，改善胚胎着床，储备日后哺育能力。
(5)不便秘(便秘对母猪的危害非常大)。
(6)钙磷足量且利用率高，保证母猪体内有较高的血钙浓度。

二、妊娠母猪营养需要的规律

随母猪妊娠日龄的增加，胎儿生长发育速度加快，妊娠30天时，每个胚胎的胎重只有2克，仅占初生重的0.15%；80天时每个胎儿的胎重是400克，占初生重的29%。如每头仔猪的初生重按1 400克计算，在妊娠80天以后的34天时间里，每个胎儿增重为1 000克，占初生体重的71%，是前80天每个胎儿总重量的2.5倍。由此可见，妊娠最后34天是胎儿体重增加的关键时期(表4-2)。

表4-2　猪胎儿的发育变化

胎龄/天	胎重/克	占初生重/%
30	2.0	0.15
40	13.0	0.90
50	40.0	3.00
60	110.0	8.00

续表

胎龄/天	胎重/克	占初生重/%
70	263.0	19.00
80	400.0	19.00
90	550.0	39.00
100	1060.0	76.00
110	1 150.0	82.00
出生	1 300～1 500	100.00

根据胎儿生长的规律，将母猪的妊娠期以第90天为界，分为妊娠前期和妊娠后期。前期体重、体长增长较慢，其体重还不到初生重的1%，即生长量不大。但妊娠前期胚胎组织器官分化发育旺盛、激烈，而妊娠后期不但生长迅猛，而且发育激烈，胎儿重量有2/3是在妊娠期的后1/4时间内增长的，钙、磷也是此期内得到的。因此，前期对营养需要量不多，但必须全价，而后期所需营养物质不但量要大，而且品质也要好。加强母猪妊娠后期的饲养管理，是保证胎儿生长发育的关键。

三、妊娠母猪的饲养管理

1. 妊娠母猪的合理饲养

(1)在整个妊娠期内，必须给予全价饲养。前期能量水平可以稍低些，但必须保证蛋白质、矿物质、微量元素及维生素的供给，在保证饲粮全价性的基础上，可根据母猪的膘情降低精料量。而妊娠后期，除了保证饲粮的全价性以外，还要注意保证蛋白质及能量的给予。否则，必然会导致死胎、弱胎增多，使产仔数减少，产后泌乳不佳。

(2)对妊娠母猪的饲养应抓住两个关键：一是全期都要喂青饲料；二是蛋白饲料和能量饲料用在妊娠后期，尤其是最后20～30天，应尽力加料。

(3)采取"低妊娠、高泌乳"的饲养方式。从科学饲养角度讲，在整个妊娠期，营养水平应该降下来，精料加在泌乳期，即采取"低妊娠、高泌乳"的饲养方式，控制妊娠期精料量。过去"增加妊娠母猪体内营养贮备，留在泌乳期使用"的做法，是不必要的。具体原因如下：

①营养物质实际上经历了两次转化过程，即先变成妊娠母猪机体成分贮存起来，待到泌乳期再转化为奶。这与直接给泌乳母猪加料用于产奶相比，要消耗更多的能量，是不经济的。

②妊娠母猪采食量越大，泌乳期的采食量就越少，两者呈反比关系。由于妊娠期营养过于丰富，体脂肪贮备过多，则泌乳期食欲不好，会影响泌乳潜力的发挥。

③由于泌乳母猪食欲差，体重势必会减轻，膘情会下降，这对断奶后再发情、再配种也十分不利。

一般认为，母猪在妊娠期体重增加幅度，应控制在30～40千克为宜。

综合上述各点，从保证妊娠母猪营养需要和胎儿生长发育营养需要的角度，经济利用饲料，母猪妊娠期营养水平的控制应采取"前低、后高"的饲养方式。

(4)妊娠母猪的精料型日粮。要求每千克饲粮中含消化能 11.72 兆焦以上、粗蛋白质在 12% 左右、钙 0.6%、磷 0.5%、食盐 0.3%，另加复合维生素、微量元素添加剂(按说明添加)。这种类型的饲粮，每头每日给量，在妊娠前期为 1.3 千克左右；妊娠后期为 2.5~3.0 千克。在生产中，应根据母猪体重大小、气候变化等情况灵活掌握给料量，以保证妊娠母猪七八成膘的繁殖情况为度。

(5)日粮容积。妊娠前期可增加，适当多用青绿多汁饲料和粗饲料。而妊娠后期日粮容积要小，以免影响母猪采食量和压迫胎儿。要控制酒糟给量。严禁饲喂发霉变质的饲料，冬季禁饮冰碴水。

妊娠母猪采取分阶段饲养：

①母猪配种当天立即降低饲喂量至每天 1.6~1.8 千克，转喂怀孕母猪料(粗蛋白质含量 14%)。母猪获得的营养总是优先供应给发育中的胚胎，而胚胎的需要量又很小，在通常情况下，妊娠期的营养水平不太可能影响窝产仔数。

②配后 40~60 天，应每天喂怀孕母猪料 2.0 千克；配后 60~90 天应每天喂怀孕母猪料 2.0~2.5 千克。母猪怀孕 35~90 天阶段是生长、机体储备、体况调整恢复时期。在怀孕 60 天时可参照图 4-3 对妊娠母猪体况进行评分，4 分为理想状态，1 分、2 分为过瘦，5 分为过肥。对过肥或过瘦的母猪适当地进行减料或加料，使怀孕母猪在分娩前达到良好状态，各胎次母猪分娩时的 P2 背膘厚都应为 18~19 毫米。

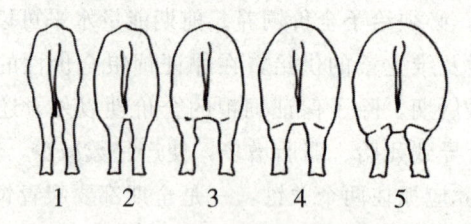

图 4-3 妊娠母猪体况评分

③怀孕 90 天后，应每天喂哺乳母猪料 2.5~3.0 千克(日粮粗蛋白质含量 16%，此阶段可进行攻胎，但需根据母猪体况进行)。此阶段是胎儿快速生长和乳腺生长期，建议无论小母猪还是老龄母猪，每天应采食 9 500 千卡消化能。

2. 妊娠母猪的管理

给妊娠母猪提供一个良好的饲养环境有利于最大程度地发挥其生产性能，这其中包括：新鲜清洁的饮用水和饲料、合适的温度和湿度、良好的卫生环境和空气质量等。

(1)饲料和饮用水。猪场必须确保使用未过期、无霉变与结块、霉菌毒素未超标的饲料，否则易造成母猪发情异常、受孕困难、流产等一系列问题。每天定时定量饲喂 1~2 次。饮水方面需做好消毒工作，防止水中细菌总数以及大肠杆菌含量超标。

(2)温湿度。妊娠母猪最适温度为 18~22 ℃，适应温度为 15~28 ℃，温度低于 15 ℃时，妊娠母猪需要采食更多的饲料来维持体温，从而造成饲料成本升高。高温对于妊娠母猪具有极大的危害，易造成胚胎着床失败和胎儿死亡，从而影响受孕率和产仔数。

当温度高于28 ℃，或观察到母猪呼吸加快、烦躁不安时需要及时采取降温措施，主要为水帘＋风机或者喷雾＋风扇。尽量将昼夜温差控制在4℃以内，减少猪群应激和诱发疾病。舍内湿度应控制在75％左右，湿度过高容易滋生病原；湿度过低易造成粉尘过高诱发呼吸道疾病。

(3)环境卫生。需定期清理猪粪确保良好的卫生条件，特别是刚完成配种阶段，较差的卫生环境易造成母猪子宫炎症的发生。至少2天清洗1次料槽，料槽剩料及时清理干净，防止变质饲料被母猪摄入。冬季做好保温与通风的平衡工作，确保最小通风量。将舍内有害气体控制在合理的标准内。

四、妊娠母猪防流保胎措施

(一)猪胚胎死亡的三个高峰期

(1)受精第9～13天，合子附植的初期。合子着床前发育慢，激素分泌晚，前列腺素、雌二醇、促黄体素量偏少，是影响合子附植成功的主要因素。这是胚胎死亡的第一个高峰期。

(2)妊娠后第3周左右，器官形成期。卵子成熟不完全，染色体异常，是引起胚胎死亡的一个重要原因。这是胚胎死亡的第二个高峰期(小高峰)。

(3)妊娠后期60～70天。此时胎盘停止生长，而胎儿则迅速生长。胎盘不健全，循环失常，影响营养通过胎盘，不足以支持胎儿发育，导致胎儿死亡。这是胚胎死亡的第三个高峰期。

(二)防流保胎措施

1. 保证母猪饲粮的营养水平和全价性

维持内分泌的正常水平，防止胎儿因营养不足或不全价而中途死亡。严禁喂给母猪发霉变质的饲料，不准饮冰碴水，以防胚胎中毒或受冰冷刺激引起流产。

2. 加强管理，避免机械性伤害

出入舍门拥挤、趴卧、堆压、跨沟越壕抻拉、走冰道摔倒、鞭打脚踢大声呵斥受惊吓、互相咬斗等，均易引起流产。饲养人员绝不能以粗暴的态度对待母猪，不允许惊吓、殴打母猪。

3. 保证疾病防治工作，防止热应激

平时应重视卫生消毒和疾病防治工作，尤其是热性病，如布氏杆菌病、细小病毒病、伪狂犬病、钩端螺旋体病、乙型脑炎、弓形体病、感冒发烧、生殖道炎症、中暑等。

五、妊娠母猪的妊娠诊断

1. 返情检查

根据母猪的发情规律，在母猪怀孕第18～24天时进行查返情工作。若母猪外阴出现明显红肿、黏液,母猪采食不稳定、比较兴奋、神经质、静立则表明母猪可能出现返情,特别是有公猪在场的情况下表现更加明显。部分母猪到发情期可能会出现外阴红肿的情况,但是黏液和其他发情征状不明显,可能是假发情,需要继续观察。若母猪繁殖状态正常,返情检查法检出率可达到 90% 以上,但是若出现母猪繁殖状态不理想、饲养管理混乱、饲料受霉菌毒素污染、高温应激等,母猪可能会出现乏情及假妊娠的情况,返情检查法检出概率会明显降低。

2. B 超检查(图 4-4)

对于没有返情的母猪,在妊娠第 26~28 天时,通过猪专用 B 超仪进行孕检,对可疑的猪只间隔 5 天左右复检。

具体操作方法:确保猪只处于安静状态、站立或者侧卧。孕检位点为母猪大腿内侧,倒数第 1 和 2 个乳头中间向上约 5 厘米处(确保无毛),打开电源,确保 B 超仪运转正常,在探头处涂抹专用耦合剂。操作人员一只手持 B 超仪,另一只手持探头在检测位点斜向上 45°贴紧母猪腹壁,缓慢调整方向,观察显示器。若显示器观察到 2 个以上孕泡表明母猪孕检阳性;若找不到孕泡则表明母猪孕检阴性;建议 5 天后复检。若再次孕检阴性则表明本头猪空怀。

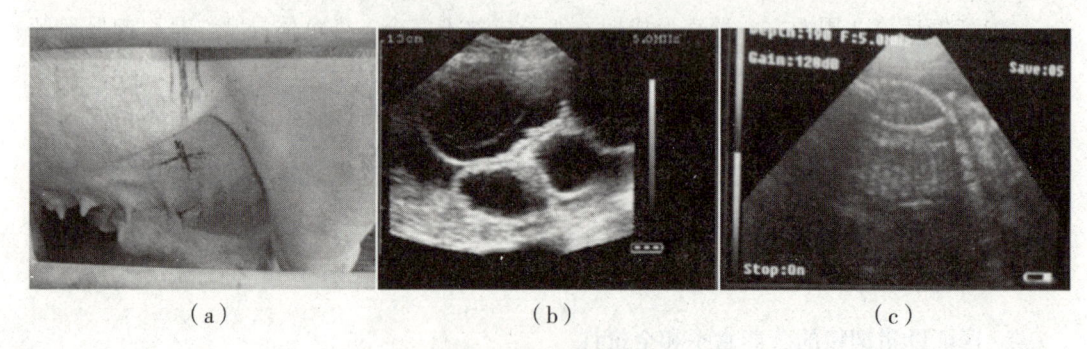

(a)   (b)   (c)

图 4-4 B 超检查
(a)妊娠检查点;(b)已受孕;(c)孕检阴性

实验实训

实验 4-3 妊娠诊断

一、实训目的

学会母猪早期妊娠诊断。

二、实训内容

1. 早期妊娠母猪观察。
2. 早期妊娠母猪检查。

三、实训条件

配种记录、配种后3~5周的母猪、超声波诊断仪(A超或B超每10人1台)、医用超声耦合剂、记录本。

四、实训方法

(1)观察法。经过更衣消毒来到妊娠母猪舍，根据配种记录，查找配种后3~5周以上的母猪，询问饲养员或亲自观察母猪配种后3周左右是否再次发情闹栏，并认真观察母猪采食行为、睡眠情况、活动行为、体形变化等，最后做出综合评判。

妊娠母猪食欲旺盛、喜欢睡眠、行动稳重、性情温顺、喜欢趴卧、尾巴常下垂不爱摇摆、被毛日渐有光泽、体重有增加的迹象。观其阴门，可见收缩紧闭成一条线，这些均为妊娠母猪的综合表征。但个别母猪在配种后3周左右出现假发情现象，具体表现是发情持续时间短，一般只有1~2天，对公猪不敏感，虽然稍有不安，但不影响采食。应根据以上表征给予区别。可以让饲养员指定空怀母猪和已确定妊娠母猪进行整体区别，增加诊断准确性及诊断印象。

(2)超声波检查法。首先打开电源开关，并在母猪腹底部后侧的腹壁上(最后乳头上方5~8厘米处)涂一些医用超声耦合剂，然后将超声波妊娠诊断仪的探头紧贴在测量部位。如果A超诊断仪发出连续响声，说明该母猪已妊娠。如果诊断仪发出间断响声，并且经几次调整探头方向和位置均无连续响声，说明该母猪未妊娠；B超可以看到是否有"孕囊"，如果无"孕囊"说明母猪未妊娠。检查结果要及时告知饲养员或技术员，以便观察其发情，再度配种。

无论采取哪一种诊断方式，一经确定其妊娠与否，都要做好记录，以便采取相应的饲养管理措施。

五、参考资料

A超进行妊娠诊断，出现假妊娠诊断结果原因：①膀胱内充满尿液；②子宫积脓；③子宫内膜水肿；④直肠内充满粪便。

B超可用于观察子宫、胎水、胎体、胎心搏动、胎动及胎盘。胎水是均质介质，对超声波不产生反射，呈小的圆形暗区，子宫内出现暗区，判断为妊娠，子宫内未出现暗区，判断为未妊娠。

六、实训报告

填写早期妊娠诊断结果(表4-3)，具体考核标准见表4-4。

表4-3 早期妊娠诊断结果

栋栏号	母猪品种	母猪耳号	诊断方法		结果
			观察法	超声波检查法	

表 4-4 考核标准

考核项目	考核要点	等级分值 A	B	C	D	E	备注
态度	端正	9~10	8~8.9	7~7.9	6~6.9	<6	考核项目和考核标准可视情况调整
早期观察	掌握外部观察法要点	36~40	32~35.9	28~31.9	24~27.9	<24	
早期检查	正确使用A超和B超	36~40	32~35.9	28~31.9	24~27.9	<24	
实训报告	填写标准、内容翔实、字迹工整、记录正确	9~10	8~8.9	7~7.9	6~6.9	<6	

自测训练

一、单选题

1. 母猪妊娠期胎儿发育最快的阶段是（　　）天。
   A. 0~7　　　　B. 7~28　　　　C. 30~60　　　　D. 90~114
2. 妊娠母猪胚胎的第一个死亡高峰期是（　　）。
   A. 配种后 0~7 天　　　　　　B. 配种后 9~13 天
   C. 配种后 20~30 天　　　　　D. 配种后 50~60 天
3. 攻胎期提高妊娠母猪的饲喂量依据是（　　）。
   A. 母猪的膘情　　B. 母猪的品种　　C. 胎儿发育规律　　D. 以上都不对
4. 一胎母猪配种时的膘情评分为（　　）分最佳。
   A. 2.75　　　　B. 2.5　　　　C. 3.0　　　　D. 3.25
5. 一胎和经产母猪 90~114 天孕龄最佳膘情控制范围是（　　）分。
   A. 2.75~3.0　　　　　　　　B. 3.0~3.25
   C. 2.5~2.75　　　　　　　　D. 3.25~4.0

二、多选题

1. 妊娠母猪的饲喂管理对母猪的影响有（　　）。
   A. 配种后的 7 天内，需要严格限制饲喂，利于受精卵的发育
   B. 过早（小于 85 孕龄）提高采食量会影响母猪乳腺的发育
   C. 无影响
   D. 可以随意饲喂
2. 对母猪进行膘情评估的原因为（　　）。
   A. 降低母猪分娩困难　　　　B. 提高胚胎的成活率，提高仔猪出生重
   C. 增加饲养员工作负担　　　D. 合理使用饲料，降低饲养成本

单元五　哺乳母猪的饲养管理

案例导入

××母猪场的5 000头的基础母猪，此次正处于夏季，有几批次的哺乳母猪出现以下症状：

(1)大批量母猪出现不食、发烧、胀气、脱肛等现象；

(2)一部分母猪出现严重的咳喘；

(3)出生的仔猪出现扎堆等现象。

这个母猪场的哺乳母猪饲养管理哪里出现了问题？该如何解决呢？

母乳是仔猪生后20天内的主要营养物质，因此，母猪泌乳的数量与质量对仔猪的育成率和生长发育起着重要的作用。饲养哺乳母猪的主要任务是：保证新生仔猪全活全壮（提高母猪泌乳数量和质量）；保证母猪在下一个配种期正常发情、排卵并正常妊娠（控制母猪在哺乳期的失重）。因此，必须掌握哺乳母猪的泌乳规律，了解影响泌乳的因素，加强哺乳母猪的饲养管理。

一、哺乳母猪的饲养目标

(1)实现哺乳母猪的快速分娩、减少炎症发生率、提高泌乳量，从而减少死胎、提高哺乳仔猪成活率、增加仔猪断奶重。

(2)保持泌乳期正常种用体况，即母猪28天断奶时，损失体重不超过12千克（损失体重量应为产后体重的12%～15%为宜）。过度失重会延长母猪断乳后发情期，还可引起下一胎产仔数减少，其后果是严重的。

因此，必须围绕上述目标采取饲喂策略。

二、母猪的泌乳规律

1. 母猪的乳腺结构及哺乳时长

母猪的每个乳头有2～3个乳腺团，各乳头之间没有联系，乳房的乳池退化。母猪泌乳属刺激性排乳，每次放乳时间短（不到1分钟），每次放乳量0.25～0.4千克（即平均每头仔猪每次吸乳量为25～35克）。母猪每次哺乳时间为3～5分钟，分为前按摩、放乳和后按摩三个阶段。

2. 母猪泌乳量

母猪泌乳量的高低与仔猪的成活率和生长发育速度有密切的关系。母猪产后60天内泌乳总量平均400千克左右（范围在300～620千克）。在泌乳期内，母猪的日泌乳量从产后4～5天开始上升，产后18～23天达到泌乳高峰，30天后逐渐下降。母猪产后21天内泌乳量占28天内泌乳量的62%以上；占60天内泌乳量的40%左右；母猪产后28天内泌乳量占60天内泌乳量的65%左右。

3. 不同乳头的泌乳量

同一母猪不同乳头的泌乳量不同：一般靠前的乳头泌乳量高，而中间和靠后的乳头泌乳量少（表4-5）。

表4-5 母猪不同对乳头的泌乳量

项目	乳头次序						
泌乳量/%	23	24	20	11	9	9	4

注：乳头次序由前到后。

4. 泌乳次数与泌乳间隔时间

母猪的泌乳次数与猪的品种、泌乳性能、泌乳期天数等因素有关。同品种中以泌乳次数多者泌乳量为高。泌乳次数随着产后天数的增加而减少，一般产后10~30天泌乳次数较多；但不同品种比较，往往是泌乳量低的品种泌乳次数较多，每次泌乳量少。据统计，我国地方品种猪哺乳60天，平均日泌乳25.4次，国外引入品种猪平均日泌乳20.5次；我国地方品种猪平均泌乳间隔时间为50~60分钟，国外引入品种为60~90分钟与次数相适应。这一结果可为仔猪的人工哺乳提供依据。

三、影响母猪泌乳量的主要因素

影响母猪泌乳量的因素很多，如年龄（胎次）、品种类型、哺乳仔猪数、哺乳期的饲养管理等。

1. 品种类型

不同品种类型泌乳量不同。大型品种和肉用型品种泌乳力高，如长白猪、大白猪产后20天内日平均泌乳量分别为13.33千克、11.40千克；产后30天内的日平均泌乳量分别为14.55千克、14.30千克。

2. 年龄（胎次）

一般情况下，初产母猪的泌乳量低于经产母猪，这是因为它们第一次产仔，乳腺尚未发育完善，对仔猪哺乳的刺激经常处于兴奋或紧张状态，排乳较慢。从第二胎开始，母猪的泌乳量上升，且可以保持在一定水平，6~7胎后有下降趋势。

3. 带仔数

母猪一窝带仔数量与泌乳量的关系密切（表4-6）。

表4-3 一窝仔猪数对母猪泌乳量的影响

一窝仔猪数/头	母猪的泌乳量/(千克·天$^{-1}$)	仔猪的吸乳量/[千克·(天·头)$^{-1}$]
6	5~6	1.0
8	6~7	0.9

续表

一窝仔猪数/头	母猪的泌乳量/(千克·天$^{-1}$)	仔猪的吸乳量/[千克·(天·头)$^{-1}$]
10	7~8	0.8
12	8~9	0.7

4. 饲养管理

哺乳母猪饲料的营养水平、饲喂量、环境条件、管理措施等均影响其泌乳量。所以，给予哺乳母猪良好的饲养管理条件，才能充分发挥母猪泌乳潜力。

四、哺乳母猪的饲养

1. 哺乳母猪体重的变化

母猪哺乳期损失体重的主要原因是：哺乳母猪哺育照料仔猪，活动量大，精力消耗较多，从而增加了维持需要；哺乳母猪泌乳需要大量的营养物质，即使按照其所需的营养水平来配制日粮，也常因采食量有限而不能满足泌乳和维持需要，母猪便动用体内的储备来补充，以优先保证泌乳的需要。在正常的情况下，经产母猪哺乳期损失体重在15%~20%，并主要集中在前1个月。损失体重过多，影响下一次发情、配种；损失体重少，要考虑母猪是否奶水偏少（原因一般与饲料和管理有关）。

2. 饲料、饲养

瘦肉型哺乳母猪的饲料应参考国外有关饲养标准（如美国 NRC、法国 ARC 以及日本的饲养标准），土杂母猪、本地母猪的饲料参考我国有关饲养标准，保证适宜的营养水平。哺乳母猪的给料量，一般在妊娠期给料量的基础上，每带一头仔猪，增加0.36~0.38千克料。对带仔多、泌乳量高的母猪要增加饲喂次数。哺乳母猪的饲料切忌突然更换，以免引起消化不良，影响乳的产量和质量。断奶前3~5天，逐渐减少喂料量，并经常检查母猪乳房的膨胀情况，以防发生乳房炎。

3. 人工催乳

母猪在哺乳期内可能发生泌乳不足或缺乳，尤其是初产母猪。造成这种情况的原因很多，如初产母猪乳腺发育不全；促进泌乳的激素和神经机能失调；妊娠期（特别是后期）饲养、管理不当；其他疾患所致。催乳的基本途径有：在改善饲养管理的基础上，增喂含蛋白质丰富而又易于消化的饲料，如豆类、鱼粉（或小鱼、小虾等）、优质青绿饲料等；激素催乳，如注射催产素或血管升压素，或在饲料中添加甲状腺蛋白或碘化酪蛋白；用煮熟的胎衣或中药催乳。

五、哺乳母猪的管理

对哺乳母猪实行正确的管理可以保证母猪健康，有助于提高它们的泌乳力。

1. 保持良好的环境

保持良好的通风，经常性的保持环境的清洁。冬季注意防寒保暖，夏季做好防暑降温工作，防止母猪中暑。温度控制在18~20℃，湿度控制在60%~65%。提供保温箱和保温灯，保持箱内温度：第 1 周 34 ℃、第 2 周 32 ℃、第 3 周 28 ℃、第 4 周 25 ℃。

2. 保护母猪的乳房

头胎母猪一定要使所有的乳头都能均匀利用，以免未被吸吮利用的乳房发育不好，影响泌乳量。圈栏应平坦，特别是产床要去掉凸出的尖物，防止刮伤、刮掉乳头。

3. 保证充足的饮水

母猪哺乳的需水量大，建议每天饮水量为 30～50 升，饲喂结束后立即给充足的水，饮水高峰在每次饲喂后 1.5 小时内。饲喂期间保持水料比，只有保证充足清洁的饮水，才能有正常的泌乳量。产房内要设置乳头式自动饮水器（流速每分钟 1 升）和储水设备，保证母猪随时都能饮水。

4. 饲料结构

饲料要相对稳定，不要频变、骤变饲料品种，不喂发霉变质和有毒饲料，以免造成母猪乳质改变而引起仔猪腹泻。

5. 加强观察

经常观察母猪的采食、粪尿、精神状况，检查母猪乳房的膨胀情况等。对断奶后经诊治不发情的母猪坚决淘汰。

六、母猪的分娩管理

1. 母猪的临产表现（表 4-7）

表 4-7 母猪的临产表现

临产表现	距产仔时间
乳房胀大	15 天左右
阴户红肿，尾根两侧下陷（塌胯）	3～5 天
挤出乳汁（乳汁透亮）	1～2 天（从前排乳头开始）
衔草做窝	8～16 小时
乳汁乳白色	6 小时
每分钟呼吸 90 次左右	4 小时左右
躺下、四肢伸直、阵缩间隔时间逐渐缩短	10～90 分钟
阴户流出分泌物，流出羊水	1～20 分钟

若发现羊水流出，应尽快做好接产准备：
(1) 清理产床上的粪便，擦洗产床，并用消毒液消毒。
(2) 清洗母猪后躯、乳房，并用配制好的消毒液消毒。
(3) 打开保温灯，温度控制在 32～36 ℃，准备消毒好寄养圈。
(4) 准备接产工具（碘酒、消毒液、结扎线、剪刀、密斯陀粉、一次性助产手套、专用润滑剂、接产记录单、笔、手表和监产卡）。

2. 分娩母猪监护

母猪分娩是一个漫长而痛苦的过程，因此，在分娩过程中要及时发现问题并解决，减少猪场不必要的损失。

(1)母猪羊水破裂时,做好接产准备。

(2)在产仔之前,检查母猪的生产记录,识别并关注最有可能产死胎的母猪:

①五胎及五胎以上的母猪;

②有死胎记录的母猪;

③窝产仔数高的母猪(12头或更多)。

(3)当羊水破裂时频繁地观察母猪,安静地照料并将干扰降到最低。

(4)当产仔开始时,按程序接产,并在产仔卡上记录时间、产仔头数和出现的各种问题。

(5)当产仔间隔20分钟以上(前一头小猪已干燥或有难产迹象时)及时助产。

(6)如果长时间没有仔猪产出,且母猪表现无力,并停止努责,检查产道畅通后,可以注射缩宫素,增强子宫收缩,促进胎儿娩出。

(7)产出的仔猪要立即干燥、保温,及时吃初乳。

(8)若有假死仔猪要及时救助。

(9)持续观察直到产仔完成,同时要确保胎衣完全排出。

3. 难产及助产处理

难产是指母猪表现出烦躁不安、紧张、努责强烈、频频举尾收腹、躺卧时两后肢不时前伸、弓腰但没有仔猪产出。一般难产是由于产力不足、产道狭窄、胎儿过大等原因造成的。及时对难产母猪进行助产可以降低出生时死胎率,甚至可以挽救母猪的生命。

(1)母猪难产症状。母猪生产时出现下列症状时,即可判断母猪难产了。

①母猪过度紧张、呼吸急促、颤抖、尾巴抽动,但并无小猪出生。

②母猪努责,鼻子干燥,眼圈潮红但无小猪出生。

③距上一头小猪出生间隔超过30分钟还没有小猪产出。

④产道排出黄色或褐色胎粪。

⑤产出带血的仔猪。

(2)母猪掏产操作。

①打开舍门,产床清理。

②先用肥皂水对母猪外阴以及接产可能接触到的地方进行清洗,再用清水进行冲洗,重点是冲洗掉碱性肥皂水。

③整个手臂需要用肥皂水清洗并且用清水冲洗干净,避免掏产过程中,接产手套破损,间接感染母猪。

④戴好手套,涂抹均匀足够的润滑剂。注意:手套禁止接触其他物品。

⑤掏出仔猪。

a. 仔猪头部在前。用手掌套住仔猪头部,用食指和中指夹住仔猪耳后部,拇指在下巴部位,将仔猪向后拉。

b. 仔猪后肢在前。用拇指、食指将仔猪后腿固定在手掌中,将仔猪向后拉出;用中间三指夹住仔猪两条后腿关节,将仔猪缓慢拉出。

自测训练

一、单选题

1. 在下列选项中,母猪难产的标志是( )。
   A. 强烈努责30分钟后仍未有小猪产出 B. 呼吸平稳
   C. 体温略微升高   D. 前两项都是
2. 在下列选项中,掏产时不需要做的是( )。
   A. 洗手   B. 助产前注射缩官素
   C. 戴长臂手套   D. 涂润滑剂
3. 下列关于哺乳母猪的饲养管理说法中正确的是( )。
   A. 产后母猪饥饿,分娩当天需要加大喂料量
   B. 为了保证母猪膘情,母猪断奶前不能减料
   C. 为了母猪健康,母猪产后喂料量要逐渐增加
   D. 为了保证母猪奶水充足,母猪产前要加大喂料量

二、多选题

1. 母猪采食量最大化好处是( )。
   A. 提升母猪泌乳力,提升仔猪断奶重和成活率
   B. 减少母猪失重,减少母猪淘汰,提高母猪使用年限
   C. 缩短断奶—发情间隔,提高发情利用率
   D. 提高下一胎卵子质量和产子数
2. 影响母猪采食量的因素是( )。
   A. 环境温度高于24 ℃,每高1 ℃采食量可能每天下降80克,环境温度高于27 ℃,采食量显著下降
   B. 母猪有炎症、便秘、发烧等健康问题
   C. 母猪产前膘情高于3.25分,母猪泌乳性情下降,采食量下降
   D. 水料比不合格
   E. 带仔数少

模块五　仔猪培育技术

学习目标

知识目标
1. 了解仔猪的生长发育和生长特点及营养需求。
2. 了解各阶段仔猪死亡的原因。

能力目标
1. 能掌握新生仔猪的护理方法。
2. 能科学地饲养和管理哺乳仔猪和断奶仔猪。

素质目标
1. 培养学生"科学、安全、高效"培育仔猪。
2. 能够"不怕脏、不怕苦、不怕累"培育仔猪。
3. 具备较强执行力、沟通能力、合作精神。

单元一　初生仔猪的养育与护理

案例导入

某猪场刚出生1~2天的几窝仔猪，主要表现为尖叫、呕吐、腹泻，之后很快死亡，对病死小猪进行剖检，发现胃内有酸败的乳凝块、肠壁出血变薄，其余部位没有明显的异常，通过对病毒性腹泻(轮状病毒)、伪狂犬、传染性胃肠炎、非洲猪瘟进行病原检测，全为阴性，检出流行性腹泻病原。

仔猪出生后的损失与死亡，有85%是在前30天。第1周死亡所占比例最大，为60%以上，主要原因是冻死、压死、下痢等。仔猪的死亡造成了很大的经济损失。因为母猪、后备母猪、公猪及后备公猪的饲料消耗都要记到仔猪的"账上"，所以1头仔猪死亡后饲料损失十分惊人。可见，仔猪出生后第1周的养育和护理多么重要，这是仔猪多活全壮的关键阶段。

一、初生仔猪的生理特点

1. 体温调节能力差，行动不灵活，反应不灵敏

初生仔猪神经发育不健全，体温调节能力差，再加上初生仔猪皮薄毛稀，皮下脂肪少。因此，特别怕冷，容易冻昏、冻僵或冻死；初生仔猪反应迟钝，行动不灵活，也容易被踩死、压死。

2. 没有先天免疫力

初生仔猪不具备先天免疫能力，必须靠吃初乳来获得抗体，才能增强对疾病的抵抗能力。产后初乳中免疫球蛋白变化较大，产后 3 天便从每 100 毫升含 7～8 克迅速降到 0.5 克。初生仔猪肠道上皮 24 小时内处于原始状态，免疫球蛋白很容易渗透进入血液，在 36～72 天后，这种渗透性显著降低。因此，仔猪生后要尽早吃到初乳，否则仔猪容易生病死亡。

3. 消化器官不发达，消化功能不完善

初生仔猪消化道容积很小，胃的容积只有 25～40 毫升，重 4～5 克；30 日龄胃重 35 克左右，每次吃奶容纳的乳汁不多。由于胃的容积小，胃内食物排空的速度也快，15 日龄时约为 1.5 小时；30 日龄时为 3～5 小时；60 日龄时为 16～19 小时。因此，仔猪易饱、易饿，这也是要求仔猪料容积小、质量好、少喂勤添、日喂次数较多（或自由采食）的主要原因之一。仔猪 20 日龄前缺少胃酸，抑菌、杀菌能力弱，容易发生下痢。胃内仅有凝乳酶，胃蛋白酶含量少，又无活性。因此，仔猪只能利用乳蛋白，而不能有效地利用植物蛋白质。为此，要给仔猪早开食、早补料，进一步锻炼和完善仔猪的消化功能。

4. 生长发育快

仔猪生长发育特别快，出生后 10 天体重即可翻 1 倍，1 月龄时的体重为初生重的 5～6 倍。仔猪的快速生长是以旺盛的物质代谢为基础，因此，仔猪对营养物质的质量和饲料品质要求都较高。

二、仔猪生后第一周的养育和护理

仔猪出生后所处的环境条件和营养方式等与出生前比较，发生了骤然的变化。出生前在母体子宫内的羊水中飘浮，通过脐带循环获得氧气和摄取营养，出生后立即转变为自行呼吸、吃奶和排泄；出生前在母体内环境条件相当稳定，不易受外界有害条件的影响；出生后直接与复杂多变的外界环境接触。其中变化最大的是温度，尤其是在寒冷的北方和隆冬季节敞开式猪舍分娩出生后，温度常在 -20 ℃以下，甚至更低，仔猪出生前后的环境温差有 50 ℃，若饲养管理不当，极易被冻死、压死、踩死、饿死，也常常成为其他死亡的诱因，仔猪生后第一周的养育和护理，就显得特别重要。

1. 采取保温措施

寒冷是仔猪成活的"大敌"，尤其是仔猪出生的第 1 周。由于仔猪体温调节能力差，再加上生下来周身湿润，失热较多；皮下脂肪层薄，被毛稀疏，保温能力差，仔猪体温比成年猪高 1 ℃左右，维持同样代谢体重的体温恒定，所需热量是成年猪的 3 倍。仔猪出生 24 小时内基本不能利用乳脂肪和乳蛋白质氧化供热，主要依靠分解体内储备的糖原和母乳中的乳糖。在环境温度较高的情况下，仔猪出生后 24 小时氧化乳脂肪供热的能力才开始增强；而在低温的环境中（5 ℃），仔猪需经 60 小时后，才能有效地利用乳脂肪氧

化供热。总之，初生仔猪保温差、需热多、产热少，所以对仔猪的保温就显得特别重要。

仔猪最适宜的环境温度，1~7日龄为28~32 ℃；8~30日龄为25~28 ℃；31~60日龄为23~25 ℃。同时要求温度稳定，最忌讳忽高忽低和骤然变化。有条件的猪场可在产房或育仔舍内设置采暖设备保温。在生产中，一般多采用仔猪保温小室。仔猪遇冷后体温下降、无力吮乳、发呆、呈半昏迷或昏迷状态、衰弱无力、抗病力降低，为躲避寒冷往垫草下边或母猪腹下钻，很容易被压死、踩死、饿死或诱发下痢。因此，保温是提高仔猪育成率的关键措施。

2. 早吃初乳，固定乳头

初乳中蛋白质含量是常乳的3倍，维生素A、维生素D、维生素C比常乳高10~15倍。初乳中含有较多的抗体和仔猪可利用的热源基质，仔猪必须通过早吃初乳，尽早地获得能量和抗体，以增强仔猪的抗寒和抗病能力。初乳中蛋白质和免疫球蛋白等含量，随着时间的推移很快降低。因此，必须尽早地吃到初乳。实践证明，仔猪若吃不到初乳很难成活。初乳酸度较高，对消化器官的活动有良好的作用。初乳中还含有具轻泻作用的镁盐，能促进排泄。

仔猪固定乳头哺乳多于产后2~3天内完成。固定时将弱小仔猪固定在前、中部乳量充足的乳头，以弥补先天不足；而将大一些的仔猪固定在乳量较少的中、后部乳头。这样做可使全窝仔猪发育均匀。固定乳头又分自然固定和人工固定。在母猪有效乳头比仔猪头数多且仔猪发育又较为均匀时，用自然固定法；若母猪有效乳头不那么多、仔猪抢奶现象严重而又发育不均时，则进行人工固定。与此同时，还要帮助弱小的仔猪吃奶。

3. 加强看护，建立昼夜值班制度

为防止或减少仔猪被压死、踩死、冻死、饿死等现象的发生，提高仔猪的成活率，在产仔季节应建立昼夜值班制度。值班人员负责调整产房的温度、固定乳头、喂奶、添料、上水、除粪、更换垫草等工作，同时加强产房内的巡视和看护，尤其是在母猪吃食、排泄等起卧时，要特别注意看管。当听到仔猪被压发出的急促叫声时，应立即赶到并稳住母猪，迅速确定压仔部位，然后轻推母猪，将仔猪救出，再做必要的处置。值班看护人员应勤走动、勤观察，发现问题及时解决，防止事故的发生。尤其是夜间，要注意观察仔猪的精神状态、趴卧姿势，粪便干稀、颜色及气味的变化。

4. 实行过哺与并窝

在生产中，常有个别母猪产后无奶或仔猪因故死亡，也有仔猪数超过母猪有效乳头数的情况，这就要为多出的仔猪找个"奶妈"，即让别的母猪代养，这在生产中叫作"过哺"。另外，若有两头母猪同时产活仔，且数量都不多，可以将两窝仔猪并为一窝，由奶质量好的那头母猪哺育，称为"并窝"；而另一头母猪则相当于早断奶，可使它再发情、再配种。

在过哺、并窝时，应注意以下几点：一是两窝仔猪产期应当相近，最好不超过2~4天，体重与个头不能相差太大；二是过寄前一定要吃到初乳；三是过寄时要看两窝仔猪的大小，若从体重较大的窝里往体重较小的窝里过寄时，则应拿个头小的仔猪；反之，则应挑个头大的仔猪。

为了防止母猪追咬过寄的仔猪，过寄时，将该母猪的胎衣或乳汁往过入仔猪身上涂擦；也可将过入仔猪与寄养窝仔猪混在一起，互相接触一段时间，充分"混味"。过寄最好在夜间母猪较为安静时进行，这样容易成功。

5. 补铁、补硒

铁是造血原料，初生仔猪体内贮备的铁很少，只有30～50毫升。仔猪正常生长每天每头需铁7～8毫升，而每天从母乳中得到的铁不足1毫升。如不补铁，其体内贮备的铁将在1周内耗尽，仔猪就会患贫血症，严重时可导致死亡。仔猪缺硒，容易发生缺硒性下痢、肝坏死和白肌病。

一般在仔猪出生后1～2天内补铁补硒，多用右旋糖酐铁注射液，在仔猪颈侧肌肉丰满的地方分两处注射，其剂量可按说明使用。同时在臀部肌肉注射亚硒酸钠维生素E，效果更好。也可用0.25%硫酸亚铁和0.1%硫酸铜混合水溶液，在仔猪拱奶时，滴在母猪乳头上，让仔猪吸入，达到补铁的目的。还可在舍内撒些没有被污染的干净红黏土，任仔猪舔食。有条件的猪场，可到牧场上活动，使仔猪接触土堆，从中获得一些铁及其他微量元素。目前，有的厂家将硒加入含铁针剂中，可一针补两样，方便省事。一般只注射1次，基本上可保证哺乳期的仔猪不患贫血症。给仔猪注射铁制剂，每头只花费几角钱，到60日龄转群时，体重可多增加1～2千克，经济效益可观。

6. 对弱仔及受冻仔猪要及时抢救

瘦弱的仔猪，表现行动迟缓，有的张不开嘴、有的含不住乳头、有的不能吮乳。此时，应及时进行救助。可先将仔猪嘴巴慢慢撬开，用去掉针头的注射器，吸取温热的25%葡萄糖溶液，慢慢滴入口中。然后将仔猪放入一个临时的小保温箱中，使仔猪慢慢恢复。等到快放奶时，再用小保温箱将仔猪拿到母猪腹下，用手将乳头送入仔猪口中。待放奶时，可先挤点奶给仔猪，当奶进入仔猪口中，仔猪能有较慢的吞咽动作，或能慢慢吸吮了。这样反复几次，精心喂养，即可免于仔猪冻昏、冻僵和冻死。

知识链接

仔猪腹泻防治

腹泻是仔猪的常见病，是阻碍养猪生产的关键问题。引起仔猪腹泻的主要原因有两个：一是因仔猪消化系统发育不健全，对饲料中的某些成分产生排斥反应或因受凉产生消化不良而导致的生理性腹泻；二是由于病原微生物感染所导致的病理性腹泻。能引起仔猪腹泻的病原微生物有：大肠杆菌、沙门氏菌、密螺旋体等，以及猪瘟、传染性胃肠炎、流行性腹泻、轮状病毒感染等均能导致腹泻。

传染性胃肠炎

猪传染性胃肠炎是猪的一种急性肠道传染病。临床特征为腹泻、呕吐和脱水，可发生于各年龄段。10日龄以内的仔猪病死率很高，5周龄以上的猪病死率很低，较大的或成猪几乎没有死亡。其病原体为冠状病毒科的猪传染性胃肠炎病毒，主要存在于空肠；十二指肠及回肠的黏膜；鼻腔、气管、肺的黏膜及扁桃体、颌下及肠系膜淋巴结等处。

病毒对日光和热敏感，对胰蛋白酶和猪胆汁有抵抗力，常用的消毒药容易将其杀死。诊断要点依据流行特点和临床症状，可作出初步诊断。与猪流行性腹泻区别时，需进行实验室检查。

【流行病学】

各种年龄的猪均有易感性，10日龄以内的仔猪发病率和病死率均很高，断奶猪、育肥猪和成猪的症状较轻，大多数能自然恢复。病猪和带毒猪是主要传染源，它们从粪便、乳汁、鼻液中排出病毒，污染饲料、饮水、空气及用具等，由消化道和呼吸道侵入易感猪体内。本病多发于冬季，不易在炎热的夏季流行。在新疫区呈流行性发生，传播迅速，在1周内可散播到各年龄组的猪群。在老疫区则呈地方流行性或间歇性的发生，发病猪不多，10日龄到6周龄小猪容易得病，隐性感染率很高。

【临床症状】

潜伏期随感染猪的年龄而有差别：仔猪2～24小时，成年猪2～4日。各类猪的主要症状是：

(1)哺乳仔猪。突然发生呕吐，接着发生剧烈水样腹泻。呕吐多发生于哺乳之后。下痢为乳白色或黄绿色，带有小块未消化的凝乳，有恶臭。在发病末期，粪稍黏稠，由于脱水，体重迅速减轻，体温下降，发病后2～7天死亡，耐受的小猪，生长较缓慢。出生后5日内仔猪的病死率常为100%。

(2)育肥猪。发病率接近100%。突然发生水样腹泻、食欲不振、无力、下痢，粪便呈灰色或茶褐色，含有少量未消化的食物。在腹泻初期，偶有呕吐。病程约1周。在发病期间，增重明显减缓。

(3)成猪。感染后常不发病。部分猪表现轻度水样腹泻，或少量的软便，对体重无明显影响。

(4)母猪。母猪常与仔猪一起发病。有些哺乳中的母猪发病后，表现高度衰弱、体温升高、泌乳停止、呕吐、食欲不振、严重腹泻。妊娠母猪的症状往往不明显，或仅有轻微的症状。

【病理变化】

主要病变在胃和小肠。哺乳仔猪的胃肠膨满，滞留有未消化的凝乳块。3日龄小猪中，约50%在胃横膈膜面的憩室部黏膜下有出血斑。小肠膨大，有泡沫状液体和未消化的凝乳块，小肠绒毛萎缩，小肠壁变薄，在肠系膜淋巴管内见不到乳白色乳糜。肠黏膜严重出血。

类症鉴别：应与猪流行性腹泻、猪轮状病毒病、仔猪白痢、仔猪黄痢、仔猪红痢、猪副伤寒、猪痢疾鉴别。

(1)猪流行性腹泻。常发生于寒冷季节，各类猪几乎同时发生腹泻，成年猪在数日内可康复，仔猪有部分死亡。应用猪流行性腹泻病毒的荧光抗体或免疫电镜可检测出此病毒抗原或病毒。病疗效不明显。

(2)猪轮状病毒病。寒冷季节多发，常与仔猪白痢混合感染，多发生于8周龄以下的仔猪。成年猪为隐性感染，症状与病理变化较轻微，病死率低。应用轮状病毒的荧光抗体或免疫电镜可检出轮状病毒。

(3)仔猪白痢。10~30日龄仔猪多发，呈地方性流行，季节性不明显，发病率中等，病死率不高。无呕吐，排白色糊状稀粪。病程为急性或亚急性。小肠呈卡他性炎症。空肠绒毛萎缩或局部性萎缩病变。能分离出致病性大肠杆菌。抗生素和磺胺类药物对该病有较好的疗效。

(4)仔猪黄痢。1周内仔猪和产仔季节多发，发病率和病死率均高。少有呕吐，排黄色稀粪，病程为最急性或急性。小肠呈急性卡他性炎症，以十二指肠最为严重，空肠、回肠次之，结肠较轻。能分离出致病性大肠杆菌。一般来不及治疗。

(5)仔猪红痢。3日龄内仔猪多发，1周龄以上很少发病。偶有呕吐，排红色黏粪。病程为最急性或急性。小肠出血、坏死，肠内容物呈红色，坏死肠段浆膜下有小气泡等病变，能分离出魏氏梭菌。一般来不及治疗。

(6)猪副伤寒。2~4月龄猪多发，无明显季节性，呈地方性流行或散发。急性型，初便秘，后下痢，恶臭血便。耳、腹及四肢皮肤呈深红色，后期呈青紫色。慢性者反复下痢，粪便呈灰白、淡黄或暗绿色。皮肤有痂样湿疹。盲肠、结肠凹陷不规则的溃疡和伪膜，肝、淋巴结、肺中有坏死灶等病变，能分离出沙门氏菌。综合治疗有一定疗效。

(7)猪痢疾。2~3月龄猪多发，季节性不明显，缓慢传播，流行期长，易复发，发病率高，病死率较低。病初体温略高，排出混有大量黏液及血液的粪便，常呈胶冻状。大肠有卡他性出血性肠炎、纤维素渗出及黏膜表层坏死等病变。能分离或镜检出密螺旋体。早期治疗有效。

实验实训

实验5-1 初生仔猪的护理

一、实训目的和要求

从观察母猪的分娩与接产全过程，掌握母猪的分娩接产的各项准备工作。熟悉和了解母猪的临产症状、分娩接产及假死仔猪的处理等方法，熟悉和掌握初生仔猪的护理技术等。

二、实训材料

初生仔猪数头。

三、实训内容与方法

(1)早吃初乳。对性情较好或顺产的母猪可以边产边给仔猪哺乳。采用护仔箱接产，吃初乳最晚不得超过出生后1~2小时。吃初乳前应用手挤压各乳头，弃去最初挤出的几滴乳汁。检查乳头数、乳量及乳浓度以便确定母猪最佳的带仔数，并用0.1%高锰酸钾溶液清洗乳房，然后给仔猪吮吸。对无法独立吮吸的弱仔可用人工辅助。

(2)匀窝寄养。对多产或无乳仔猪采取匀窝寄养应做到以下几点：

①乳母要选择性情温顺、泌乳量多、母性强的母猪；

②养仔应吃足半天以上初乳，以增强抗病力；

③两头母猪分娩日期相近(2～3天内)，两窝仔猪体重大小相似；

④隔离母仔使生仔与养仔气味混淆，使乳母胀奶，养仔饥饿，促使母仔亲和；

⑤避免病猪寄养。

(3)剪齿。仔猪出生时已有末端尖锐的上下第三门齿与犬齿3枚。在仔猪相互争抢固定乳头过程会伤及面颊及母猪乳头，使母猪不让仔猪吸乳。剪齿可与称重、打号同时进行。方法是左手抓住仔猪头部后方，以拇指及食指捏住口角将口腔打开，用剪齿钳从根部剪平，用碘甘油涂擦即可。

(4)保温间培育训练。为保温、防压可于仔猪补饲栏一角设保温间，留有仔猪出入孔，内铺软干草。用250瓦红外灯吊在距仔猪躺卧处40～50厘米处，可保持猪床温度30℃左右。仔猪出生后即放入取暖、休息；哺乳时放出，经2～3天训练，即可养成自由出入的习惯。

(5)母猪初产护理。为防便秘，产后母猪第一次饲喂可加盐小麦麸汤。分娩后2～3天喂料不能过多，应喂一些易消化的稀粥状饲料，经5～7天后按哺乳母猪标准喂给，并随时注意母猪的呼吸、体温、排泄和乳房的状况。

四、实训作业

完成专题报告。

自测训练

1. 何为初生仔猪？
2. 初生仔猪的生理特点有哪些？
3. 试述初生仔猪护理的主要环节。

单元二　哺乳仔猪饲养管理

案例导入

某猪场，1头母猪产了9头仔猪，现在8天了，还存活8头，但其中1头仔猪明显瘦弱，看起来只有其他猪的一半大，走路摇晃。在确定没有腹泻后，初步判断该仔猪为营养不良；但养殖场工作人员却说母猪奶水很好，奶水够吃。

从出生到断奶阶段的仔猪称为哺乳仔猪。该阶段的任务是：使仔猪成活率高、生长发育快、整齐度好、健康活泼、断奶体重大，为以后的生长发育打好基础。

一、仔猪死亡的三个高峰期

初生期：从母体保护到体外独立生活，被冻死、饿死、压死的概率很大，尤其在出生后3天内。

出生后3周左右：母乳及母源抗体下降，仔猪免疫系统尚未发育完善，同时仔猪生长发育处于旺盛时期，需从饲料中获得大量营养。

断奶前后：吃奶向吃料过渡、环境过渡、饲料类型过渡，而仔猪的消化机能尚不完善。

二、哺乳仔猪的养育技术

（一）仔猪补饲

仔猪生长发育迅速，对营养物质的需要量与日俱增。一般是随着日龄的增长，平均日增重增加。而母猪泌乳量于产后20～30天达到高峰，之后逐渐下降。据报道，4周龄时，母乳中的营养物质只能满足仔猪需要的37%。这就出现了仔猪营养需要量的猛增与母乳供给不足的矛盾。如果不尽早开食、不适时补料，就会严重影响仔猪的生长发育。

仔猪补料，始于开食。开食的最佳时机是6～7日龄，此时结合仔猪出牙，牙根刺痒，有喜欢啃咬硬东西解痒的习性，将炒得焦黄酥脆的高粱粒或掺有甜味、奶香味调味剂的颗粒料等开食料，撒在仔猪经常活动的地方。仔猪凭嗅觉，很快就会闻到香味，随即慢慢拱食，达到认料开食的目的。也可让母猪带领仔猪一起到撒料的地方，利用仔猪的模仿行为，让仔猪学着吃料。

训练仔猪开食要有耐心，要选择仔猪比较活跃的时候，以8～11时、14～17时为宜。逐渐地向吃全价仔猪料过渡，在料槽里先放上全价仔猪料，上面仍旧撒上一层开食料。这样，仔猪在吃开食料时，也就吃到全价仔猪料了，然后逐渐撤掉开食料。过渡最好在10～15日龄内完成，到20日龄左右能较好地采食饲料，25日龄能大量吃仔猪料。

仔猪料细度应适中，以仔猪适口为宜。多用颗粒料或干粉料，最好是常备料、水，自由采食。若是顿喂，每天不应少于5～6次。料槽、水槽应经常刷洗；料要少给勤添，保持新鲜；水要常换，保持清洁。补饲时，应设专门的仔猪补饲栏。在3平方米的母猪圈内，可单设一补饲小圈，用栅栏把母猪隔开，仔猪可从栅栏间自由出入。若场地较为充足，建舍时可在两个母猪圈中间建一个补饲小圈，里边一分为二，并以隔栏隔开，分别各设仔猪保温小圈和补饲槽。在每个母猪圈侧各设一个仔猪出入口，或在母猪圈外设公共补饲栏的。

(二)合理配制仔猪料

仔猪的饲粮是猪场最好的饲粮，要求高能量、高蛋白质、营养全价、适口性好、容易消化。对早期断奶的仔猪，其饲粮采取添加复合酶、有机酸、调味剂、乳制品、植物油等措施，可使仔猪饲粮更加完善。

(1)添加复合酶，注重消化性。仔猪消化力弱，消化酶类活性较低。一般而言，猪胃肠中各种消化酶的活性，随着周龄的增长而增长，但断奶后活性下降，需经1～2周才能恢复到断奶前的水平。解决这一问题的办法之一就是在仔猪饲粮中添加外源消化酶。

(2)添加有机酸，注重消化性。成年猪胃中pH为2～3.5，而仔猪胃酸分泌不足。早期断奶的仔猪，无论采取哪种固体饲料，胃中pH均会上升到5.5，要等到8～10周龄，胃中的酸度才能达到成猪的水平。由于酸度低，则胃蛋白酶活性较低，饲料特别是蛋白质消化率降低。同时，大肠杆菌及其他一些病原菌容易生长，而对乳酸菌生长不利，容易导致仔猪消化不良和发生细菌性下痢。35日龄前向仔猪饲粮中添加有机酸能提高胃内酸度。常用有机酸：延胡索酸，添加量为1.5%～2.0%；柠檬酸，添加量为1%～3%。另外，有机酸与高铜、酶制剂、碳酸氢钠同时使用具有累加效果。无机酸有副作用，一般不用。

(3)添加调味剂，注意适口性。调味剂能改变饲料中的不良气味和味道，增加仔猪采食量。在仔猪断奶后2～3周内添加调味剂，使其采食量增加从而增重。仔猪多用奶香味调味剂。

(4)添加乳制品，注意营养性。主要是添加乳清粉。乳清粉中主要含乳糖和乳清蛋白。乳糖甜度较高，很容易被仔猪消化。仔猪出生后，微生物是最大的应激因素，尤其是病原微生物。乳糖对乳酸菌的增殖最为有利，从而提高胃肠的酸度，既抑制了有害菌，又增强了各种酶的活性，起到了促进仔猪生长、提高饲料消化率和转换率的作用。适宜添加量为15%～20%。添加时间为35日龄前，否则会造成浪费。

(5)添加油脂，重视高能量。添加油脂对补充能量、改善口味、防止加工尘埃、提高断奶的后第3～4周的增重和饲料转换率有利。早期断奶的仔猪对短链不饱和脂肪酸消化率高，以椰子油最好；玉米油、豆油次之；猪油、牛油最差。仔猪饲料中脂肪添加量可高达9%，实际添加时，可视成本和饲料加工条件酌定。

仔猪料应该是高能量、高蛋白质、营养全价、适口性好、容易消化的饲料。每千克饲料消化能不低于13.39兆焦、粗蛋白质占18%～20%、赖氨酸不低于1%、糠麸类不得超过 10%、动物性饲粮应占 5%～8%、骨贝粉 2%、食盐 0.3%。各地可根据当地饲料资源，按仔猪饲养标准进行合理的搭配。若没有自配仔猪料的条件，可购买全价仔猪料。

(三)仔猪的人工喂养

生产中，若母猪产后死亡，仔猪又无过哺寄养的可能，为确保仔猪成活，可配制人工乳，实行人工喂养。其配方如下：鲜牛奶或 10%奶粉冲液 1 000 毫升、微量元素盐溶液 5 毫升、鲜鸡蛋 1 枚、鱼肝油(适量)、葡萄糖 20 克、复合维生素(适量)。

制作方法：先将牛奶煮沸消毒，待凉至 40 ℃时，加入葡萄糖、鲜鸡蛋、复合维生素、微量元素盐溶液和母猪血清(占人工乳的 10%～20%)，搅拌均匀装入 500 毫升消毒过的补液瓶内，置于温水中备用。一般 1～3 日龄仔猪日喂 200 毫升(每昼夜 20 次)；4～5 日龄仔猪日喂 270 毫升(每昼夜 18 次)；9～11 日龄仔猪日喂 430 毫升(每昼夜 15 次)，之后可加喂些糕干粉、小儿米粉等，每两次喂乳之间饮水一次。人工乳喂养之前，必须喂过初乳。

(四)仔猪哺乳

母猪健康，奶水很好，但并不代表所有的奶头都有足够的奶水，母猪乳头也并不是任何时候都有奶水。母猪在刚产仔后的 3 天内，随时都可以放奶；3 天以后，母猪定时放奶的，母猪一昼夜可放 20 多次奶，在不放奶的时候，即使仔猪拱乳头，也没有奶水。如果一个乳头 3 天没有被仔猪吸吮，那这个乳头会自动萎缩，以后仔猪再拱也没有奶水。

仔猪有固定乳头的习性。对于瘦弱小猪，如果一开始吃奶少或者不吃奶，那属于它的那个乳头可能就萎缩了，奶水减少。对此，应找到合适的母猪寄养；如果没有合适母猪寄养，采取方法一，给母猪注射催产素，15 分钟后母猪会迅速放奶，这时可将奶水挤出来，灌给瘦弱的仔猪，仔猪吃奶后情况会好转，正常情况下，仔猪多吃了奶水，体力会变壮，再过几天吃仔猪开口料就可以顺利成活；方法二，给仔猪灌服葡萄糖溶液，让仔猪恢复体力；必要时进行腹腔注射，除葡萄糖外，还可以加上氨基酸等营养成分，对仔猪效果更好。

(五)防止腹泻

下痢是最常见的仔猪疾病之一，主要有黄痢和白痢，其发病率、死亡率都较高。多发时期：①出生后 1 周左右，仔猪常因腹泻脱水而死，死亡率高；②20 日龄前后，多因消化不良引起腹泻，影响仔猪增重。

仔猪下痢的病原体是大肠杆菌，但它的存在并不是致病的决定性因素。仔猪是否发病，是由多种复合因素决定。应采取综合措施：注意产房的卫生与消毒、母猪妊娠期实行全价饲养、正确饲养泌乳母猪、按需稳定供给全价优质的仔猪料、采取综合措施防治仔猪下痢、加强对仔猪的巡视与看护。

(六)防疫注射

为确保仔猪和猪群的安全,在仔猪阶段要进行必要的免疫。因各猪场的疫病流行情况不同,其免疫程序也应有所不同。就同一猪场来说,也应该根据季节、疫病流行情况、猪群健康状况等,对免疫程序进行调整。研究与实践证明,最科学的做法是对猪群进行免疫监测,并根据监测结果制订本场的免疫程序。

当做紧急预防时,仔猪出生后未吃初乳之前,以 2 份猪瘟疫苗做超前免疫。仔猪体内的母源抗体在 10 日龄左右不再上升,至 20~30 日龄明显下降,保护能力不强,在此阶段仔猪抗体水平降低,应及时进行猪瘟首次免疫。据测定,55 日龄左右抗体水平也不算高。因此,于 55 日龄进行二免,同时进行猪丹毒、仔猪副伤寒、猪肺疫等常规免疫。设计出"20、55"两次免疫的程序,不可生搬硬套,最好以本场仔猪抗体监测等具体情况,制订免疫程序。对伪狂犬病,若种用仔猪,30 日龄注射 1 次灭活苗,4~5 周后重复 1 次(每头每次 2 毫升);若肉用仔猪,只于 30 日龄注射 1 次(每头每次 2 毫升)。对猪萎缩性鼻炎,7~10 日龄注射 1 次疫苗,隔 2 周再注射 1 次(每次 2 毫升)。

三、哺乳仔猪的管理

1. 剪掉獠牙和断尾

仔猪出生后,要剪短 8 个锋利的上下门齿和犬齿(俗称"獠牙"),以减少对母猪乳头的损伤和争斗时对同窝仔猪的伤害。注意不要剪得太短,而且断面要剪平整。断尾的目的是避免各生长阶段的咬尾。出生后不久进行断尾,仔猪会很快恢复。要避免剪得过短,阴门末端或阴囊中部可作为断尾长度的标线。

2. 称重、打耳号

仔猪出生擦干后应立即称量个体重或窝重。种猪场在仔猪出生后要给每头猪进行编号,通常与称重同时进行。常见的编号方法有耳缺法、刺号法和耳标法。全国种猪遗传评估方案规定的编号系统由 15 位字母和数字构成,编号原则为:前 2 位用英文字母表示品种;DD 表示杜洛克猪;LL 表示长白猪;YY 表示大白约克夏猪;HH 表示汉普夏猪;二元杂交母猪用父系+母系的第一个字母表示,例如长大杂交母猪用 LY 表示;第 3 位至第 6 位用英文字母表示场号(由农业农村部统一认定);第 7 位用数字或英文字母表示分场号(先用 1~9,然后用 A 至 Z,无分场的种猪数用 1);第 8 位至第 9 位用数字表示个体出生时的年度;第 10 位至第 13 位用数字表示场内窝序号;第 14 位至第 15 位用数字表示窝内个体号。建议个体编号用耳标+制标或耳缺作双重标记,耳标编号为个体号,第 3 位至第 6 位字母,即场号,加个体号的最后 6 位。例如,DD××××299000101 表示××××场第 2 分场 1999 年第一窝出生的第一头杜洛克纯种猪。

3. 脐带护理

仔猪出生后 6 小时,通常脐带会自动脱落,弱仔需要的时间会长些。如果仔猪脐带流血,要在脐带距身体 2.5 厘米处系上带子以便止血。另外,也可采取断脐措施,通常留下 8~9 厘米并系紧,涂 2% 的碘酒消毒。

4. 防止挤压

初生仔猪被挤压致死的比例相当大，因此必须采取措施防压。设置母猪限位架与倒卧板，从而限制母猪大范围的运动和躺卧方式，使母猪躺卧时不"放偏"倒下，而只能慢慢地腹卧，然后伸出四肢侧卧，这样可以使仔猪有躲避的机会，以免被母猪压死。另外，还要保持环境安静，避免惊动母猪。产房要由专人看管，夜间要值班，一旦发现仔猪被压，立即轰起母猪并救出仔猪。

5. 去势

商品猪场的仔公猪或种猪场不能作种用的仔公猪，要在哺乳期间去势。若去势早，则应激反应小，容易恢复。相关研究表明，最适宜的去势时间是10日龄左右。

6. 防病

对仔猪危害最大的是腹泻病，仔猪腹泻病包括了多种肠道传染病，最常见的有仔猪红痢、仔猪黄痢、仔猪白痢和传染性胃肠炎等。预防仔猪腹泻病的发生，是减少仔猪死亡、提高猪场经济效益的关键。预防措施有：加强妊娠母猪和泌乳母猪的饲养管理；保持猪舍清洁卫生；保持良好的环境；采用药物预防和治疗。

知识链接

隔离早期断奶（SEW）技术

（一）原理

隔离早期断奶（SEW）技术是一项基于旨在改善断奶仔猪健康状况和生产性能而设计的饲养方案的基础上逐步衍化而来的管理技术。SEW的理论认为，如果仔猪不与病原微生物或其他抗原接触，则动物代谢能和其他养分用于生长而不是耗用在抗病方面。减少与病原接触的途径之一就是在仔猪出生后尽早将其与母猪隔离。早在1980年，Alexander等就认为，早期断奶并给断奶后的仔猪投药或注射疫苗，可以降低被母猪传染疾病的概率。

传统养猪方式中，仔猪从出生到育肥在同一个地点完成，而在SEW新的养猪方式中，猪从出生至育肥的过程则需要在不同地点完成。即母猪在一个猪场完成配种和妊娠；仔猪在生出后10~18天需要移到至少3千米以外的仔猪场；当体重达25千克以后，再将其转移至另一地点的生长育肥猪场，完成育肥，直至其出栏上市。

（二）多点式猪场的布局

最好能使上述三个猪场在管理上保持统一，但在地点、员工和设备等条件上各自独立。各猪场间的相隔距离应能避免接触性或媒介性传染病的传播（表5-1），从而防止工作人员、车辆和设备工具的交换，以实现完全打断疾病传播环节的目的。

表 5-1 多点式养猪布局各点间的安全距离

疾病	防止疾病传染的安全距离/千米
支原体肺炎	3.5
猪繁殖呼吸系统综合征(PRRS)	3.5
猪链球菌病(通过苍蝇传染)	2.0
猪流感	5.0~7.0
伪狂犬病	42.0
口蹄疫	42.0
传染性胃肠炎(通过鸟传染)	70.0

(三) SEW 技术的优越性

采纳隔离早期断奶生产方式的优越性，表现在完全有效打断疾病传染环节中的两个关键点，即断奶时母猪与仔猪之间的传染环节以及仔猪阶段和生长育肥阶段之间的传染环节。阻断断奶后至育肥期非特异性疾病对猪生产性能的不良影响，从而大幅提高了增重速度。从表5-2和表5-3中可以看出，采用两种不同的管理方式使增重提高了5千克和20千克。表5-3的结果说明，与生产水平已经很高的传统管理方式相比，SEW仍可进一步改善其生产性能。

在传统管理方式下，猪对常见疾病有低水平的感染，这种感染能造成如下的负面效应：每千克日增重多耗0.5千克饲料，出栏时间推迟26天；每吨饲料少产60千克瘦肉，每头猪的占舍费用提高40%。而采用SEW生产管理方式则可以避免这些损失的出现（表5-4）。

表 5-2 隔离早期断奶生产性能与中等生产水平传统方式猪的生产性能对比

日龄	传统方式 体重/千克	传统方式 日增重/克	隔离早期断奶 体重/千克	隔离早期断奶 日增重/克	生产性能改善/%
7	2.27	146	3.63	340	93
21	4.54	157	5.50	262	21
35	8.17	198	14.10	367	73
48	12.16	229	21.80	428	78
63	22.25	333	35.87	550	61
77	29.26	373	49.49	626	69

表 5-3 隔离早期断奶生产性能与极高生产水平传统生产方式猪的生产性能对比

日龄	传统方式 体重/千克	传统方式 日增重/克	隔离早期断奶 体重/千克	隔离早期断奶 日增重/克	生产性能改善/%
7	2.38	161	2.60	173	9
21	5.24	190	5.89	215	12

续表

日龄	传统方式		隔离早期断奶		生产性能改善/%
	体重/千克	日增重/克	体重/千克	日增重/克	
35	8.95	220	11.14	279	25
49	14.06	261	18.84	356	34

表 5-4 消除如下病原菌影响的最晚断奶日龄

病原体	断奶日龄
伪狂犬病	第 21 天
放线菌病（APP）	第 21 天
支原体肺炎	第 10 天
出血性败血症（巴斯德杆菌）	第 10 天
副猪嗜血菌（HPS）	第 14 天
猪繁殖呼吸系统综合征（PRRS）	第 10 天
猪霍乱沙门氏菌	第 12 天
传染性胃肠炎	第 21 天

采用 SEW 管理技术的最大优越性在于，它能够有效控制甚至根除某些常见传染病。比如，某些猪场在施行 SEW 管理体制后，猪群没有发现任何大肠杆菌性下痢、血痢、肺炎和疥癣等疾病，无论是断奶后的仔猪群，还是生长育肥猪群皆如此。更大的优越性在于 SEW 亦可根除猪繁殖呼吸系统综合征、传染性胃肠炎和伪狂犬病。

(四) 作用机制

SEW 管理体制的理论认为，母猪是其仔猪的最大敌人。这种假设适于整个生长周期。大多数经产母猪和许多新入群的青年母猪，对许多常见疾病的血清检验均呈阳性，尽管其本身（获得免疫）不发病，然而一旦这些母猪通过自身初乳将病菌（毒）传给仔猪，免疫力减弱或消失（通常发生在产后 10～20 天）时，就会将这些疾病以同样较低的临床症状传染给其仔猪，进而影响仔猪的增重和出栏速度，降低生产性能和经济效益。

(五) 施行 SEW 管理体制的必要条件

采用 SEW 管理体制需要几项必要条件，这是 SEW 得以成功的前提和保证。
(1) 仔猪需要在抗体免疫保护仍然存在的时候断奶；
(2) 仔猪需要从繁殖猪场移至清洁的仔猪场中，使之无法与母猪接触；
(3) 需向断奶仔猪提供专门的饲料和圈舍，并给以格外关照，以保证其快速生长势头；
(4) 进入育肥期之前转场，再次打断疫病传播途径中的重要环节；
(5) 兽医应对繁殖母猪群进行血清监测，检验抗体水平，以确定仔猪断奶的最佳时间或做辅助疫苗免疫或辅助投药的最佳时机；

(6)兽医亦应对有助于确定仔猪最佳断奶时间的其他有关指标进行监测；

(7)分批配，应根据猪群的大小，按特定的重量标准，提前做好准备。

(六)SEW饲养体制的前途

SEW技术是近20年来养猪业中最重大的科研成果，必将引起养猪业的一场革命。根据目前的统计，用SEW技术尽管需要额外增加一些投入，但动物生产性能得以全面改善，用SEW技术养猪与采用传统的自繁自养(从母猪饲养一直到肥猪上市)体制相比，前者的生产成本较后者低36%，按最保守的估计，SEW体制也会较传统方式低20%。据专家预测，在5年之内，美国将有40%～60%、加拿大将有50%～70%的仔猪按SEW管理方式饲养。

实验实训

实验5—2　猪的编号

一、实训目的与要求

为了便于进行选种选配及生产计划管理和建立记录档案资料，繁殖猪场和种猪场都要对猪群进行编号，通过本次实验要求学生掌握猪的编号方法，并能准确识别猪的编号。

二、实训的设备和材料

实验器械：不同型号的耳号钳(剪)、耳号牌、记号笔、镊子、棉球、碘酒等其他材料。

三、实训方法和手段

实验采用演示讲解和实践操作等方法，使学生掌握猪编号的具体方法。

四、实训内容

在仔猪出生后12小时内，一般要进行称重和编号，通常按每年窝号顺序编号，公猪采用单号1、3、5、7……，母猪采用双号2、4、6、8……，养猪场对猪编号通常采用在猪耳上剪耳号或用耳号牌等方法。

(1)剪耳号法。利用耳号钳(剪)在猪耳上打出缺口或圆孔，每个缺口或圆孔代表一个不同的数字，把几个数字相加，即得出猪的耳号。

①编号方法：用棉球沾上碘酒(或酒精)涂擦仔猪的耳背，再用消过毒的耳号剪，在耳缘剪下不同的缺口或耳中间打上不同的圆孔，以此来代表不同的数字。目前，猪场多采用"左大右小，上三下一"的剪耳法，现将左右耳不同部位的缺口和圆孔所代表的数字说明如下：

②左耳：在上缘剪一个缺口表示3，在下缘剪一个缺口表示1，在耳尖剪一个缺口表

示 100，在耳中间打一个圆孔表示 400，在靠耳尖端打一个圆孔表示 1 000。

③右耳：在上缘剪一个缺口表示 30，在下缘剪一个缺口表示 10，在耳尖剪一个缺口表示 200，在耳中间打一个圆孔表示 800，在靠耳尖端打一个圆孔表示 2 000。

(2)打耳号牌法。先用记号笔在耳号牌上写出猪的编号数字，用专用的耳号钳一次性把耳号牌打入猪的耳朵中间，此法相对比较简单，使猪产生应激反应的可能性较小，但耳号牌的使用时间过长，则容易出现掉号。

五、实训作业

请用文字描述剪耳号的操作过程，并画图表示出耳缺（孔）所代表的数字。

自测训练

1. 哺乳仔猪有哪三个死亡高峰期？
2. 哺乳仔猪的饲养管理技术有哪些？
3. 哺乳仔猪的饲养管理应注意哪些关键问题？

单元三　保育仔猪饲养管理

案例导入

某猪场有存栏经产母猪 350 头，10 月一批 21～25 日龄仔猪断奶，断奶重 5.5～6.0 千克，转至同一栋保育舍，重新分群，25～30 头一栏，分为 30 个小栏，为避免出现腹泻，断奶仔猪每日饲喂 2 次，转至保育舍后 3～5 天开始腹泻，之后逐步增多，转后 10 天左右腹泻比例达 40%～60%。猪场采取肌肉注射恩诺沙星、灌服口服补液盐等治疗，部分好转，前后经历 10～20 天转为正常，但有 20% 左右的仔猪继续腹泻、消瘦、打堆、死亡。腹泻粪便颜色为黄黑色，开始糊状，后转为水样。经综合诊断，仔猪是断奶应激及管理不当造成的营养性加细菌性腹泻。

一、仔猪的早期断奶

传统养猪的仔猪哺乳期较长，通常 56～60 日龄断奶。每头母猪年平均产仔 1.6～1.8 窝。为了提高母猪的年生产力，目前集约化养猪场多采用早期断奶，通常是 28 日龄或 35 日龄断奶。少数猪场正在试验超早期断奶，即 21 日龄或 14 日龄断奶。

1. 仔猪早期断奶的优点

(1) 提高母猪年生产力。仔猪早期断奶可以缩短母猪的产仔间隔（繁殖周期），增加年产仔窝数。妊娠期、哺乳期、空怀期之和为一个繁殖周期，妊娠期约为 114 天，变化很小，而哺乳期和空怀期是可变化的，也就是说哺乳期和空怀期的长短直接影响繁殖周期的长短。因此，缩短哺乳期可缩短产仔间隔，提高母猪年产仔胎数。此外，母猪泌乳期越短，体重消耗越少。关于仔猪早期断奶适宜日龄，多数研究证明，目前条件下，在仔猪出生后 3～5 周龄断奶较为有利。

(2) 提高饲料利用率。在哺乳期间，若饲料被哺乳母猪食入，转化成乳汁，再被仔猪间接吸收，利用效率约为 20%；而若仔猪自己吃入消化吸收，饲料利用率可达 50% 左右。可以通过增加仔猪自己食入饲料的频率提高饲料的利用率。

(3) 有利于仔猪的生长发育。早期断奶的仔猪能自由采食营养水平较高的全价饲料，得到符合本身生长发育所需各种营养物质。在人为控制环境中养育，可促进断奶仔猪的生长发育，防止落后猪只的出现，使仔猪体重大小均匀一致，减少患病和死亡。

(4) 提高分娩舍和设备的利用率。工厂化猪场实行仔猪早期断奶，可以缩短哺乳母猪占用产仔栏的时间，从而提高每个产仔栏的年产仔窝数和断奶仔猪头数，相应也就降低了生产一头断奶仔猪的成本。

2. 断奶方法

(1) 逐渐断奶法。断奶前 3～4 天减少母猪和仔猪的接触与哺乳次数，并减少母猪饲粮的日喂量，使仔猪从少哺乳到不哺乳有一个适应过程，以减轻断奶应激对仔猪的影响。但此种断奶方法较费人力。

(2)分批断奶法。将一窝中体重较大的仔猪先断奶，而弱小仔猪继续哺乳一段时间，以便提高其断奶体重，但此种方法会延长哺乳期，会影响母猪的繁殖成绩。

(3)一次断奶法。断奶前3天减少哺乳母猪饲粮的日喂量，到断奶日龄一次将仔猪与母猪全部分开。此种断奶方法来得突然，会引起仔猪应激和母猪的烦躁不安。但此种断奶方法省工省时，便于操作，适用于集约化养猪生产。

二、仔猪饲料配合特点

配合仔猪饲料除了提供仔猪必需的能量、蛋白质、氨基酸、维生素和矿物质元素以外，还应注意仔猪的消化吸收特点。由于早期断奶，仔猪面临肠道系统的应激。减缓应激、减少下痢、提高增重是仔猪饲料配方应首先考虑的问题。一般断奶仔猪饲料营养指标为：每千克含粗蛋白质18%～22%、消化能13.7～14.8兆焦、钙0.8%～0.9%、磷0.7%、脂肪3%～5%、赖氨酸1.1%～1.25%、甲硫氨酸0.34%～0.4%、苏氨酸0.6%～0.7%。

在原料选择上，由于仔猪的消化生理特点，要求饲料原料品质优良，易于消化吸收，适口性好，应有乳糖供应。脱脂奶粉、乳清粉、鱼粉、加工优良的血粉、血浆蛋白粉、分离大豆蛋白或脱壳大豆都是优质原料。含高乳糖的乳清粉有促进生长的作用。油脂的选择以豆油、玉米油、椰子油、棕树油、棉籽油、菜籽油等为主，要求纯度高，并使用抗氧化剂。豆油、椰子油的配合比例以1:1效果最好。添加1%～5%乳化剂卵磷脂对提高仔猪的重量和对脂肪的利用有一定意义，一般占日粮的0.5%左右。可供选择的添加剂有抗生素、驱虫剂、益生素、酶制剂、酸制剂、调味剂等。其中，抗生素、驱虫剂和酸制剂是必不可少的。

三、断奶仔猪的饲养管理

(1)断奶仔猪。断奶仔猪也称保育仔猪，是指断奶后至70日龄左右的仔猪。断奶引起仔猪的应激反应，会影响仔猪正常的生长发育并造成疾病。因此，必须加强断奶仔猪的饲养管理，以减轻断奶应激带来的损失，尽快恢复生长。断奶仔猪对饲料要求相对较高，在先进的集约化养猪场，采用三阶段饲养法，即21～30日龄、31～40日龄、41～70日龄三个阶段，分别使用三种饲料。

(2)网床饲养。利用网床培育断奶仔猪的优点是：①仔猪离开地面，减少冬季地面传导散热的损失，提高饲养温度；②粪尿、污水通过漏缝网格漏到粪尿沟内，减少了仔猪接触被污染的机会，床面清洁卫生、干燥，能有效地遏制仔猪腹泻病的发生和传播；③哺乳母猪饲养在产仔架内，减少了压踩仔猪的机会。

总之，采用网床饲养工艺，能提高仔猪的成活率、生长速度、个体均匀度和饲料利用率。有研究表明：在相同的营养与环境条件下，断奶仔猪35～70日龄网床培育平均日增重比立砖地面提高15%，日采食量比立砖地面提高12.6%；35日龄断奶成活率为

95.45%；断奶窝重85.55千克，平均个体重8.73千克，比地面饲养断奶成活率提高了13.33%、断奶窝重提高了40.4%、平均个体重提高了18.5%。

(3)断奶仔猪的管理　断奶仔猪的组群为了减轻断奶应激，最好采取"原圈培育法"。仔猪到断奶日龄时，将母猪调回空怀母猪舍，仔猪仍留在产房饲养一段时间，待仔猪适应后再转入仔猪培育舍。由于是原来的环境和原来的同窝仔猪，所以可减少断奶刺激。集约化养猪采取全进全出的生产方式，仔猪断奶后立即转入仔猪培育舍，猪转走后立即清扫消毒，再转入待产母猪。断奶仔猪转群时一般采取"原窝培育"，即将原窝仔猪转入培育舍在同一栏内饲养。保证充足的饮水，断奶仔猪栏内应安装自动饮水器，保证随时供给仔猪清洁饮水。断奶仔猪采食大量干饲料，常会感到口渴，需要饮用较多的水。预防猪瘟，在仔猪60日龄时注射疫苗，并在转群前驱除内外寄生虫。

断奶仔猪适宜的环境温度，3周龄为28～30℃，8周龄为20～22℃。断奶仔猪舍适宜的相对湿度为65%～75%。猪舍内外要经常清扫，定期消毒，杀灭病菌，防止传染病。仔猪出圈后，采用高压水泵冲洗消毒，第3天后再进另一批仔猪。猪舍要保持空气新鲜，对舍栏内粪尿等有机物及时清除处理，减少氨气、硫化氢等有害气体的产生，控制通风换气量。

新断奶转群的仔猪吃食、卧位、饮水、排泄等区域尚未形成固定位置，因此，要加强调教训练，使其形成理想的睡卧和排泄区。训练的方法是：排泄区的粪便暂不清扫，诱导仔猪来排泄。当仔猪活动时，对于不到指定地点排泄的，用小棍轰赶并加以训斥。当仔猪睡卧时，可定时轰赶其到固定区排泄。经过1周的训练，仔猪便可建立起定点睡卧和排泄的条件反射。

刚断奶的仔猪常出现咬尾和吮吸耳朵、包皮等现象，防止的办法是在改善饲养管理条件的同时，为仔猪设立玩具，分散注意力。玩具包括放在栏内的玩具球和悬在空中的铁环链两种，球易被弄脏不卫生，最好每栏悬挂两条由铁环连成的铁链，高度以仔猪仰头能咬到为宜，这不仅可预防仔猪咬尾等恶癖的发生，也满足了仔猪好动爱玩耍的天性。

四、断奶仔猪腹泻

断奶仔猪腹泻跟其肠绒毛有着密切关系，肠绒毛只能吸收肠道内营养物质，且无法利用身体储存营养物质。如仔猪断奶前3天采食很少，摄入的营养物质远远不够，导致仔猪肠绒毛受损，吸收功能受影响。3天左右仔猪因饥饿采食量快速增加，而受损肠绒毛无法有效吸收营养物质，肠腔内渗透压高于身体，身体水分向肠腔内渗透，出现营养性腹泻。肠腔内有大量营养物质使腹泻细菌大量繁殖、产生毒素，菌群失衡，进一步加重肠绒毛受损和腹泻，出现细菌性腹泻。直观表现为腹泻、断奶1周左右的仔猪不但不长膘反而更瘦，生长缓慢。

实验实训

实验5-3　仔猪培育及其检查

一、实训目的

1. 通过参加猪场实践了解仔猪培育的项目及技术。
2. 熟悉仔猪培育的检查方法。

二、实训内容和方法

(一)仔猪培育的工作项目及技术

1. 初生阶段确保存活。

0~2日龄是育成率的关键时期,此阶段仔猪可由先天衰弱、受冻、饥饿及挤压等因素而死亡,占哺乳期死亡数的50%~60%。要在分娩监护、初生护理等方面加强管理。

(1)监护分娩。记录产程,难产的早期发现,及时助产,对假死仔猪应及时处理,使复苏更生。

(2)早吃初乳。仔猪出生后不超过1~2小时就要吃初乳,弱仔进行人辅助吃初乳,尽早固定乳头。

(3)匀窝寄养提高多仔及断乳仔猪的哺育率。

(4)保暖、防冻、防压,可采用保育间。

(5)管理母猪初产期的护理,根据膘情调整日粮,防止乳汁过多、过浓或不足。

2. 早期管理开食,防病。

(1)补铁。2~3日龄注射铁剂或补饲含铁溶液。

(2)补充饮水。3~5日龄开始置小水槽于补饲间补水。

(3)开食补料。7~10日龄开始训练早吃料,防乳料营养脱节。

(4)加强母猪饲养管理。提高泌乳量,保证仔猪速长与防病。

(5)备好料、水、槽、垫草卫生,及时进行防疫。

3. 30日龄后,确保旺食增重,提高断奶重。

(1)仔猪料配方:高能量、高蛋白质、低纤维、全平衡、适口、促长、防病、价廉。

(2)自由采食:如采用限食按顿饲喂要增加饲喂次数。

(3)仔猪断乳:一般断乳日龄为28~35日龄,但种猪可以适当延长哺乳期,尽量避免断奶应激。

(二)仔猪培育的检查方法

1. 现场查群观察。

(1)母猪体况:被毛、膘情、食欲、哺乳情况、带仔数。

(2)仔猪体征:被毛、膘情、食欲、精神、仔猪发育均匀度、粪便颜色及干稀形状、饲料消化性、睡眠姿势。

(3)卫生管理:料、水、槽、圈舍、猪体卫生、圈舍温度、保暖窝补饲间与槽口长短、圈舍密度、通风、防疫措施。

2. 日粮调查或实测与核算分析。

(1)母猪日粮、配方采食量,分析配方与营养水平。

(2)仔猪补料配方与采食量,分析配方营养水平。

3. 记录资料的查阅统计分析。

查阅产仔哺育记录按品种、组合、胎次统计产仔数、产活仔数、20日龄窝重、哺育率、0～20日龄阶段单头日增重、35日龄(45或50日龄)窝重、头重及阶段日增重。

三、实训作业

完成专题报告的编写。

自测训练

一、单选题

1. 猪出生时体重相对较小,还不到成年时体重的( )。
   A. 1%   B. 2%   C. 3%   D. 4%

2. 初生仔猪乳糖酶活性很高,分泌量在( )周龄达到高峰,以后逐渐降低,4～5周龄降到低限。
   A. 1～2   B. 2～3   C. 3～4   D. 4～5

3. 仔猪的被毛稀疏,皮下脂肪又很少,达不到体重的( )。
   A. 1%   B. 2%   C. 3%   D. 4%

4. 初生仔猪胃内有胃蛋白酶原,但( )日龄以前因为内无盐酸,抑菌、杀菌能力弱,容易发生下痢。
   A. 20   B. 25   C. 30   D. 40

5. 初乳中免疫球蛋白主要以( )为主。
   A. IgA   B. IgM   C. IgG   D. IgG

6. 仔猪初生期缺乏( )。
   A. 凝乳酶   B. 乳糖酶
   C. 胰蛋白酶   D. 胃蛋白酶

7. 在万头猪场的生产指标中,哺乳仔猪的成活率一般应达到( )%。
   A. 99   B. 98   C. 95   D. 90

8. 在初生期,猪的生长强度最大的是( )。
   A. 皮肤   B. 骨骼   C. 肌肉   D. 脂肪

9. 仔猪的初生重还不到它成年体重的( )。
   A. 1%   B. 3%～4%
   C. 5%～7%   D. 9%～10%

10. 哺乳仔猪生后（　　）天内必须进行固定乳头。
　　A. 5～7　　　　B. 4～5　　　　C. 2～3　　　　D. 1
11. 哺乳期仔猪一般不容易患的疾病是（　　）。
　　A. 仔猪白痢　　B. 猪瘟　　　　C. 仔猪红痢　　D. 传染性胃肠
12. 哺乳期仔猪贫血的主要原因是（　　）。
　　A. 缺铁　　　　B. 缺钙　　　　C. 缺镁　　　　D. 缺锌
13. 仔猪开食的最佳时机为（　　）。
　　A. 20～25日龄　B. 10～20日龄　C. 6～7日龄　　D. 2～3日龄
14. 腹泻脱水的仔猪应用（　　）调节其体内电解质，保持酸碱度的平衡。
　　A. 酸　　　　　B. 碱　　　　　C. 维生素　　　D. 平衡液
15. 关于仔猪咬尾的原因，分析正确的是（　　）。
　　A. 仔猪早期断奶有恋母行为，容易将尾巴当作乳头
　　B. 饲养密度过大、仔猪活动空间小，导致咬尾
　　C. 母猪乳头不够，导致部分弱仔咬尾
　　D. 营养过剩，导致咬尾
16. 仔猪水肿病的病原是（　　）。
　　A. 链球菌　　　B. 猪沙门氏菌　C. 大肠杆菌　　D. 李氏杆菌
17. 新生仔猪生后10～15日龄发生贫血的主要原因是（　　）。
　　A. 缺钙、磷　　B. 缺碘、锌　　C. 缺铁、铜　　D. 缺钠、镁
18. 仔猪1～3日龄的适宜温度为（　　）。
　　A. 35 ℃以上　　B. 30～32 ℃　　C. 28～30 ℃　　D. 22～25 ℃
19. 对于刚出生的仔猪要（　　）。
　　A. 多给饮水　　B. 注意防暑　　C. 包扎脐带　　D. 早饮初乳

二、多选题

1. 生产中做好断奶仔猪的"三过渡"，主要是（　　）。
　　A. 饲喂方法　　B. 饲料类型　　C. 环境的过渡　D. 断奶过渡
2. 生产中断奶仔猪调教的"三点定位"是（　　）。
　　A. 定点采食　　B. 定点饮水　　C. 定点排粪　　D. 定点排尿
3. 断奶管理包括（　　）。
　　A. 断奶计划　　B. 淘汰母猪选择　C. 仔猪断奶　　D. 保育猪管理

三、填空题

1. 补铁以防仔猪贫血的最佳时间是在仔猪生后＿＿＿＿日龄仔猪开始表现缺铁症状的时候。
2. 规模化猪场采用的仔猪断奶方式一般是＿＿＿＿。
3. 早期断奶日龄多推荐在＿＿＿＿日龄。

四、判断题

1. 仔猪获得免疫主要来自两方面，一是通过吮吸母乳获得被动免疫；二是在自然状态下仔猪自身免疫系统生成、发育而形成的主动免疫。（ ）
2. 断奶仔猪被毛稀疏，皮下脂肪多，但大脑皮层发育不健全，对各系统的调节能力差，导致仔猪体温调节机制不健全，易受冷、热应激的影响。（ ）
3. 仔猪出生时胃内仅有凝乳酶，胃蛋白酶很少，由于胃底腺不发达，缺乏游离盐酸、胃蛋白酶，没有活性，不能消化蛋白质，特别是植物性蛋白质。（ ）
4. 仔猪出生时有先天免疫力，不需从母体初乳中获取抗体。（ ）
5. 初生仔猪胃不发达，胃的容量小，排空快。（ ）
6. 为预防初生仔猪出现贫血，通常需在仔猪出生后一定时间内注射锌制剂。（ ）
7. 新生仔猪的适宜环境温度约为 35 ℃。（ ）
8. 母猪母性强一定不会压死仔猪。（ ）
9. 仔猪出生后注射 0.1% 亚硒酸钠生理盐水可预防仔猪地方性白肌病。（ ）
10. 幼猪日粮中长期缺乏钙、磷或维生素 D 时，易发生佝偻病。（ ）
11. 任何应激都能使小猪免疫力下降，因此断奶程序要求将应激降到最低限度。（ ）
12. 在断奶计划中确保母猪的耳牌与产仔卡的记录一致。（ ）
13. 仔猪断奶时应确保相关疫苗免疫完成。（ ）

五、问答题

1. 仔猪断奶有哪些方法？各有哪些优缺点？
2. 断乳仔猪的饲养管理技术有哪些？
3. 简述仔猪培育的目标和方法。

课外学习指导

一、标准

仔猪饲养管理技术规范 DB50/T 743—2023（重庆自 2023 年 7 月 18 日起实施）。

二、岗位职责

产房饲养员职责：

1. 初乳管理（照顾仔猪吃初乳、灌服、人工放奶）寄养等护理流程。
2. 单元卫生垃圾清理，刷圈。
3. 维护猪群健康，病弱猪护理、治疗。
4. 负责单元生产报表的填写。

模块六　生长育肥猪饲养管理技术

学习目标

知识目标
1. 了解育肥猪生长发育的一般规律。
2. 熟悉影响肉猪生长育肥的因素。

能力目标
1. 掌握生长育肥猪的饲养管理技术。
2. 熟练掌握提高生长育肥猪肥育效果的方法。

素质目标
1. 培养学生"科学、安全、高效"育肥的能力。
2. 具备实事求是的科学精神。
3. 树立肉品安全生产意识。

单元一　生长育肥猪的生长发育规律

案例导入

某养殖场在大面积实施自由采食方法后，出现了定时定量饲喂时没有的问题——育肥猪的成活率降低了。定时定量饲喂时，成活率达到99％；而实行自由采食后，许多育肥猪的成活率降到了95％～96％，也就是说比定时定量饲喂降低了3个百分点。经过一个阶段的努力，育肥猪的死亡数明显减少，总的成活率也提高了，达到了之前的99％。

仔猪培育阶段结束后进入生长育肥猪阶段。生长育肥是猪一生中生长速度最快和耗料量最大的阶段。在养猪生产中，饲料成本占生产成本的60％～80％，主要用于该阶段。所以说，肥育这一阶段是养猪生产中相当关键的一个环节，它直接关系到养猪生产的经济效益。育肥猪生产的目的就是用最少的饲料和劳动力，在尽可能短的时间内，获得成本低、数量多、质量好的猪肉，从而获得较高的经济效益。

一、生长育肥猪的生长规律

1. 猪体重的变化规律

猪体重随日龄增长而提高，表现为不规则的抛物线，呈现"慢-快-慢"的趋势。

2. 骨骼的生长发育规律

在胚胎期，猪的中轴骨生长慢，外围骨和头骨生长快，猪出生后显得身体短、高、窄、头大；出生后中轴骨生长快，外围骨和头骨生长相对较慢，体型显得越来越长、矮、宽。

3. 体躯各组织生长顺序及化学成分变化规律

体躯各组织生长顺序依次是骨骼、肌肉、脂肪，化学成分变化依次是水分、蛋白质、矿物质，随年龄的增加而相对减少，脂肪则逐渐增多。在整个肥育过程中，增重成分前后不一，前期增加水分、蛋白质和灰分较多，中期渐减，而后期更少；脂肪则前期增加很少，中期渐多，后期最高。

二、影响生长肥育的因素

(1) 品种与经济类型。引进品种在以精饲料、高营养水平的饲养条件下，其肥育结果比地方品种好。

(2) 经济杂交。利用杂种优势是提高育肥猪效果的有效措施之一。

(3) 仔猪初生体重与断乳体重。仔猪初生重、断乳重与肥育期增重之间呈正相关。

(4) 营养水平与饲料品质。能量的供给水平与增重和肉质成分有密切关系，一般来说，能量摄取越多，日增重越快，饲料利用率越高，屠宰率、同体脂肪含量也越高。蛋白质对肥育也有影响，在一定范围内，日粮蛋白质水平越高，增重越快。此外，矿物质、维生素在日粮中应注意补充。在育肥猪的日粮结构上，要注意饲料品种及其合理搭配。

(5) 环境条件。环境因素中，温度、湿度、光照、风速和猪舍内有害气体的浓度对猪的影响较大。

(6) 性别与去势。公、母猪经去势后有利于肥育，能更好地吸收营养，使增重速度提高，有利于改善肉的品质。

三、生长育肥猪饲料配合特点

生长育肥猪饲料应根据猪的类型、品种、生产水平等条件进行配合。主要考虑饲料转化率和增长速度。适量的粗纤维是影响饲料适口性和消化率的主要因素，一般仔猪不超过4%，生长育肥猪不超过6%~8%。

在原料选择上，由于肉猪的消化机能已经完善，对各种饲料具有较好的消化能力，选择原料时，除考虑各种饲料的养分含量对生长的作用以外，还应该注意对肉质品质的影响，例如，喂过量的玉米、米糠、大豆、花生饼，其中含有较多的不饱和脂肪酸，会使脂肪变软并呈淡黄色，不易保存；用大麦、小麦、马铃薯等，则会使脂肪硬实洁白；配合过多的鱼渣、鱼油、蚕蛹粉等，会使猪肉有腥味、脂肪变黄，严重降低猪肉品质。

> **知识链接**

猪肥育新技术

一、公、母猪分群饲养

在过去的猪饲料不论公母都吃同一种，然而研究表明阉公猪吃得较多、生长较快、屠体的瘦肉量比母猪少，因此阉公猪与母猪在不同的生长阶段，应给予不同营养的饲料，这种依照性别给予不同营养水平饲料的饲养技术，在节约饲料成本方面有较大的作用。另外，这技术在环保方面也有一定的应用价值，利用营养完全平衡的饲料将会降低猪粪尿污染环境的影响，特别是减少"磷"的污染。

二、分阶段饲养

过去生长期的饲料一般只有一种或两种，现在则按猪只体重分为 5 种（如采用公母分群饲养，则有 10 种），各期的饲料完全按照猪只的营养需求调整配方，以调整营养平衡的方法来促进猪只更有效率地生长。分阶段饲养可以确保饲料中最重要，也是最贵的成分之一——蛋白质的含量充足，不浪费，从而降低饲料成本。

三、分胎次饲养技术

分胎次饲养技术（SPP）的核心是将不同胎次的母猪，分开放在不同猪场饲养，以减少二胎和二胎以上母猪的疾病，提高猪群的健康水平。其做法是：P1 场内（场址应在单独隔离区域内，专门饲养头胎母猪）的繁殖母猪从后备母猪培育舍移入，母猪断奶后再进入 P2 猪场（场址同样要在隔离区内，专门饲养二胎母猪），P2 猪场的母猪断奶后进入 P3 猪场。并且这些母猪不能逆向移动，尤其是 P2、P3 猪场的母猪不能再进入头胎母猪场。同时 P1、P2、P3 场的母猪所产小猪要在单独猪舍保育和肥育。

采用母猪分胎次隔离饲养的主要原理是：后备母猪及头胎母猪感染较多的病原微生物（如繁殖与呼吸综合征病毒、肺炎支原体等）；二胎母猪因头胎时接触病原体而获得了较强的免疫力，并由此清除了相当一部分病原微生物（如繁殖与呼吸综合征病毒、肺炎支原体等）；三胎以上的母猪免疫力更强，病原微生物进一步得到清除。因此，分胎次隔离饲养后，二胎以上（含二胎）的母猪健康状况较好，所产仔猪被感染的概率降低，且各项生产性能的表现更佳。

四、生长曲线

利用计算机辅助制作的生长曲线能准确地预测猪群的生长，协助猪场经理做出正确的财务与管理方面的决策。特定的遗传品系有特定的生长曲线，也需要特殊的营养需求来配合，这种预测不但可以立即降低生产成本，对于日后的屠体品质也有正面的影响。也可以降低猪粪尿内的营养分量，因此，应使用生长曲线进行生产对环保方面也有正面的影响。目前在产业中已经广泛应用计算机，协助计算不同阶段猪只饲料种类与需求量来判断何时变更饲料最具经济效益。

知识链接

提高猪胴体瘦肉率的途径

提高肉猪的瘦肉率，增加瘦肉的生产，能提高肉猪的饲料转换率，从而提高养猪生产的经济效益。一些养猪技术先进的国家，肉猪的胴体瘦肉率较高，多为55%～65%，而我国的肉猪胴体瘦肉率较低，一般为40%～50%，远不能适应国内外市场的需求。肉猪胴体瘦肉率的高低受多种因素制约，必须采取综合措施，努力提高肉猪的胴体瘦肉率，增加瘦肉的产量。

一、选种时注重胴体瘦肉率的选择

猪的胴体瘦肉率的遗传率较高，因此，选择胴体瘦肉率高的父本和母本，其后代胴体瘦肉率也高。但是在猪的活体上无法测得其胴体瘦肉率的高低，选种比较困难。研究表明，猪的膘厚与胴体瘦肉率呈很强的负相关（$r_A=-0.70$）。一般来说，膘厚的猪，胴体瘦肉率低，胴体脂肪含量高；膘薄的猪，胴体瘦肉率高，胴体脂肪含量少。因此，通过对猪体膘厚进行测定（如活体测膘）和选择，就可以实现提高其后代胴体瘦肉率的目的。

二、正确地开展杂交

正确地开展杂交是提高肉猪胴体瘦肉率的有效途径。我国地方猪种分布广、数量多，多数是经济杂交的理想母本，但其瘦肉率较低，又不可能完全用现代瘦肉型肉猪来取代。实验证明，用杂交手段提高肉猪瘦肉率是行之有效的。

两品种杂交而成的肉猪，一般胴体瘦肉率介于父母本之间，大致为父母本的平均数，并向大值亲本偏移。地方猪种作母本的杂交组合，其杂交父本猪的瘦肉率越高，则对杂种肉猪胴体瘦肉率的提高越有利。因此，选择父本时，应选择那些瘦肉率高的品种，如长白猪、大约克夏猪、杜洛克猪、汉普夏猪等。据辽宁省畜牧兽医科学研究所研究，辽宁本地黑猪瘦肉率为48.7%，杜洛克猪瘦肉率为63.04%，"杜本"杂交一代肉猪瘦肉率为54.40%，杂种肉猪胴体瘦肉率比纯种母本猪提高了5.62个百分点。三品种杂交的瘦肉型肉猪，胴体瘦肉率达60%以上，肉质良好。值得重视的是，在同一品种内，个体间的瘦肉率还有差异。因此，通过活体测膘，选出膘薄即瘦肉率高的个体参加杂交，会取得更加明显的效果。

三、控制营养水平

在肉猪饲养中，根据其体脂肪及体蛋白质沉积规律，只要保证一定水平的粗蛋白质供给，控制能量水平、采取限食等方法，可以提高胴体瘦肉率。一般来说，肉猪在整个肥育期饲粮的能量保持在一定水平，瘦肉量的增长取决于饲粮中蛋白质和氨基酸的水平。

据试验，饲粮中的蛋白质水平从 13% 提高到 17%，瘦肉率则提高 6.6 个百分点。据报道，用 20~90 千克的生长育肥猪进行试验，在能量水平相同的情况下，饲喂蛋白质水平不同的饲粮，结果粗蛋白质水平在 17.7%~22.3% 增重最高；同时，还可以获得膘薄、瘦肉率高的胴体。如果蛋白质水平过高，会增加养猪成本。

猪对蛋白质的需要实质上是对氨基酸的需要，必需氨基酸含量丰富，而且配比恰当的蛋白质才是能被猪充分利用的全价蛋白质。另据试验，粗蛋白质含量为 17%，瘦肉率为 46.8%；粗蛋白质含量为 14%，但加了赖氨酸，瘦肉率提高了 2.9 个百分点。可见，改善肉猪饲粮的氨基酸水平，是提高胴体瘦肉率的有效途径之一。

在育肥方法上可以采用"前高后低"，例如，以此种方式喂养的 24 头杜长姜（姜曲海猪）的育肥试验，瘦肉率达 64%。采用这种肥育方式既不影响肉猪的日增重和饲料转换率，又可以提高肉猪的胴体瘦肉率。

四、创造适宜的环境温度

环境温度过高或过低对肉猪蛋白质的沉积都不利，都会降低肉猪的瘦肉率。体蛋白质的沉积主要标志是猪体内氮的沉积量。试验表明，在不限量饲喂条件下，高温与低温对氮的沉积量都有不良影响。氮的沉积量减少，则会降低肉猪体内瘦肉的生长量，从而降低肉猪的瘦肉率。因此，应该为肉猪创造一个适宜的圈舍温度条件。据报道，一般肉猪舍内温度在 18~20 ℃ 时，有利于蛋白质的沉积，能促进肉猪瘦肉率的提高。

五、适当提早屠宰

同一杂交组合，在同样的饲养条件下，由于屠宰体重不同，肉猪的胴体瘦肉率也不同。肉猪的屠宰体重与胴体瘦肉率呈强负相关。即屠宰体重越大，胴体瘦肉率越低。

据报道，苏白猪与东北民猪杂交的后代，体重 125 千克时屠宰，胴体瘦肉率为 46.3%，而适当提前到体重 100 千克时屠宰，其胴体瘦肉率则为 50%。因此，在不影响肉猪增重效果的前提下，适当提前屠宰可以提高肉猪的胴体瘦肉率。

当屠宰体重过小，胴体瘦肉率高，但屠宰率低；而屠宰体重过大时，屠宰率较高，但胴体瘦肉率又降低了。因此，确定肉猪适宜的屠宰体重，既要考虑胴体瘦肉率高，又要兼顾获得较高的屠宰率、增重速度和饲料转换率等综合因素。

实验实训

实验 6—1　猪的活体测膘

一、实验目的

猪的背膘厚度与胴体瘦肉率呈高度遗传相关，且具有较高的遗传率，因此，活体测膘技术成为现代猪的育种工作的一个重要手段。活体测膘技术简化改进，既可减少劳动和节约开支，又能避免屠宰表形好的种猪。本实验要求学生了解猪活体测膘的方法、测定部位和测定技术。

二、实验材料

皮尺、测膘尺、超声波活体测膘仪、剪刀、碘酊、手术刀等。

三、实验方法

目前,世界上用于猪活体测膘的仪器可分为五类:简单的探刺尺、超声波扫描仪、电子瘦肉率测定仪、X射线扫描仪、核磁共振仪。但前三类效果较好,而且准确性高于后两类,只是价格昂贵。

(一)猪只固定

选一块平坦地面,用一根套绳子的木棒(鼻拧子)套住猪上颌骨,操作者握棒固定好,使猪水平站立。

(二)确定测定部位(测量A、B、C三点)

(1)A点:沿肘关节后缘至肩胛骨后缘与背中线相交点,距背中线4厘米,相当于第6、7肋骨的分界线。

(2)B点:胸腰结合部(最后肋骨处)距背中线4厘米处。

(3)C点:膝关节前缘(腰椎与荐椎结合处)引线与背中线垂直相交,距背中线4厘米处。

(三)测定方法及步骤

1. 探尺法测膘。

(1)在A、B、C测膘部位将毛剪去,并用碘酊消毒。

(2)抽出探刺尺笔帽,将手术刀消毒刀口与背最长肌垂直方向切开皮肤,切口长0.5~1.0厘米,最深不超过0.8厘米。

(3)套上笔帽取下笔套,消毒测尺后,将探刺尺顺切口缓慢插入皮下脂肪,当探刺尺触及肌膜、感觉有阻力时停止插入(测前躯一点膘厚时,一般猪脂肪有两层中间有筋膜,测量时应加以体会判断)。

(4)将探刺尺上的游标靠皮肤处,观察游标所指的刻度为膘厚(包括皮厚),固定探刺尺游标刻度,取出探刺尺。

(5)测毕,消毒清洁探刺尺,防止感染。

2. 超声波活体测膘(肌)法。

(1)打开电源开关(PWR),将功能选择旋扭调到BF(背膘)点,测眼肌时调到EM点。

(2)将灵敏度(SENS)调节到第二点,测眼肌时则调至最高点。

(3)将探头涂上液体石蜡,平放于测定部位并使其与皮肤垂直密合,略施压力。

（4）读数：第一个较矮小的波峰指在0处，表示皮肤的厚度；第二个波峰所指刻度为第一层脂肪厚度；第三个波峰即为欲测得的背膘厚度。最高波峰与第三波峰值之差即为眼肌厚度，并记录。

（5）测毕，关闭所有旋扭，清洁探头，备用。

四、测定结果

平均背膘厚度＝ A＋B＋C/3

五、实验作业

按照上述方法，每小组进行一次背膘和眼肌厚度的测定。

自测训练

1. 饲养生长育肥猪的意义是什么？
2. 影响生长育肥的因素有哪些？
3. 简要说明生长育肥猪的生长发育规律。
4. 如何衡量猪的生长发育情况？
5. 提高生长育肥猪生产力的主要技术措施有哪些？

单元二　生长育肥猪饲养管理

📁 案例导入

某养殖场年出栏设计规模可达 20 万头，现存栏 75 838 头，其中原种猪 543 头，父母代猪 7 443 头（其中能繁殖母猪 4 639 头），后备母猪 2 616 头，种公猪 98 头，商品猪 65 138 头，预计今年出栏生猪 120 000 头，明年可出栏 18 万～20 万头（其中仔猪 8 万头）。在非洲猪瘟流行的严峻形势下，该养殖场面临着生猪价格下降，饲养成本上升的困境。若你是管理者，请思考该如何应对？

衡量生长育肥猪生产力高低，主要使用 3 个指标即生长速度、饲料转化率、胴体与肉质，所以要提高生长育肥猪的生产力，就要提高这三个指标的表现。由于影响猪肥育效果的因素很多，所以要达到上述的目的，必须采取综合措施。

一、选择优良品种类型和杂交组合方式

不同品种猪由于其培育条件、选择程度和生产方向不同，形成了稳定的遗传差异，即使在相同条件下，不同品种猪的生长速度等经济性状的表现也是不同的，因为这是遗传已经决定的。

现在我国各猪场饲养的肉用型种公猪基本上是引进的瘦肉型优良猪种，它们的经济性能表现优良、遗传稳定、经济价值较高。为了获得较好的肥育效果，要先选好品种，才能选择种猪个体。

当选定了采用什么品种和类型的猪后，还要筛选出比较经济的杂交方式（即如何搭配使用），发挥杂种的优势，创造经济效益。在我国使用得比较多的是二元、三元杂交的模式，具体什么品种在一起杂交效果好，还需要经过验证，也就是要筛选，如"杜×长×大"这种组合（洋三元），就是经过试验验证而筛选出来的效果很好的一种组合方式。

二、适宜的营养水平

1. 能量水平

能量是生长育肥猪的第一营养要素，能量高则日增重大，饲料效率高，但若控制得不好，胴体也易肥。在一定生长阶段，降低能量水平可提高瘦肉率。要使猪正常快速生长，要保证足够的能量水平。一般在猪肥育的前期（体重在 55～60 千克以前）采取不限量饲喂，以提高日增重和饲料转化率；一般在猪的体重达到 55～60 千克以后实行限饲，以控制能量的摄入量，饲粮能量浓度保持在每千克饲料含有 11.92～12.55 兆焦较为合适，若能量太低，日增重也会降低，会造成蛋白质的浪费。

2. 蛋白质、必需氨基酸水平

蛋白质和必需氨基酸水平是肌肉生长必需的营养要素，因此在饲料中的含量必须充

足。另外，蛋白质又是机体内各种代谢调节物质如酶、激素、抗体等合成所必需的物质。一般认为，肉用型猪在体重20～60千克阶段，粗蛋白CP应在16%～17%；60～90千克阶段可控制在14%～16%，蛋白质水平在9%～18%范围内。CP愈高，增重愈快、饲料报酬愈高；但CP超过18%时，可提高瘦肉率和改善肉质，对提高增重作用不大或无效。在肉猪饲料中，要保持一定的可消化能与可消化蛋白质的比例，即能元比，体重20～60千克阶段能元比为DE：DCP＝23：1，60千克以上的能元比为25：1即可。蛋白质的质量会影响增重和胴体品质，必需氨基酸的配比愈合理，蛋白质的质量就愈高。在10种猪的必需氨基酸中，赖氨酸、甲硫氨酸、色氨酸含量及配比的影响最大，它们会影响到蛋白质的生物学价值。

3. 矿物质、维生素

工厂化养猪不喂青饲料，而是依靠在饲料中添加各种微量元素、多维添加剂预混料来满足猪的生长需要。由于猪的各种大宗饲料原料中，维生素含量很少或活性较低，所以一般在配合饲料时可以不计，而完全按照饲养标准中对维生素的定量要求，依靠添加剂完全供给；饲料原料中常量元素的含量是要计算在内的，含有的微量元素可适当参考。

4. 粗纤维水平

饲粮中粗纤维(CF)含量会影响饲料的适口性和消化率。据测定，饲料中粗纤维每增加1个百分点，可降低能量消化率2个百分点、粗蛋白质1.5个百分点，从而影响日增重和胴体瘦肉率。一般对于猪饲粮中粗纤维含量的要求是：体重小于20千克时，CF应小于4.5%；20～35千克时为5%～6%；35～90千克为7%～8%，不宜超过9%；而成年猪一般在9%～12%。

三、提高仔猪初生重、断乳重

大量试验表明，仔猪的初生重、断乳重与肥育期增重呈正相关，尤其是断乳重，我国民间养猪有句谚语，也说明了初生重和断乳重的重要性，即俗话所说的"初生差1两、断奶差1斤、肥猪差10斤"。这就要求必须重视种母猪的饲养管理(母体效应)和哺乳仔猪的养育，才能获得较高的初生重和断乳重，为后期育肥猪的生长打下良好基础。如果使用瘦肉型猪的杂交组合方式，一般仔猪初生时的体重不应低于1.0千克；在35日龄断奶时体重应达到7～8千克；70日龄(即由保育舍转到生长舍时)应达到22～25千克。

四、适当的饲养管理方法

生长育肥猪饲料应根据猪的类型、品种、生产水平等条件进行配合。主要考虑饲料转化率和增长速度。适量的粗纤维含量是影响适口性和消化率的主要因素，一般仔猪不超过4%，生长育肥猪在6%～8%。在原料选择上，由于肉猪的消化机能已经完善，对各种饲料具有较好的消化能力，除考虑各种饲料的养分含量对生长的作用效应以外，还应该注意对肉质品质的影响，例如喂过量的玉米、米糠、大豆、花生饼，由于含有较多的不饱和脂肪酸，会使脂肪变软并呈淡黄色，不易保存；相反，用大麦、小麦、马铃薯等喂猪，会使脂肪硬食洁白，适粮中配合过多的鱼渣、鱼油、蚕蛹粉等会使猪肉有腥味，脂肪变黄严重降低猪肉品质。

(一)采用一贯肥育法(直线肥育法、"一条龙"肥育法)

其特点是仔猪断乳到出栏整个过程中都采用高营养水平(高能量高蛋白)的日粮,猪的增重快、饲料转化率高。通常将猪分为 3 个肥育阶段,即小猪(20～35 千克)、中猪(35～60 千克)、大猪(60 千克到出栏)阶段,根据每个阶段猪的营养要求,逐步升高营养水平,提供充足的饲料营养,目的是让猪快速、充分地生长。这种方法有别于传统养猪——"吊架子"肥育法,即在 3 个阶段分别采用高-低-高的营养水平,养猪主要以青绿饲料为主,使猪在前期营养不够,只能长出一个骨架("吊架子"),到后期再加强营养(即催肥)。使用这种方法的缺点是饲养期长(10 个月左右),出栏率低,经济效益差,在工厂化养猪的今天,不能采用此法。

(二)按照饲养标准配制全价配合饲料(表 6-1)

表 6-1 生长育肥猪每头日营养需要量

项目	肥育阶段		
	小猪 20～35 千克	中猪 35～60 千克	大猪 60～90 千克
预期日增重/克	500	600	750
采食风干料/千克	1.6	1.81	2.87
消化能/兆焦	20.75	23.47	37.23
粗蛋白质/克	256	290	402
赖氨酸/克	121	3.61	8.08
钙/克	9.61	0.91	4.40
磷/克	8.00	9.11	1.5
食盐/克	3.7	4.2	6.6
铁/毫克	961	091	44
硒/毫克	0.42	0.47	0.80
维生素 A/国际单位	1 970	2 230	3 520

(三)采用科学的饲喂方法

1. 改熟喂为生喂

生喂不会破坏饲料的营养(如 B 族维生素和维生素 C),而且可以节省燃料和劳动力,猪获得的营养更多更完全。而熟喂是传统养猪的方法,因为农村的传统养猪,科技落后,无粉碎机、打浆机等机械,主要以青绿饲料为主,CF 含量高。为了让猪多吃,易消化,就需要将饲料熟化,这样可以缩小青绿饲料的体积、软化粗纤维、杀菌(虫)消毒等。

2. 根据实际情况采取湿喂或干喂

干喂可以节省人工、易掌握喂量、促进唾液分泌与咀嚼、保持舍内清洁干燥等,缺点是浪费饲料多；而湿喂便于猪采食、浪费饲料少、猪饮水次数少或不用安置自动饮水器，但费时费工、剩料易腐败变质等。工厂化养猪为了提高劳动定额，多采用干喂；而农家养猪，由于饲养头数少，加水拌料容易解决，故多采用湿喂。但经过试验发现，从增重、饲料利用率、胴体品质等3项指标来衡量，湿喂优于干喂，而且稠喂比稀喂好。因为稀喂即汤料喂猪会减少消化液的分泌，冲淡消化液，降低消化酶活性，影响饲料的消化吸收，湿喂料水比以1:(0.5~2)为宜。

3. 自由采食与限量饲喂结合

自由采食即不限量饲喂，使用这种方法养猪，日增重快、胴体背膘厚；而限量饲喂的猪，饲料利用率高、背膘薄。因此，为了追求日增重，以自由采食为宜；为了追求瘦肉率，则以限量饲喂为好。一般掌握在60千克之前采用自由采食，60千克以后限量饲喂，即"前敞后限"的饲喂方法。主要因为，经过实验发现，猪体重60千克以后，脂肪沉积显著增加，饲料利用率随体重增加也显著下降。

4. 推广使用颗粒饲料

试验发现，颗粒料使猪的生长率和饲料利用率有所改善、减少浪费、减少粉尘污染及储存空间、避免猪挑食等，缺点是加工成本高于干粉料。

5. 喂料量和饲喂次数要合理

猪经过保育期后，约经3.5个月即可出栏。在20~90千克阶段消耗饲料总量240千克左右，在3.5~4个月的肥育期间，按照饲养标准第一个月每头日耗料1.2~1.6千克，第二个月1.7~2.1千克，第三个月2.2~2.6千克，第四个月2.7~3.0kg。饲喂次数为每天2次即可。因为经实验发现，每天喂2次和3次的效果没有显著差异，少喂一次可减少劳动力。

（四）供给充足饮水

因为育肥猪生长发育快、代谢旺盛，需水量大，尤其是吃干粉料，必须供给充足清洁的饮水。工厂化养猪一般是设置自动饮水器，猪随时可饮用，效果较好；也可设水槽。猪每采食1千克风干饲料，需水量为：春秋季4千克、夏季5千克、冬季2~3千克。

（五）应用促生长剂

抗生素添加剂、微生态制剂、酶制剂等。

（六）合理分群及调教

由于群饲有很多优点，如可充分利用圈舍和设备、便于管理、提高劳动生产率、增进猪的食欲等，养猪要采用群饲。猪群过大影响采食和休息等，必须合理分群，避免猪之间的咬斗、攻击。每头猪的占栏面积为0.6~1.2平方米，每次转群对猪都是一次应激，应尽量减少转群次数。调教就是使同群育肥猪形成"三角定位"，即采食、排泄、休息都有固定地点，以保持圈舍清洁干燥，有利于猪生长。调教成败的关键是时间，猪群进入新圈立即开始调教，并且要勤赶，不仅为了固定三个地点，也为了防止强夺弱食。

(七) 去势、防疫和驱虫

猪经过去势后，性情安静、食欲增加、生长较快、肉质改善，即同化过程增强，异化过程减弱，因而将较多的营养用在长肉长膘上。一般在 7 日龄左右去势，不超过 2 周龄，因为去势早易于保定操作，对猪的应激小，出血少并且恢复较快。定期做好疫苗注射，如东莞某猪场的免疫程序是：五号苗 11 周龄、25 周龄；猪瘟 9 周龄；丹毒、肺疫 10 周龄。驱除体内（蛔虫、姜片虫等）和体外（蚧螨、虱等）寄生虫，90 日龄进行第 1 次，135 日龄左右进行第 2 次。可用驱虫净（拌料）、阿福丁、伊力佳（注射、拌料）、敌百虫（喷洒体表）等，现在这类药物很多，可选择使用。

五、适宜的环境条件

1. 温湿度

夏天要做好防暑降温，冬天要做好防寒保温。适宜的环境温湿度能使猪摄取的营养物质最有效地形成产品，饲料转化率较高。育肥猪适宜的温湿度要求是：体重 11~45 千克时 20~23 ℃；45~90 千克时 16~20 ℃，相对湿度 50%~70%，温度适宜则湿度影响不大。要防止高温高湿和低温高湿两种环境，因为前者使猪不易散热容易中暑、热射病容易死亡；而后者导致猪寒冷容易感冒、腹泻等，最终影响肥育效果。

2. 圈养密度和圈舍卫生

每一个圈（栏）内猪的密度，会影响舍温、湿度、通风和空气质量（即有毒有害气体在空气中的含量）。由于育肥猪代谢旺盛、生长快、密度大，必须及时将栏内粪尿清除，夏季要保证一天冲圈（猪）3 次，冬季也要每天冲洗一次圈栏，定期消毒。猪群过大，致使咬斗行为频繁，不易建立起固定的位次关系，这些都必将影响到猪的采食和休息，易患病。为此要求每群猪以 10~20 头为宜，不宜超过 20 头；每头占栏面积：15~60 千克为 0.6~1.0 平方米、60 千克以上 1.0~1.2 平方米。若密度过小，则设备利用率低，不经济。另外，猪栏面积大小会影响圈舍建筑占地面积。

3. 舍内有害气体、尘埃和微生物

猪舍内二氧化碳、氨、硫化氢、甲烷等有害气体，会使猪精神萎靡、食欲下降，严重的会患结膜炎、支气管炎、肺炎等疾病。一般要求猪舍内的每立方米的氨浓度要低于 20 毫克、硫化氢浓度低于 10 毫克、二氧化碳浓度低于 0.15%。

尘埃会使猪皮肤痒、发炎、破裂或刺激鼻腔黏膜；病原微生物易附着在尘埃上存活而影响猪的健康，因此，要注意对猪舍进行清洁、消毒、通风和绿化。

4. 气流、光照和噪声

猪舍内的空气流动速度以每秒 0.1~0.2 米为宜，最大不要超过每秒 0.25 米。高温环境可取大值，低温环境要取小值；在寒冷季节要注意防"贼风"（低温高速），否则极易引起猪患感冒、肠炎、腹泻、关节炎等疾病。适度的太阳光照能够促进猪的生长发育，增加抗病力。如果有舍外运动场，则猪舍内的光照要暗一些，以便于猪的休息；如果没

有舍外运动场，舍内可视情况调整。由外界传入、舍内机械和猪的咬斗等造成的噪声会使猪惊恐、活动量增加，影响猪的休息和采食，要求噪声要低于85分贝。

六、适时屠宰

育肥猪饲养到一定标准的时候屠宰，即屠宰适期。为了保证肉猪胴体有较高的瘦肉率，同时保证经济效益，必须确定一个屠宰适期。特别是外向型猪场，超过或低于一定体重将会影响猪的等级，或不能出口。一般确定屠宰适期要考虑以下因素。

1. 品种类型

因为不同品种类型有它的生长发育特点，如我国地方猪种，性成熟早、体形小，屠宰体重就要小一些，才能保证有较高的瘦肉率；而引进品种或含外血较多的猪种，因性成熟晚、体形大，故适宜屠宰体重较大。不同品种组合的适宜屠宰体重可参见表6-2。

表6-2 不同品种组合的适宜屠宰体重情况

父本母本经济杂交方式	适宜屠宰体重/千克
我国地方品种二元杂	70～80
引进瘦肉型品种地方、培育二元杂	80～90
两个引进品种地方品种三元杂	90～100
两个引进品种培育品种三元杂	100～115
引进瘦肉型品种引进瘦肉型品种二元杂	100～115
两个引进品种引进瘦肉型品种三元杂	100～115

2. 市场需求

不同年代、国家和地区，由于消费习惯、经济条件不同，人们对肉质要求有所差异，如在20世纪80年代以前，我国普通人的生活条件不高，对肥肉要求较多；80年代以后，经济条件好转，则要求瘦肉较多；农村对肥肉需求多于城市；国外对瘦肉需求多于国内等。所以应根据市场的需求，选择适宜的品种，根据猪的生长发育特点，确定适宜屠宰体重。现在瘦肉越多越受欢迎，价格也高。在国际市场是按瘦肉率来定价的。

3. 生产成本

随着育肥猪体重的增加，维持需要也逐渐增加，相应的用于物质沉积的营养减少，因此饲料利用率降低，为了提高增重，只能多喂料，这样就增加了饲养费用；而此时肥肉的沉积加强，使胴体内脂肪含量增加，日增重开始下降。在90千克以后，胴体瘦肉率下降，饲养成本增加。应结合市场猪肉的售价，确定较经济的屠宰体重。如果其价高，可以多养一段时间，让猪多长一些肉；如果售价低，则应适时屠宰。

> 知识链接

提高出栏率、商品率的综合措施

我国是养猪的大国，商品肉猪数量占世界总数的38%，但肉猪的出栏率和商品率很低。1992年，肉猪出栏率仅为95.28%，低于世界平均水平（109.47%）13个百分点。我国出栏的肉猪平均胴体重76千克，低于世界平均水平2千克，平均胴体瘦肉率也较低，不仅造成出口的肉猪数量少，而且由于脂肪含量高而降低了收入。此外，由于猪肥肉过剩而造成多消耗精饲料和被迫炼油制肥皂所造成的经济损失更加惊人。

一、出栏率及商品率的概念

肉猪出栏率是指年内出栏肉猪头数占上一年年末或这一年年初存栏猪头数的百分比，它是反映母猪年生产力、肉猪产肉力和经济效益高低的综合指标，也是反映商品肉猪群周转速度快慢的重要指标。

肉猪商品率是指年内出售的肉猪头数占年内出栏肉猪头数的百分比。

商品率指标是一个综合性指标，它反映了一个猪场的生产和发展水平。

二、提高出栏率、商品率的综合措施

(1)提高母猪的年产仔数，必须加强种公猪的饲养管理，提高精液品质。加强空怀母猪及妊娠母猪的饲养管理，适时配种，增加母猪的年产仔窝数。这样就可以提供大量的入栏猪苗。

(2)正确开展杂交，采用优良的杂交组合，做好仔猪养育。努力提高仔猪断奶窝重和断奶个体重，为肉猪生产提供优良的杂种仔猪。

(3)做好育肥前的准备和疾病预防工作，减少肉猪疾病的发生率和死亡率。合理配合饲粮，满足肉猪生长发育的营养需要，充分发挥增重潜力。

(4)控制育肥后期肉猪饲粮中的能量水平。采取限食的方法，降低胴体脂肪含量，适时出栏，以最大限度地提高屠宰率和胴体瘦肉率。

(5)采取有效的育种方法，提高肉猪出栏活重和胴体重。

采取以上措施就可以在较短的时间内，获得较高的商品率，生产出大量肉猪，从而提高出栏率，以降低养猪成本，提高养猪生产的经济效益。

> 知识链接

当前肉猪生产中存在的问题及对策

实践表明，集约化规模经营、专业户生产、农家养猪三种养猪生产方式，在我国相对较长时期内将并存。当前，肉猪主要来源于千家万户，农家养猪生产仍旧是肉猪生产的主体。这里主要谈谈农家肉猪生产存在的问题和对策。

一、忽视对优良品种的选择

一些猪场忽视对品种的选择，尤其是对生产性能高的品种的选择。一些生产性能低的猪只仍在作为种猪利用，影响猪群生产性能的提高。

二、饲料单一，调制、加工、利用不当

不少猪场饲料单一，缺乏配合，甚至是有什么喂什么、多有多喂、少有少喂、没有不喂，十分不经济。一般应根据各自具体情况，利用当地饲料资源努力开发、多样搭配、提倡使用配合饲料。应根据猪群组成及饲养天数，制订严密的饲料计划，科学用料。个别地方，精料不足时，以大量的劣质粗饲料来补充；或将料里加很多水，形成稀汤料来喂猪，这既增加了能量的损耗，又加重了肾的负担。肉猪饲粮中应限制粗纤维的含量。尽量饲喂干粉料、颗粒料或生湿料，杜绝稀汤灌大肚子的喂法。四川养猪行业调查结果表明，农家养猪，能量的40%是来自青贮饲料，60%来自精饲料；蛋白质的70%来自青贮饲料，30%来自精饲料。上述事实说明，精料不足，可以多喂些青贮饲料和优质粗饲料来补充。

目前，不少猪场仍沿袭这种拉长育肥时间的方式生产肉猪，这就增加了维持消耗，相对降低了增膘长肉的营养份额，是不经济的。但照搬国外高能量、高蛋白质、高投、高产出的办法，目前看来是行不通的。各地应根据各自的具体情况，选择适宜的肉猪生产方式。其特点是：能充分利用当地各种饲料资源和剩余劳动力，有利于农牧结合，占用资金不多，对环境污染较轻的农家养猪方式。不应视为落后和不科学的养猪方式。

三、肉用仔猪断奶60日龄增重慢

(1)圈舍条件过于简陋。冬季圈内温度太低，圈内积肥、泥泞不堪、粪尿混杂其中，影响了仔猪生长发育。冬季应注意防寒保温，或在简易舍上罩上塑料大棚，仔猪应建有保温小圈，增强防寒保温效果，实行圈外积肥。

(2)开食晚，补料差。首先是仔猪不按要求开食，模仿大母猪舔食母猪料，这是在母猪泌乳高峰过后仔猪生长的关键阶段，严重影响仔猪的生长。其次，仔猪料质量也差，有的过早和过多地加入了青粗饲料，仔猪不适应。有的蛋白质不足，也没有氨基酸、乳清粉、有机酸、酶制剂、调味剂等添加，效果不好。

(3)断奶前后缺乏对饲料、营养摄取方式等的过渡。例如，断奶后马上就停了仔猪料，这样容易使仔猪易出现断奶综合征，严重影响了仔猪的成活率和增重速度。

为此，应当早开食、早补料、补好料。仔猪刚断奶应继续喂一段时间仔猪料，搞好断奶过渡。仔猪料要舍得投入，最好购买添加较全、质量较好的全价料。

四、有养大猪的习惯

有些地方肉猪养到150千克以上还不出栏。肉猪生长发育规律告诉我们，随着肉猪体重的增加，维持消耗加大，增重速度转缓，采食量却有所增加，饲料转换率下降，这

就加大了饲养成本,影响了经济效益。因此,要根据不同猪种和当地具体情况建议不养大猪,多以100~110千克屠宰为佳,最大不应超过125~135千克。

五、不注意驱虫和慢性疾病的治疗,忽视免疫

有些养猪户不注意对猪慢性病的治疗,如长期患喘气病,有的在仔猪阶段反复感染白痢等病。患猪虽然死亡率不高,却严重影响猪的增重。在育肥前和育肥过程中,对肉猪,尤其是地面撒喂的肉猪,要定期驱虫。对患病的猪及时治疗。免疫能保障整个肥育期肉猪及猪群的安全,应注意对一些传染病进行免疫,尤其是从集市上买来的仔猪,更要特别注意。

六、不重视应激因素对猪的影响

猪舍内温度过高或过低、有害气体浓度过高;预防接种、饥饿、过饱、饮水不足、断奶、称重、转群、去势、打耳号、争斗、运输、换料等,这些因素会降低猪的生产性能和抗病力,还会使猪的肉质变差,严重时会导致死亡。特别是当多种应激源集中或相继出现时,就会对猪只造成严重影响。因此,在养猪生产中不能将断奶、称重、去势、预防接种、转群、运输、换料等生产环节安排在一天或连续几天内进行,最好间隔几天至1周,以免造成严重的应激反应,影响养猪生产的效果。

实验实训

实验6—2 肉猪的饲养管理及其检查

一、实训目的

1. 通过参加肉猪的饲养管理实践来了解肉猪的管理项目及技术。
2. 熟悉肉猪饲养管理的检查方法。

二、内容与方法

(一)肉猪饲管项目及技术

(1)分群。按品种、杂交组合、体重近似,尽量同窝同圈育成,建立圈头记录卡。饲养密度适中,槽口充裕,饲喂方便,采用适合的保温、防暑措施。

(2)调教。入圈前,应做好圈舍清洁卫生。消毒、抓早、抓勤,做好吃、便、睡、三角定位调教,养成习惯,防止强夺弱食。

(3)饲料与饲喂法。饲料配方与喂量符合标准,调制与喂法适当。

(4)饮水供给充足,保持清洁。

(5)卫生,防疫,驱虫。坚持经常做卫生,按时防疫,认槽后驱虫,及时隔离病弱猪。

(6)增重检测。同批肉猪可抽取固定若干头号按时称重检查增重效果。

(7)适当出栏，屠宰适期，按时出栏。

(二)肉猪饲管检查方法

(1)现场查群。组群是否合理，饲养密度及槽口是否适当，喂饮是否方便，饲料调制是否适合，肉猪被毛膘情、食欲、精神、生长情况及群体均匀度，粪便及饲料消化情况。料、水、槽、圈舍、猪体卫生情况。

(2)增重检测记录(或称重实测)耗料记录等，效果分析。

三、实训作业

1. 记录饲养日记。
2. 完成实验报告。

自测训练

一、单选题

1. 猪体躯各组织生长发育的次序是(　　)。
   A. 骨骼、皮肤、肌肉、脂肪　　　　B. 肌肉、骨骼、皮肤、脂肪
   C. 脂肪、皮肤、肌肉、骨骼　　　　D. 皮肤、肌肉、骨骼、脂肪

2. (　　)表示猪的脂肪沉积能力强，它与肌肉生长存在强的表型和遗传相关。
   A. 背最长肌　　B. 大理石花纹　　C. 背膘厚度　　D. 肉色

3. 一点测膘时测定的位置是(　　)背部皮下脂肪的厚度。
   A. 肩部最厚处　　　　　　　　B. 胸腰结合处
   C. 腰荐结合处　　　　　　　　D. 第 6 和第 7 胸椎结合处

4. 猪随着月龄和体重的增长，在猪体内的相对含量开始逐渐下降，在 4 月龄左右趋于稳定的成分是(　　)。
   A. 水　　　　B. 蛋白质　　　　C. 脂肪　　　　D. 灰分和蛋白质

5. 脂肪在猪体内的增加规律是(　　)。
   A. 前期多后期少　　　　　　　B. 前期少后期多
   C. 前期后期都多　　　　　　　D. 前期后期都少

6. 育肥猪自由采食的缺点是(　　)。
   A. 生长速度慢　　　　　　　　B. 增重缓慢
   C. 育肥期长　　　　　　　　　D. 膘厚

7. 下列有关日粮组成多样化的特点的说法错误的是(　　)。
   A. 促进消化液的分泌　　　　　B. 食欲下降
   C. 营养价值提高　　　　　　　D. 提高生产水平

8. 瘦肉型猪的后期肥育，最好选择（　　）饲料。
   A. 膨化料　　　　B. 粉料　　　　C. 液体料　　　　D. 颗粒料
9. 瘦肉型品种猪的适宜屠宰体重为（　　）千克。
   A. 130～140　　　B. 120～130　　C. 110～120　　　D. 90～110
10. 猪宰后需要摘除的"三腺"是指（　　）。
    A. 腮腺、甲状腺、肾上腺　　　　B. 甲状腺、肾上腺、脑垂体
    C. 甲状腺、肾上腺、淋巴结　　　D. 甲状腺、肾上腺、病变淋巴结
11. 猪的遗传力高的性状体现为（　　）。
    A. 瘦肉率　　　　　　　　　　　B. 产仔数
    C. 初生重　　　　　　　　　　　D. 断乳窝重
12. 猪的屠宰体重增大，会使（　　）。
    A. 瘦肉率高屠宰率低　　　　　　B. 瘦肉率低屠宰率高
    C. 二者都高　　　　　　　　　　D. 二者都低
13. 肉猪应适时出栏。月龄和体重过大，以下叙述错误的是（　　）。
    A. 维持需要多，增重慢，膘厚
    B. 单位产品非饲养成本增加，经济效益降低
    C. 后期增重多为脂肪，胴体品质差
    D. 饲养成本增加，经济效益降低
14. 下列关于日粮体积的论述中不正确的是（　　）。
    A. 日粮除应满足畜禽对各种营养物质的需要外，还需注意干物质含量
    B. 若日粮体积过大，可造成消化道负担过重，影响饲料的消化和吸收
    C. 体积过小，即使营养物质已满足需要，但畜禽仍感饥饿，不利于正常生长
    D. 在保证日粮营养全价的情况下，可考虑日粮的体积应该尽可能小
15. 直线育肥方式的主要优点是育肥猪（　　）、生长速度快。
    A. 瘦肉率高　　　　　　　　　　B. 胴体品质好
    C. 易饲料浪费　　　　　　　　　D. 饲料利用率高
16. 胴体剔骨后的全部肉重，称为（　　）。
    A. 屠体肉重　　B. 宰后重　　C. 净肉重　　　D. 胴体重
17. 猪在管理中的"三角定位"是指喂料地点、（　　）、睡觉地点在圈舍中呈三角形分布。
    A. 拌料地点　　　　　　　　　　B. 排便地点
    C. 储料地点　　　　　　　　　　D. 治疗地点

二、判断题

1. 在肉猪饲养上，不论日粮粗蛋白质水平高低，随着日粮能量水平的提高，猪的日增重也逐步提高，胴体也越肥。　　　　　　　　　　　　　　　　　　　　　　（　　）
2. 育肥猪常因争食而被咬伤，故不宜群饲。　　　　　　　　　　　　　　　（　　）

3. 猪对饲料能量的利用效率随环境温度的不同而不同。（   ）
4. 肉猪肥育中最常采用的饲喂方式为自由采食。（   ）
5. 无公害肉猪是指在养猪生产全过程中，不使用任何饲料添加剂生产出来的肉猪。
（   ）

三、问答题

1. 生产中常用的肥育方式有哪些？
2. 如何进行育肥猪的饲养管理？
3. 如何进行育肥猪的卫生防疫？

课外学习指导

一、标准

育肥猪健康养殖技术规程 DB41/T 2372—2022（河南于 2023 年 3 月 21 日实施）。

二、育肥舍饲养员岗位职责

(1) 负责育肥单元的刷洗及物品的准备。
(2) 负责育肥猪的饲喂、整齐度调整及病弱猪护理。
(3) 负责单元小环境的控制及卫生。
(4) 负责协助防疫员做好防疫工作。
(5) 负责小组猪群流转。
(6) 负责单元生产报表的填写。

模块七　猪场经营管理技术

学习目标

知识目标
1. 掌握规模化猪场生产计划编制的流程。
2. 掌握猪场人员管理的要点。
3. 掌握猪场饲料管理要点。
4. 掌握猪场降本增效的着力点。

能力目标
1. 能根据编制流程编制任一猪场的生产计划。
2. 能根据猪场人员管理的要点，对本场的人员做出安排。
3. 能根据猪场饲料管理要点，对本场猪场饲料进出、需求等做出安排。
4. 能根据猪场降本增效的着力点，提出针对本场问题的解决措施，从而提高猪场的经济效益。

素质目标
1. 具备良好的统筹能力。
2. 具备较强的责任心和良好的职业道德。
3. 具备良好的沟通、协调能力。
4. 具备严谨的工作态度，能以客观、公正、合理的态度解决问题。

单元一　猪场生产计划的编制

案例导入

小明刚调任为×××繁殖场场长。此场的规模是5 000头基础母猪数，还没开始投产。现在，小明作为场长，要让猪场在下半年开始运转起来，所有栏舍均要有母猪，且不能在年底亏损太多。他应该如何编制繁殖场的生产计划呢？第一步该干什么才能在年底完成这个任务呢？

随着养猪业的迅速发展，降低单位产量的生产成本成为每位养猪生产者的关键目标。许多养猪经营者将饲料价格、商品猪的屠宰价格及猪场的健康状况作为猪场能否盈利的关键因素，认为只有对这一系列关键因素进行有效调控才能盈利。而种猪群及育肥群的生产成绩依赖于饲养员对各个关键性环节的正确操作。这些环节包括：引种、配种、妊娠检查、母猪助产和接产、母猪饲喂、仔猪护理、料槽管理、环境控制、病猪的识别与治疗等。饲养员对上述各生产环节的综合运用和操作能力对生产成绩有很大的影响，比种猪的基因、设备和饲料的影响更大。因此，经营者和饲养员必须充分理解自己日常的每个操作和决策与猪场经济利益的关系，需要花时间为将来的生产成绩和盈利做出计划。

一、核定生产能力

(1)定义。在拥有合理的技术组织条件下，企业在一定时期内可能生产合格产品的最大产量。

(2)核定。企业在计划期内，充分考虑已有生产条件和能够实现的各种措施后，必须达到的生产能力。这种能力才是作为生产计划基础的现实的生产能力。

(3)确定基础母猪繁殖数才能知道人员的配置。在人员配置的时候必须定岗，以栋舍为单位或者以区域为单位，人员不能随意串岗。根据栏舍要求人员配置来确定猪场基础母猪数的最大容量，非瘟背景下基础母猪最理想的状态是满容量的80%。

二、制订猪场生产目标

(1)盘点猪场母猪胎次占比，如六胎以上的老龄母猪较多，在制订生产指标的时候要酌情考虑。

(2)确定几个猪场的生产关键指标，计算出整年的生产任务，如年生产的总目标即利润是多少，分解目标：年出栏头数是多少(包括商品猪头数、种猪头数)；单头利润(成本控制)。拟定猪场生产关键指标：年产胎次2.3；配种分娩率＞88%；窝产健仔11.4头以上；断奶成活率＞95%；窝均断奶头数11头；母猪非生产天数40天；母猪全年淘汰率＜35%。

三、制订猪场的全年生产计划

根据指标可以计算出一年产仔胎次：基础母猪量×2.3胎等于配种头数。根据胎次和分娩率得出分娩胎次，先由分娩胎次得出产健仔数，再由产健仔数断奶成活率得出断奶仔猪，最后根据保育成活率和育肥成活率得出一年出产量。

以1 200头母猪场为例，核定生产能力：1 200头基础母猪的母猪场，确定生产目标：年出栏断奶仔猪：31 464头，断奶仔猪：31 464×95%＝29 890.8头，出栏量：29 890.8×90%×95%＝25 556.6头。

1. 猪场关键技术指标(表7-1)

表7-1 猪场关键技术指标

序号	参数	标准
1	年产仔胎次	2.3
2	窝平健仔数	11.4

续表

序号	参数	标准
3	断奶成活率	95%
4	保育成活率	90%
5	育肥成活率	95%

2. 猪场生产指标(表7-2)

表7-2 猪场生产指标

基础母猪	年产仔窝数	总窝数	月产仔窝数	分娩率	月配种窝数
1 200	2.3	2 760	230	0.85	271

(1)配料。不同猪群因为不同阶段对于营养的需求不一样，因此所采食的饲料类型不一样，单价不一样，每头猪的单位成本和料肉比均不一样，需要根据此阶段猪群的饲养目标来配料。

(2)配药。根据免疫保健程序确定。

(3)制订猪场每月的生产计划。根据前面四个月的产仔胎数和后备母猪的情况来制订每个月的配种胎次，制订配种头数后相应胎次、产仔数以及断奶头数就确定了。

(4)制订猪场的淘汰计划。根据淘汰率，可以计算出一年总共要淘汰的母猪数量，可以分到每个月按月淘汰，也可以按照季度淘汰，非瘟背景下补充后备母猪最好闭环生产，一次性引种后进行封群处理，补充后备母猪，直接用自己猪场的三元母猪补充上了。

3. 猪场年度生产计划(表7-3)

表7-3 猪场年度生产计划

年度	月度	母猪			配种窝数	产仔		出栏		死亡	存栏		耗药		耗料		
											20××年						
											6月						
		存栏	死淘	后备		窝数	头数	头数	均重	头数	头数	均重	疫苗	投药	301#	302#	303#
20××年度	4月	1 216	50	90	271	225	2 478	0	0	0	2 379	3.5	12 369	785	0	0	0
	5月	1 242	50		265												
	6月	1 192	40	90	248												
	7月	1 228	35	90	260												

4. 制订考核方案

(1)配种舍主要考核3个指标：配种胎次、分娩窝数、窝产健仔数。

①配种胎次是保证全年的生产指标达成的最基本的要求，只有胎次达到要求才能确保年出栏数量。

②分娩窝数是考核配怀舍查情、配种工作的重要指标，是考核返情、流产的指标。

③窝产健仔数是考核配种后管理工作和配种质量的参考指标。

(2)分娩舍主要考核指标：窝均断奶头数、头均断奶重、断配率。
①分娩舍考核窝均断奶头数是考核整个分娩舍的一系列工作指标。
②头均断奶重是考核饲喂、奶水调控的指标。
③断配率是和产后炎症的控制和膘情控制的重要结果。
(3)保育和育肥可以考核成活率。该行业高风险、高回报，投资者和场长需要更合理的股权分配与分红机制，对于场长和员工也需要有合理的考核机制，而每个猪场的考核机制也不一样。

实验实训

实验7-1　拟订猪场生产计划

一、实训目的
掌握猪场配种计划、饲料供应计划和猪群周转计划的制订方法。

二、实训内容
猪群猪场配种计划、饲料供应计划和猪群周转计划的拟订。

三、实训条件
猪场生产记录数据，常用数据记录表格、纸、笔和计算器等。

四、实训方法

1. 猪场配种计划的制订。

根据上一年度母猪配种、产仔、生产可售猪情况计算出每头母猪年生产可售猪的头数（纯种数量、杂种数量分别计算），再根据年度生产计划计算出一年需要配种的母猪头数（母猪配种产仔率、由出生至可出售时存活率等系数均要考虑进去）。

一年需要配种母猪头数＝年生产计划（头数）÷一头母猪年生产可出售猪（头数）

由一年需要配种母猪头数计划出周配种母猪头数。

一周配种母猪头数＝一年需要配种母猪头数÷52

母猪一般产6～7胎后淘汰，则年淘汰率为30%～35%，月淘汰率为2.5%～3%。同时，由40%的后备母猪来补充。公猪一般使用3年，年淘汰率为35%，同样由40%后备公猪来补充。

根据本场各类种猪所处生产生理时期（空怀、妊娠、泌乳、后备发育程度）逐头编排出具体配种周次，并将与配公猪个体的品种耳号注明，便于配种工作的组织和安排。

如果是一年中某一时期计划生产任务，应根据母猪的生产周期及猪场的实际情况提前做好安排。

母猪生产周期＝妊娠期（16.5周）＋哺乳期（3～5周）＋断乳后发情配种期（1周）

2. 猪群周转计划编制。

根据期初猪群结构状况，计划期末按任务要达到的存栏头数，猪群配种分娩计划，出售和购入猪头数，淘汰种类、头数和时间，由一个猪群转入另一个猪群的头数，以及猪场工艺参数等技术资料，即可编制猪群周转计划。

3. 饲料供应计划编制。

通过查阅各阶段猪的饲养标准即可获得其每日采食的饲料量，结合该阶段猪群头数及其饲养天数即可获得其饲料需求量，即饲料需求量＝猪群头数×日粮定额×饲养天数。或者根据每阶段猪的料肉比和日增重，也可计算出其饲料需求量，即饲料需求量＝猪群头数×料肉比×平均日增重×饲养天数。再将不同猪群的耗料量累加即可得到全场的饲料需求量。

五、实训报告

根据某猪场的相关生产数据，制订其年度配种计划、猪群周转计划和饲料供应计划。

自测训练

一、判断题

1. 计划的贯彻与落实编制猪场生产计划是一项科学而严谨的工作，要尽力做到既符合客观实际又有利于提高生产水平和经济效益。（　　）
2. 猪群的均衡生产决定了全场的均衡生产，在生产实践中要科学地制订各种计划，包括周、月、年生产计划，配种率、分娩率、产仔率等。（　　）
3. 养猪场中其生产计划应包括饲料供应计划、配种分娩计划和猪群周转计划的编制，一般是以生产周期为单位。（　　）

二、多选题

1. （　　）可以编制生产计划。
   A. 场长　　　　B. 栋舍主管　　　C. 场助/副场长　　D. 技术员
2. 编制生产计划的环节有（　　）。
   A. 了解猪场生产状况，掌握市场信息
   B. 结合猪场生产状况和外部市场条件，分析研究，提出生产目标
   C. 综合平衡，确定生产计划关键指标
   D. 编制生产计划大纲，组织实施生产作业目标

三、问答题

怎样编制小型猪场的生产计划？

单元二　猪场人员管理

📦 案例导入

现有 2 500 头母猪规模的某猪场，配置了 32 名员工，包括场长、副场长、科长、班长、分娩、配怀、后勤、电工、会计、厨房、门卫、杂工、司机等。这 32 人应如何安排才能保障猪场的正常运转，而且人员配置合理，有利于提高工作效率呢？应如何画出养殖场的组织架构图？

随着社会现代化的发展，猪场具有自动化设施设备和智能化设施设备，因此，对从事养猪行业的人员要求越来越高，猪场技术人员是猪场的核心部分，人员选聘和安排不当均会对猪场造成一定的经济损失，因此，对猪场工作人员要有以下要求。

一、人员素质要求

(1)基本要求。现在大部分猪场要求人员年龄：20~45 岁；学历背景：大专及以上学历，畜牧、兽医、养殖等相关专业优先，有工作经验的优先；身体条件：能从事猪场工作，需要长时间站立和操作，具备良好的身体素质和健康状态。

(2)专业技能要求。熟悉猪群的生长发育、饲养、疾病防治等知识。熟悉养殖设备的使用、维护和保养。熟练掌握猪群的发情鉴定、人工授精、猪群体况评定、母猪助产的核心技能。熟练掌握猪场固有的管理制度和经验，有一定的管理能力。熟悉养猪业的政策法规和市场动态，了解市场走向和销售策略。

(3)个人素质要求。①责任心：猪场工作需要时刻保持高度的责任心，在工作中时刻保持清醒头脑。②耐心、细心：猪有很高的敏感度，需要工作人员耐心地对待每一头猪，细心观察和管理。③服从性：猪场中工作人员需要严格遵照规章制度，需要服从上级领导的工作安排，做到有序工作。④动物福利意识：个别猪比较倔强，在赶猪过程和治疗过程中不要粗暴对待猪群，需要冷静处理，具有一定的动物福利意识。

二、各岗位人员需求

1. 猪场人员组织架构

(1)一点式猪场人员组织架构(图 7-1)。
(2)二点式猪场人员组织架构(图 7-2)。

2. 岗位定编

(1)一点式猪场人员编制。猪场场长 1 人，场长助理或区长 1 人，区长的配置根据猪场生产规模和生产线数量确定，2 条及以上生产线猪场可以同时配置场长助理与区长各 1 人，每条生产线各工段需设立工段主管：配怀舍主管 1 人，分娩舍主管 1 人，选育保育

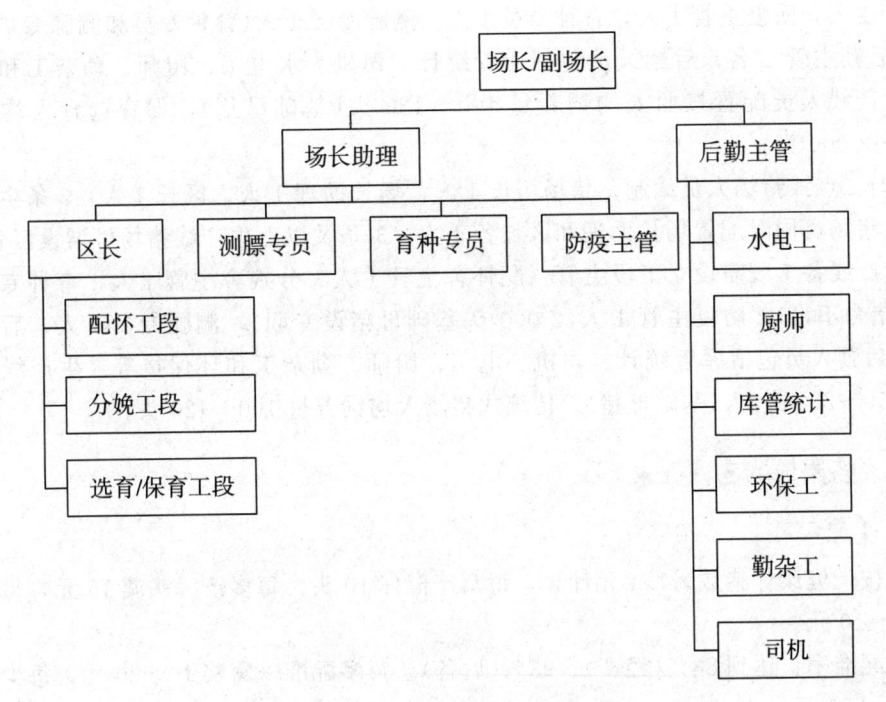

图 7-1 一点式猪场人员组织架构

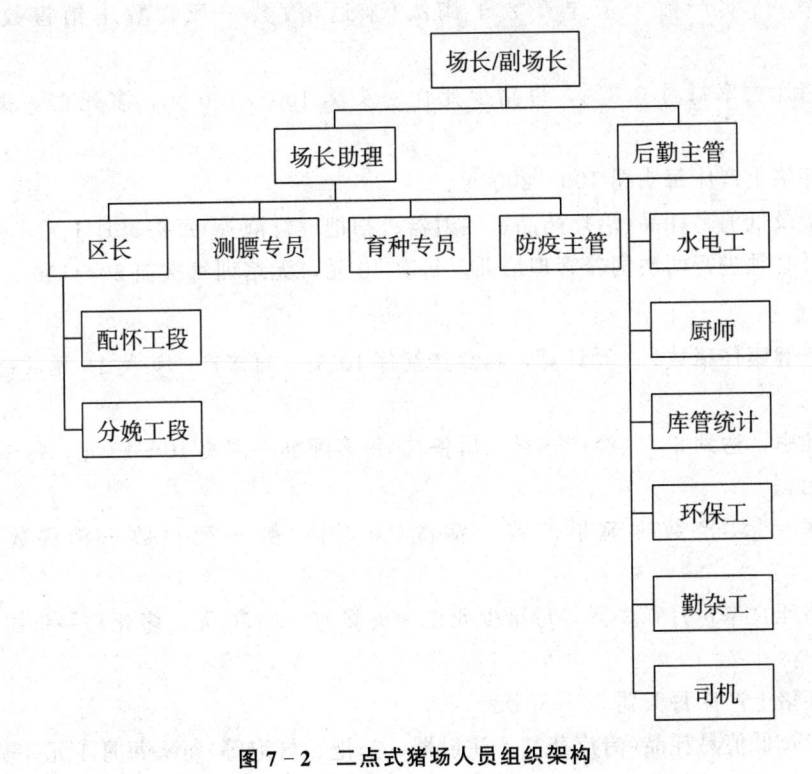

图 7-2 二点式猪场人员组织架构

舍主管1人，防疫主管1人，育种专员1人，测膘专员1人（育种专员和测膘专员参与生产），后勤主管1名，后勤人员包括库管统计、司机、水电工、厨师、勤杂工和环保员等。生产线人员配置按照人均饲养量100～120头（基础母猪），保育选育人均饲养量1 000～2 000头。

（2）二点式猪场人员编制。猪场场长1人，场长助理1人，区长1人，2条生产线及以上的猪场可同时配置场长助理和区长各1人，3条及以上生产线猪场可增设区长1人。每条生产线各工段需设立工段主管：配怀舍主管1人、分娩舍主管1人，育种专员1人（育肥猪舍不设），防疫主管1人（2 000头基础母猪设专职），测膘专员1人，后勤主管1人，后勤人员包括库管统计、司机、电工、厨师、勤杂工和环保员等。生产线人员配置按150～200头/人（基础母猪）。传统式猪场人均饲养量100～120头。

三、各岗位的考核要求

1. 主配

①按产健康仔猪数×1.4元计算，每窝产健仔10头。每多产一头奖15元，每少产一头罚8～10元。

②配准率：达到88%（经产）、93%（后备）。每多配准一窝奖10～20元，每少配准一窝罚10～20元。

配准率=[实产数+流早产数+淘汰（未返情）数+死亡数+销售数]/总断奶数×100%。

③种猪死亡率每月0.3%，母猪少死亡一头奖100～150元，多死亡一头罚100～150元。

④空怀猪上产床每头罚100～200元。

⑤药费及低值易耗品（治疗药品、注射器、扫把、灯泡等）每头每月1元，奖10%。

⑥每月必须进行两次饲养管理培训。每次40元，无培训每次罚50～100元。

2. 副配

①按产健康仔猪数×1元计算，每窝产健仔10头。每多产一头奖15元，每少产一头罚5～8元。

②配准率：达到88%（经产）93%（后备）。每多配准一窝奖10～15元，每少配准一窝罚5～10元。

配准率=[实产数+流早产数+淘汰（未返情）数+死亡数+销售数]/总断奶数×100%。

③种猪死亡率每月0.3%，母猪少死亡一头奖100～150元，多死亡一头罚100～150元。

④空怀猪上产床每天罚50～80元。

⑤药费及低值易耗品（治疗药品、注射器、扫把、灯泡等）每头每月1元，奖10%。

⑥负责饲养公猪，服从组长的安排，完成公司下达的各项工作任务，把栏舍内外环境做好，每月奖100～150元。

3. 妊娠舍饲养员

①饲养一头母猪每月 2~3 元，（按每月平均饲养数算）。

②伤残超出淘汰率 1 头罚 30 元，死亡 1 头罚 30 元，本批无死亡奖 100~150 元。

③配种分娩率，经产母猪达 88%，后备母猪达 90%。每多分娩 1 窝奖 10~20 元，少分娩 1 窝罚 10~20 元。

④上产床分娩一窝 2 元。

⑤活产健仔数每头 0~1 元（出生重 1.4 千克）。

⑥药费及低值易耗品（治疗药品、注射器、扫把、灯泡等）每头每月 1 元，奖 10%。

⑦空怀猪上产床罚每头 10~15 元。

⑧服从组长的安排，完成公司下达的各项工作任务，把栏舍内外环境做好，每月奖 100~200 元。

4. 分娩舍组长

①调出断奶猪标准 28 天为 7 千克，25 天为 6.5 千克，21 天为 6 千克；一头标准仔猪 1.3~1.5 元。超出标准重超重每千克 0.5~2 元。

②批次死淘率 4%，少死淘一头奖 5~20 元，多一头罚 5~10 元。

③种猪死亡率每月 0.3%，母猪少死亡 1 头种母猪奖 100~150 元，多死亡一头罚 100~150 元。

④断奶后 10 天发情配种率 90%，每提高 1% 奖 10~15 元，每降低 1% 罚 5 元。

⑤药费及低值易耗品（药品、注射器、扫把、灯泡、饮水器，按转出仔猪数计算含不合格每头 5 元，奖 10%。

⑥每月必须两次饲养管理培训。每次 50 元，无培训罚 100 元每次。

5. 分娩舍饲养员

①饲养一头母猪每月 2 元（按每月平均饲养数算）。

②出生一头活仔 0.6~1 元。

③调出断奶猪标准 28 天为 7 千克，25 天为 6.5 千克，21 天为 6 千克，转出 1 头合格猪 2.5 元。超出标准重 1 千克 0.5~2 元。

④转栏合格率 96%，超出部分每头奖 15~20 元，低于 96% 每少转 1 头罚 10 元。

⑤药费及低值易耗品（药品、注射器、扫把、灯泡、饮水器，按转出仔猪数计算含不合格）每头 5 元，奖 10%。

⑥断奶后由怀孕舍人员考核，断奶后 10 天发情配种率 90%，每提高 1% 奖 15~20 元，每降低 1% 罚 7 元。

⑦槽料平均每头 2.0 千克（按转出仔猪头数算），多与少按料价的 10% 奖罚，发现有饲料浪费现象每次罚 20 元。

⑧批次死淘率 6%，少死淘 1 头奖 10~20 元，多 1 头罚 10 元。

⑨种猪死亡率每月 0.3%，母猪少死亡 1 头种母猪奖 100~150 元，多死亡 1 头罚 100~150 元。

⑩服从组长的安排，完成公司下达的各项工作任务，把栏舍内外环境做好，每月奖

100~150元。

6. 保育生长育肥舍组长

①每销售1头合格猪(100~105千克及仔猪的销售)1.5元。

②料肉比：按每批猪料肉比加权平均计算，料肉比(7~105千克)低于2.65，每节约1千克饲料奖励0.2元；料肉比(110千克以上)低于2.7∶1，每节约1千克饲料奖励0.2元。

③全群批次死淘率6%，少死淘一头奖80元，多死淘一头罚40元。

④药费及低值易耗品(药品、注射器、扫把、灯泡、饮水器等)，按转出猪数含不合格)每头10元，奖10%。

⑤每月必须进行两次饲养管理培训。每次40元，无培训罚100元每次。

7. 保育舍饲养员

①每转出1头合格保育猪1.7元(20千克)超重每千克0.3~1元。

②批次死淘率3%，少死淘1头奖15~20元，多死淘一头罚15~20元。

③料肉比：按每批猪料肉比加权平均计算，料肉比(7~15千克)低于1.6，每节约1千克饲料奖励0.2元；料肉比(7~15千克)高于1.6，每超耗1千克饲料罚0.1元。超过15~20千克料肉比按1.7；超出20~25千克料肉比按1.8。

④药费及低值易耗品(药品、注射器、扫把、灯泡、饮水器等)，按转出猪数含不合格)每头2元，奖10%。

⑤服从组长的安排，完成公司下达的各项工作任务，把栏舍内外环境做好，每月奖100~150元。

8. 生长舍饲养员

①转出合格生长猪1头2.2元。

②批次死淘率1.5%，少死淘1头奖20元，多死淘1头罚10元。

③料肉比：按每批猪料肉比加权平均计算，料肉比(17~50千克)低于2.3，每节约1千克饲料奖励0.2元；每超耗1千克饲料罚0.1元。

④药费及低值易耗品(药品、注射器、扫把、灯泡、饮水器等)，按转出猪数含不合格)每头2元，奖10%。

⑤服从组长的安排，完成公司下达的各项工作任务，把栏舍内外环境做好，每月奖100~150元(决定权在组长)。

9. 育肥舍饲养员

①每销售1头合格育肥猪8元(50~105千克)超重1千克0.2元。

②批次死淘率2%，少死淘一头奖30元，多死淘1头罚20元。

③料肉比：按每批猪料肉比加权平均计算，料肉比(50~105千克)低于3.0，每节约1千克饲料奖励0.2元；料肉比(17~105千克)高于3.0，每超耗1千克饲料罚0.1元。

④药费及低值易耗品(药品、注射器、扫把、灯泡、饮水器等)，按转出猪数含不合格)每头4元，奖10%。

⑤服从组长的安排，完成公司下达的各项工作任务，把栏舍内外环境做好，每月奖100～150元。

实验实训

实验7-2 猪场岗位定编与工作职责的制订

一、实训目的

1. 了解猪场的岗位设置和人员配置。
2. 掌握猪场主要岗位工作职责的制订。

二、实训材料与用具

1. 某规模猪场的猪舍、猪群结构资料。
2. 该猪场现有人员及岗位配置资料。
3. 该猪场发展规划。
4. 该猪场现有操作规程。

三、实训方法与步骤

1. 查阅某猪场有关数据资料。
2. 了解该猪场原有岗位、工位配置。
3. 分析该猪场岗位和工位配置。
4. 制订该猪场岗位工作职责。

四、实训案例

某流程式管理猪场现有种公猪50头，种母猪500头，后备母猪100头，仔猪1 500头，育肥猪1 000头。请进行岗位人员配置并制订岗位工作职责。

自测训练

一、多选题

1. 分娩舍饲养员的考核指标有（　　）。
   A. 出生仔猪合格率　　　　　　B. 断奶体重
   C. 断奶转栏合格率　　　　　　D. 断奶发情利用率
   E. 母猪的死亡率
2. 主配的考核指标为（　　）。
   A. 配种率　　　B. 配准率　　　C. 种猪死亡率　　　D. 窝产仔数

3. 生长育肥舍饲养员的考核指标为(   )。
   A. 死淘率　　　　　　　　B. 料肉比
   C. 出栏重　　　　　　　　D. 饲养成本

二、问答题

1. 猪场人员的定岗依据是什么？
2. 猪场人员考核指标应怎样确定？

单元三　猪场降本增效管理

案例导入

贵州现有某养殖场，共有7 000头基础母猪。此繁殖场的母猪前不久感染蓝耳病毒，怀孕后期的母猪大部分出现流产，母猪死淘率增加，按照现在的猪价市场，这个养殖场应该如何进行降本增效管理，保证猪场的亏损不太严重？从哪里着手进行管理，可以增加效益？

猪场要获得较好的盈利，必须做好降本增效。降本就是降低养猪成本，增效就是提高经济效益，提高养猪的效果、效率、效能。

一、猪场的生产成本

猪场的生产成本在养殖过程中占比很大，而猪场成本不是某一项成本组成，而是多项成本共同构成，有的是直接成本，有的是间接成本，有的是固定成本，因此，需要了解猪场的成本构成（表7-4）。

表7-4　猪场的成本构成

序号	生产成本	序号	生产成本
1	饲料成本	6	无害化费用
2	人工成本	7	生猪运费
3	折旧成本	8	水电维修
4	兽药成本	9	期间费用
5	环保运行	10	综合费用

二、猪场的增效管理

猪场效益包括经济效益、生态效益和社会效益，猪场最关注的是经济效益，当然也不能忽视生态效益和社会效益。通俗地讲，经济效益就是利润、赚钱，要获得高的经济效益，必须有好的生产成绩和高的猪价，因此，要求生得多、长得快、死得少、效能高、卖得好。

1. 猪场的效益公式(图 7 - 3)

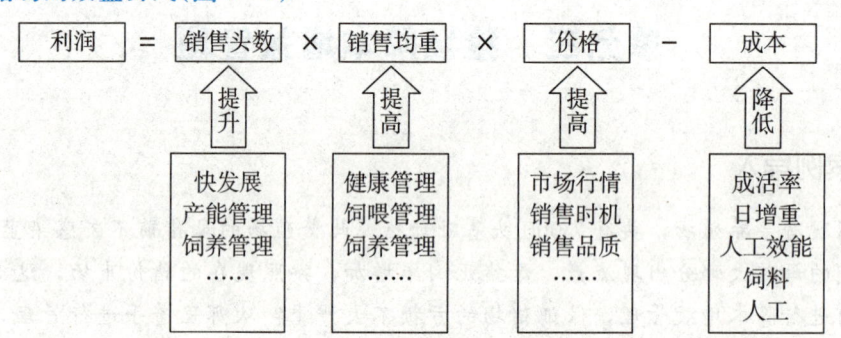

利润 = 销售头数 × 销售均重 × 价格 - 成本

提升：快发展 产能管理 饲养管理……

提高：健康管理 饲喂管理 饲养管理……

提高：市场行情 销售时机 销售品质……

降低：成活率 日增重 人工效能 饲料 人工

图 7 - 3　猪场的效益公式

猪场要想获得高利润有两条途径：一是在市场价格不高的情况下，提高猪场的出栏头数，提高销售的均重；二是饲养过程中降低饲养成本，"降本"是指降低不必要的浪费和损耗，而不是简单地降低投入。降本但不能降效，如果降低投入后，产出下降了，特别是由于生产成绩下降了，效益也就下降了，并不能达到降本增效的目的。

2. 猪场降本增效的具体措施

(1)需要做好疾病的防控。猪场将疾病分为重大传染性疾病和常规疾病：重大疾病有非洲猪瘟、猪流行性腹泻、猪呼吸与繁殖障碍综合征、蓝耳、圆环、猪伪狂犬病、猪口蹄疫等重要传染性疾病；常见疾病主要是指母猪产后三联征、肢蹄病、环境导致疾病、霉菌毒素中毒、细菌性疾病等，此类疾病对猪场影响较小，并可有效控制。

有些病在猪场没有有效的疫苗和药物，只能通过生物安全阻断传播途径，控制传染性疾病的传播。在防控重要传染性疾病的同时，猪场需要做好常规疾病的管控。重大传染性疾病决定猪场是否盈利，而常规性疾病决定猪场盈利的多少。猪场可以通过一系列的管理措施减少致病因素，如降低温湿度、饲养密度；改善通风；及时清理霉变饲料等，对于疾病一定要有"防"大于"治"的理念。

(2)提高母猪的生产效率。每头母猪每年断奶仔猪头数(PSY)是衡量母猪生产水平的重要指标，目前国内较好水平的PSY在25～30头，优秀的猪场PSY可达到30头以上，PSY＝年胎次×产仔数×断奶仔猪成活率。

提高每头母猪的年产胎次就要提高种猪的利用效率，降低种猪的非必需生产天数，管理水平较好的猪场母猪的平均年非必须生产天数在30天以内。后备母猪超期配种、断奶发情时间间隔过长、返情、妊娠母猪死亡等因素都是增加母猪非必需生产天数的重要原因，猪场需要降低此类情况的发生。

(3)提高猪只存活率。提高猪只的存活率就是要降低猪只的淘汰或死亡。猪只淘汰或死亡的原因，一是非疾病原因，如压死、初生重低等，通过加强生产管理来降低损失；另一个原因是疾病原因，致病因素有环境、应激、霉菌毒素、营养不均衡、病原菌等，种猪的繁殖障碍性疾病、仔猪的消化道疾病和中大猪的呼吸道疾病是影响猪场效益的主要原因。对于规模化猪场，需要定期分析猪只的死亡、淘汰原因，对超过警戒值的指标及时分析，并采取防治措施，减少损失。

(4)提高饲料转化率缩短出栏时间。猪场猪群品种、饲料配方、环境、疾病等因素影响到猪只的生长,例如,对成年育肥猪来说,18～20 ℃是最适宜猪生长的温度,温度过低时则饲料转化率明显降低,猪只生长速度减缓;温度过高,也会降低饲料转化率,减缓猪群生长。科学化饲料配方,实现精准饲喂,降低猪群料重比,有效提高饲料转化率。

(5)做好精细化管理。精细化管理,是指采取批次生产、控制好母猪膘情体况、做好母猪的发情鉴定等有效措施,实现精准配种、营养和饲喂管理,提高母猪生产水平和配种分娩率、产健仔数、断奶成活率等指标,增加产出,降低能繁母猪年均饲养费用在断奶仔猪的均摊成本。

(6)降低饲料成本。饲料成本主要受料重比和饲料单价影响,因此,要提升猪群生长速度、降低料重比、精准饲养、减少饲料浪费;优化饲料配方和原料采购单价,降低饲料单价。同时,还可以选育培育优良种猪、做好母猪的体况评分、调控好猪群饲养环境及饲养密度、减少饲料的浪费等措施,可以有效降低猪场的饲料成本。

(7)降低兽药成本。选用性价比高的兽药疫苗(不同厂家替米考星、泰万菌素的疗效有一定差别,临床使用需要甄选性价比高的产品);科学选用消毒药(不同类型消毒药成本相差非常大,如卫可、烧碱、戊二醛、次氯酸钠等,按使用环境、使用量、使用效果来选用不同类型的消毒药);优化免疫程序,减少不必要的疫苗接种或疫苗免疫次数,杜绝使用过程的浪费,降低兽药疫苗成本。

(8)优化人员岗位设置,提高员工执行力。提升人均养殖效率,降低人工成本(旧场育肥猪岗位每人负责1 000头、新场每人负责5 000头;旧场饲养1 000头母猪需要配备12人、新场仅需7人就能养殖1 000头母猪)。同时,还要制订降本增效劳动竞赛方案,奖优罚劣,全员参与,促进各项降本增效措施的有效落实。

自测训练

一、判断题

1. 为实现降本增效,应允许人员隔离点的专车超载运送人员到猪场。（　　）
2. 在猪的生产过程中,降本增效是猪场生产、生存的永恒主题。（　　）
3. 猪场降本增效包含成本、成活率、母猪淘汰、猪只死亡成本方面。（　　）

二、问答题

1. 猪场应如何实现降本增效?
2. 若要实现降本增效,应如何提高猪场产仔数?

模块八　猪群健康管理技术

学习目标

知识目标

1. 掌握猪群健康管理的基础知识。
2. 熟悉猪场免疫程序制订的基础知识。
3. 掌握猪常见病的防治知识。

能力目标

1. 能根据实际情况进行兽医安全体系的构建。
2. 能进行常规的猪场消毒工作。
3. 具备猪常见疾病的防治能力。

素质目标

深刻理解猪场"防重于治，养防结合"的观念，培养"生物安全"意识。

单元一　猪场生物安全体系的构建

案例导入

王东刚入职时对猪场的规章制度很不理解，比如：进场前要隔离几天；进入猪场前要洗澡并从里到外换上工作服；进入猪舍要消毒；在工作期间不能在各车间互窜，工具不能混用；有疫情时治疗期间工人吃住都在猪舍，不能回宿舍等。入职两个月后，当工作和生活逐渐适应，王东终于理解了，这就是"生物安全防控"。

猪场生物安全是杜绝或减少致病微生物的传播和扩散，从而防止或减少猪致病的一系列相关管理措施。为保持猪群健康和高生产性能，规模化猪场需要建立生物安全体系并有效实施。

生物安全体系是指采取必要的措施，最大限度地减少各种物理性、化学性和生物性致病因子对动物造成危害的一种动物生产体系。其总体目标是防止有害生物以任何方式侵害动物、保持动物处于最佳的生产状态，以获得最大的经济效益。

生物安全体系是目前最经济、最有效的传染病控制方法，同时也是所有传染病预防的前提。它将疾病的综合性防控作为一项系统工程，在空间上重视整个生产系统中各部分关系，在时间上将最佳的饲养管理条件和传染病综合防治措施贯彻于动物养殖生产的全过程，强调了不同生产环节之间的联系及其对动物健康的影响。该体系集饲养管理和疾病预防为一体，通过阻止各种致病因子的侵入，防止动物群受到疾病的危害，不仅对疾病的综合性防治具有重要意义，而且对提高动物的生长性能，保证其处于最佳生长状态也是必不可少的。因此，它是动物传染病综合防治措施在集约化养殖条件下的发展和完善。

猪场生物安全体系的内容主要包括规模猪场的建设、"全进全出"的管理模式、卫生及消毒管理、人员的活动管理、车辆的管理、引种的管理、免疫体系的建立、疫病监测及疫病的净化。

一、规模猪场的建设

猪场场址选择、合理布局、阻隔传染源的猪场建筑是猪群生物安全体系的基础条件。

（1）场址。选择场地是考虑生物安全时最重要的一个因素，在养猪密集的地区，容易发生高度接触性的传染病。在这样的地区，难以防止某些疾病传入猪场。口蹄疫、喘气病以及蓝耳病等疾病可随风传播；对于相邻近的猪场来说，钩端螺旋体病、传染性胃肠病和猪痢疾等疾病很可能成为地方性流行病，如果一个猪场中的猪感染了猪痢疾这样的疾病，那么完全可以认为，邻近的其他猪场迟早也会被同样的病感染。因此，这些猪场不得不接受"共享"一些传染病的事实。

在理想情况下，猪场应坐落于隔离的区域内，远离其他猪场，与其他猪场核心场的最小距离为5千米；与扩繁场的最小距离为2千米，应尽可能远离其他牲畜；与其他牲畜如牛山羊、绵羊的最小距离为1千米，要远离市场和屠宰场。

（2）建筑布局。一个功能齐全的养猪场的建筑分为4个独立区域，即生活区、生产管理区、生产区和隔离区，生活区应距猪场500米以上；生产管理区位于猪场的一端，形成独立的建筑群，与生产区之间有消毒室相连；隔离区，在猪场下风方向50米处。三点布局，种猪、母猪以及产仔舍放置一点，断奶以后的保育期的猪放置一点，生长育肥猪放置一点。各点距离尽可能在500米以上，彼此用绿化带、水渠或围墙隔开，三点间有道路或门控制，不能随意往来，只能有序流动。

二、"全进全出"管理模式

规模化养猪场采取"全进全出"、彻底消毒的饲养管理模式，有助于控制疾病并改善生产。在传统的连续进出的养猪方式中，由于圈栏一直处于占用状态，只能带猪消毒，一方面限制了强消毒剂的使用；另一方面，不能彻底地清洁。消毒时由于粪便和污物对微生物有保护作用而对消毒剂有拮抗作用，从而使消毒的效果不理想，这样就给疾病连续滞留创造了条件。以至于在一些猪场中，病原的种类和数量不断地积累，猪的患病率和死亡率较高，几乎达到无法控制的局面，有的猪场虽然用大剂量的药物控制了发病率和死亡率，但猪群长期处于亚临床症状状态，生产水平较低。

"全进全出"管理方式则保证了对圈栏的彻底清扫和消毒，不仅有效防止了病原菌的积累和条件性微生物向致病性微生物的转化，而且阻止了疾病在猪场中的垂直传播（主要是母猪向其仔猪的传播）。

全进全出并不强调一场一地的大规模，而是一栏或一舍的全进全出。

三、卫生及消毒管理

良好的环境卫生和消毒措施能够有效地控制病原微生物的传入和传播，从而能显著降低猪只生长环境中的病原微生物数量，为猪群健康提供良好的环境保证。

(1)卫生管理。应对猪舍中粪便、尿液、饲料残渣等及时清理，每天打扫两次舍内整体的环境卫生，包括屋顶灰尘、门窗、走廊等平时不易清扫的地方，结合猪场全进全出每次彻底打扫。猪舍要保持温暖、干燥，适时通风换气，排出有害气体，保持舍内空气新鲜，场区必须完善绿化，保持清洁卫生，每天打扫一次。

猪场要有专门的堆粪场，猪场粪便需及时进行无害化处理并加以合理利用。猪场应把灭蝇、灭蚊和灭鼠列入日常工作。猪场内不得饲养其他畜禽及动物。

(2)消毒实施。

①猪场应建立门口消毒池，猪舍内外、猪场道路要定期消毒；根据不同的要求选择不同的消毒剂；消毒液要严格按照使用说明来配制，现用现配；根据消毒液的浓度、环境温度以及污染程度调整消毒时间。

②按照不同日龄分群，做好不同猪群间的隔离；生产人员工作顺序应从仔猪到母猪或是老年猪；在产仔舍的入口处建立一个洗澡消毒池，母猪移入产仔舍之前，用消毒液对母猪进行清洗；定期利用空舍期，通过清扫和消毒等措施来打断疫病自身的循环模式，控制疫病在群体内的传播。

③围栏、转猪车及猪群之间使用的设备要进行清洗和消毒；风扇、天花板、给料器、饮水器也要进行清洗和消毒，角落更不能忽视；所有的装备，特别是常与猪群接触（如注射器、手术器具等）的要进行严格的清洗和消毒；还要注意窗户、内部通信工具等的消毒。

四、人员的活动管理

(1)关于本场职工。本场职工应该严格遵守猪场所采取的防范措施。工作人员进场要进行沐浴、更衣、消毒，穿已消毒过的工作服和胶靴，戴上工作帽。工作服及鞋帽应保持干净、整洁，并定期消毒。饲养员不得串舍，各舍间用具不得相互借用，进出猪舍要脚踏消毒药液并用消毒液洗手；饲养员原则上不允许外出，特殊情况外出后必须在生活区宿舍彻底洗澡更衣后，隔离2天以上才能进入生产区。场内工作人员不要接近本场猪以外的任何猪只，不要进出屠宰场和畜禽交易市场。技术员不准对外出诊，参加业内相关会议后必须彻底洗澡更衣，在生活区隔离3天以上，再次洗澡换衣后才能进入猪场生产区。

(2)关于来访者。到猪场办事或探亲访友的人员一律在接待室，不准进入生产区。猪场应谢绝所有参观活动，禁止买猪者参观猪场。所有来访者在进入猪场前必须在门卫室登记，登记内容包括：日期、姓名、来访原因、上次接触猪或污染物的时间和地点等。如来访者进入生产核心场，必须在生活区隔离48小时。

五、车辆的管理

场内的车辆，只能在场内行驶，严禁驶出场外，每次使用完毕都要进行清洗与消毒。并放置在指定地点。场外的车辆包括装人员的车、装饲料的车和装猪粪的车，在离猪场1千米以外的地点设立消毒点。对进入的车辆实施全方位消毒，到达猪场的边缘再度进行消毒，并详细登记消毒记录与车辆信息。严禁场外的车辆驶入到生产区内部。在办公区设立停车点，消毒后的车辆放置在指定的停车位置。

六、引种的管理

新猪的引进是至今为止最重要的危险因素，它是将新病引进猪场的重要途径。原种猪场引种频率及数量要有长远规划，减少引种次数，必须引种的，在引种之前，通过实验室检测等方法了解种源提供场的猪群基本健康状况，必须是从已检测为主要传染病阴性的猪场引进种猪。严禁从烈性传染病为阳性的种猪场引种，严禁从健康等级低于本场的种源提供场引种。

引进的种猪由于长途运输等应激因素，其健康状况可能发生改变，并影响本场其他猪群的健康状况。因此，引进的种猪必须经过至少45天的隔离适应，隔离期对全部种猪进行抽血化验，确保重大传染病病原的检测结果均为阴性，方能混群。混群后根据本场的免疫程序，接种疫苗。

七、免疫体系的建立

免疫体系的建立在整个猪场生物安全体系构建中占据着重要的位置。猪场必须根据本场、本地区疫病流行情况，制订科学规范的免疫程序，并且严格执行，使猪只获得坚强的免疫，达到常规预防免疫接种的目的。

免疫接种的方法分为预防和控制两类。对于大多数流行病来说，免疫接种的目的在于预防猪只免受感染，从而将损失降低到较低水平。然而，在无某些疾病（如没有伪狂犬病）的猪场，免疫接种的目的在于当生物安全措施万一被突破时，可对猪群提供必需的保护。

建立免疫程序后，接着便是筛选疫苗，选择疫苗厂家，应遵循规模化、专业化生产及口碑良好的原则，要针对疫苗进行动物试验，从疫苗接种的副反应，如发烧、食欲减退等，以及接种后抗体产生的最短时间与持续存在时间等多方面进行综合评估，从而确立最佳的疫苗供应商。

疫苗的运输与保存均需要冷链设备，针对不同类型的疫苗，其保存的最佳温度要求是不同的。因此，保存疫苗要根据要求精准调控冷链的保存温度，同时使用温度计监控冷链温度，每天上午、下午各记录一次，防止因冷链设备的原因导致疫苗失效。

免疫注射后的针头、注射器、疫苗空瓶需进行消毒处理，避免污染环境。

八、疫病的监测

猪群健康状态的描述,是疾病控制的重要措施,最常用的评价方法是定期对猪群进行疫病和免疫状态的监测。通过疫病监测有利于猪场实时掌握疫病的流行和病原感染状况,有的放矢地制订和调整疫病控制计划,及时发现疫情,尽早防治,对疫苗免疫效果进行监测可以了解和评价疫苗的免疫效果,同时为免疫程序的制订和调整提供依据。

猪场应定期对全场猪群开展疫病监测和免疫监测,采用血清学抽样方法进行监测,监测时间一般每4~5个月进行1次。每次监测结果均应做详细的记录,并根据监测结果分析猪群的健康状态。对病原体监测为阳性的猪只,要立即进行隔离,半个月后进行复检;如果仍为阳性,实施淘汰处理。

九、疫病的净化

猪场对重点动物疫病应有计划地实施净化,疫病的净化标准为种用猪群重点疫病血清学阳性率低于0.2%,一般猪群低于1%。疫病净化的方法:依据猪群疫病监测结果对猪群进行重点净化疫病的血清学全群检疫,隔离并淘汰阳性猪,在实施疫病净化后3~6个月,应再次对猪进行疫病监测,以确定种猪群是否达到疫病净化标准。

自测训练

猪场生物安全体系的概念是什么?其目标是什么?

单元二　猪场免疫程序的制订

案例导入

华东地区某有 1 000 头母猪的猪场由于对猪丹毒疾病的防控失败而损失惨重。起初，只是肥猪栏出现几头猪丹毒的典型症状，为预防该病在整个猪场进行传播，特购买猪丹毒疫苗进行全群普免，在免疫后第 3 天出现怀孕母猪流产、产房母猪死亡的状况，整个过程持续 1 周，最终流产 30 多窝，产房母猪死亡 30 多头，经临床、实验室检测发现该猪场存在蓝耳病野毒和猪丹毒病的感染。可见科学制订免疫程序以及有效的免疫非常重要。

科学的免疫程序是整个猪场生物安全体系的核心。猪场必须根据本地区、本场疫病流行情况，制订科学规范的免疫程序，并且严格执行，使猪只获得坚强的免疫能力，从而达到常规预防疾病的目的。

一、免疫接种的概念与类型

1. 免疫接种概念

根据特异性免疫的原理，采用人工方法给易感动物接种疫苗、类毒素或免疫血清等生物制品，使机体产生对相应病原体的抵抗力（即主动免疫或被动免疫），易感动物也就转化为非易感动物，从而达到保护个体以致群体、预防和控制疫病的目的。

2. 免疫接种的类型

根据免疫接种进行的时机不同，免疫接种分为以下 3 种。

(1)预防免疫接种。为防止传染病的发生、流行，平时有计划地给健康猪群进行的免疫接种。

(2)紧急免疫接种。在发生传染病时，为了迅速控制和扑灭疫病的流行，而对疫区和受威胁区尚未发病的猪进行的应急性免疫接种。

(3)临时免疫接种。当猪引进、外调、运输或去势、手术时，临时为避免发生某些传染病而进行的免疫接种。

二、猪场常规免疫程序

规模猪场的免疫程序要根据当时当地的具体情况而合理制订，目前建议采用的免疫程序见表 8-1。

（一）仔猪阶段（0～35 日龄）

1. 猪瘟免疫

①20 日龄首免猪瘟弱毒疫苗，免疫剂量为 1 头份，肌肉注射。

②在常发猪瘟病的疫场可采取乳前免疫的方法：在初生仔猪擦干体表黏液后，立即肌肉注射猪瘟弱毒疫苗1头份，待30~60分钟后再让仔猪吃奶。采用该方法时，20日龄的不再做免疫，半年后再免疫。

2. 伪狂犬病免疫

发生过伪狂犬病的疫场，母猪妊娠后期未做伪狂犬病弱毒疫苗免疫的后代仔猪可在1~8日龄时进行伪狂犬病弱毒疫苗免疫注射，免疫剂量为1头份。

3. 仔猪副伤寒免疫

30日龄采用口服或注射的方法，免疫剂量肌肉注射1头份或口服4头份。

表8-1 某规模猪场免疫程序

疾病＼品种	种公猪	种母猪	后备公母猪包括初产	出生至60日龄	育成育肥猪
猪瘟	每年3月、9月各免疫一次，每头剂量5头份	产后14天防疫一次，每头剂量5头份	7月龄防一次，每头5头份	20日龄防一次，每头2头份 60日龄第二次，每头4头份	
猪丹毒	每年3月、9月各免疫一次，每头剂量1头份	每年3月、9月各免疫一次，每头剂量1头份	7月龄防一次，每头剂量1头份	60日龄防一次，每头1头份	
猪肺疫	每年3月、9月各免疫一次，每头剂量1头份	每年3月、9月各免疫一次，每头剂量1头份	7月龄防一次，每头剂量1头份	60日龄防一次，每头1头份	
细小病毒	每年4月普防一次，每头剂量1头份	每年1~6月，于产后14天防一次	配种前30天、15天分别防一次		
猪乙型脑炎	每年3月下旬普防一次，每头剂量1头份	每年3月下旬普防一次，每头剂量1头份	春天补入的，配种前30天、15天分别免疫二次		
猪链球菌	每年10月防一次	每年10月防一次	7月龄防一次		70日龄防一次
口蹄疫	每年10月防二次，间隔20天	每年10月防二次，间隔20天	每年10月防二次，间隔20天		
仔猪红痢		产前15天防一次	产前15天防一次		
仔猪黄痢		产前15天防一次	产前15天防一次		
铁剂、硒剂				1~3日龄补铁 10日龄补硒	

续表

疾病\品种	种公猪	种母猪	后备公母猪包括初产	出生至60日龄	育成育肥猪
体表、体内驱虫	每3个月体表驱虫,每6个月体内驱虫	每3个月体表驱虫,每6个月体内驱虫	7月龄体表、体内各驱虫一次	40日龄体表驱虫一次	70日龄体表驱虫一次

(二)小育成猪阶段(35～70日龄)

1. 35日龄断奶后

1)传染性胃肠炎免疫

采用弱毒或灭活苗。免疫剂量为1头份。以后每年进行一次。

2)五号病免疫

(1)高密度灭活苗：免疫剂量为1头份，每半年进行一次免疫。

(2)一般灭活苗：免疫剂量1头份，每3个月进行一次免疫。

2024年国家动物疫病免疫技术指南推荐：

规模场：根据母畜免疫次数、母源抗体等情况，仔猪可选择在28～60日龄时进行初免。初免后，间隔1个月后进行一次加强免疫，后每间隔4～6个月进行加强免疫。

散养户：春秋两季分别进行集中免疫，每月定期补免。有条件的地方可参照规模场的免疫程序进行免疫。

紧急免疫：发生疫情时，对疫区、受威胁区内的养殖场可根据应急监测或风险评估情况开展紧急免疫。边境地区受境外疫情威胁时，根据风险评估结果，可对高风险区内的养殖场进行紧急免疫。

2. 60日龄

(1)猪瘟二免：(20日龄首免，60日龄二免)免疫剂量2头份。

(2)猪丹毒：用猪丹毒弱毒疫苗，免疫剂量1头份。

(3)猪肺疫：用猪肺疫弱毒疫苗，免疫剂量1头份。

以上3种病也可用三联苗同时免疫。以后每半年免疫一次。

(三)后备母猪配种前

(1)细小病毒病免疫。用细小病毒病弱毒疫苗，免疫剂量1头份，给公、母猪同时注射。

(2)乙型脑炎免疫。用乙脑弱毒疫苗或灭活苗免疫，每年春天在蚊蝇繁殖前，对配种前的后备猪或正在配种的公、母猪同时进行免疫注射，方法按说明书进行。

(四)母猪妊娠阶段

(1)大肠杆菌病菌苗。产前1个月和产前半个月各免疫一次，剂量为1头份。

(2)仔猪红痢菌苗。初产母猪产前1个月、产前半个月各免疫一次,剂量为1头份。注射过本苗的经产母猪,产前半个月注射一次即可。

(3)伪狂犬病疫苗。产前一个月进行免疫,以保护1月龄内的仔猪不发病。

(4)传染性胃肠炎疫苗。在产前40天免疫一次,以保护1月龄内的仔猪不发病。

(五)空怀母猪

在配种前或配种后2周内注射猪瘟弱毒疫苗,免疫剂量为2头份,可有效控制非典型性猪瘟的发生。

三、疫(菌)苗使用方法

疫(菌)苗和类毒素是属于生物药品类,用细菌制成的叫菌苗;用病毒制成的叫疫苗;用细菌毒素制成的叫类毒素。疫(菌)苗又分为死疫(菌)苗和活疫(菌)苗,应用于传染病的预防。免疫血清是用病毒、细菌或细菌毒素多次大剂量给动物注射,使动物体产生对这种病原微生物的抗体后所获得的血清制品,给动物注射后能很快获得免疫力。

疫苗、菌苗、类毒素和抗病血清都是特殊的生物药品,不同于普通的化学药品。其化学成分多为蛋白质,有些制品还是活的微生物,因此,易被光和热破坏,保存和运输要严格遵照生物药品厂的要求来做,应注意以下几点。

(1)疫(菌)苗应保存在干燥阴凉处,避免阳光照射;

(2)温度对生物制品的影响特别重要,高温容易损害疫(菌)苗和血清的效能,最适宜的保存温度是2~8 ℃,有些制品需要在低温下保存,才能更好地保持它的效力。如干燥猪瘟兔化弱毒疫苗在0~8 ℃条件下能保存6个月,而在10~25 ℃时,最多不超过10天就会失效。而猪肺疫氢氧化铝最低不得低于0 ℃,冻结后不能使用。

(3)运输活苗(疫苗、菌苗)时,应将疫(菌)苗装入有冰的广口保温瓶中,途中避免日晒和高温,尽快送到目的地,缩短运输时间,大量运输需用冷藏车。

(4)在使用以前应仔细检查瓶口及胶盖的密封程度,并检查药品名称、批号、有效日期等是否完整清楚。使用时要详细查看说明书,不得大意。

(5)过期的生物药品,以及瓶内有异物、结块等异常变化的都不能使用。

(6)要按规定浓度和稀释倍数稀释活苗,稀释后必须在4小时内用完,用不完的要废弃,次日不得再用。

(7)在高温季节使用疫(菌)苗,要做到苗不离保温瓶,瓶不离冰。

(8)在使用生物药品的器械前后都要洗净、消毒。废弃的疫苗要烧掉或深埋,不能乱丢。

> 资料卡
>
> **提高免疫效果的途径**
>
> 1. 正确选择疫苗,规范操作程序
>
> (1)到国家认定的经营单位购买有正规的企业名称、标签说明书、产品批准文号、生产批号、生产日期和有效期等质量可靠的疫苗。

(2)按照生物制品管理有关规定,正确保存、运输和使用疫苗,疫苗的保存及整个流转过程(包括运输、入库、储存、接种等)都必须保证在低温状态下,按规定避光保存,使疫苗中的病毒含量保证在有效范围内。冻干疫苗一般需要在-5℃下冷冻保存,温度越低,保存时间越长;一些进口冻干疫苗因加入了耐热保护剂,可以在4~6℃保存;油乳剂疫苗的保存温度一般在2~8℃。

(3)严格按照说明书使用疫苗,使用时首先要注意疫苗包装是否完好、是否在有效期内,严格按要求选择合适的稀释液进行稀释使用,稀释液温度不能太高,刚取出的冻干苗要放置一段时间,待到与稀释液温度相近时,再按说明进行稀释,防止疫苗由于温差变化过大而失活。不能在稀释液中随便添加抗生素等物质。稀释后的疫苗要振荡均匀后抽取使用。

(4)疫苗要现配现用,稀释后的疫苗要及时使用,气温15℃左右当天用完;15~25℃,6小时用完;25℃以上,4小时以内用完。未用完的疫苗及空瓶要经高温灭活处理后废弃,以防余毒扩散、弱毒返强和污染环境。

(5)选择恰当的针头,正确地进行消毒,掌握熟练的接种技术。在免疫接种时,应根据对象不同,选择恰当的针头,给仔猪免疫时,针头可短些,但给成年猪进行颈部肌肉注射疫苗时,注射器针头(长35毫米)应垂直于皮肤注入猪的颈部肌肉层内,防止注射到皮下脂肪层而影响疫苗的实效性。注射前应做好注射部位的消毒和脱毒处理。注射时防止打空针、漏针。

2. 疫苗接种前,制订科学的免疫程序,严格按照规程执行

根据当地疫病发生和流行情况,以及省、市、区(县)动物防疫部门制订的免疫程序,结合养猪场的综合防治条件及猪的抗体水平来确定接种疫苗的种类、时间、方法、次数、剂量。制订免疫程序应遵循以下原则:一是规模猪场的免疫程序由传染病的特性决定,对持续时间长、危害程度大的某些传染病应制订长期的免疫防制对策;二是根据疫苗的种类、接种途径、产生免疫力需要的时间、免疫力的持续期等相关的疫苗免疫学特性制订科学的免疫程序;三是各规模猪场根据本场实际制订免疫程序,在执行过程中应有相对的稳定性;四是在确定免疫程序时,最好先测定仔猪断奶时的母源抗体效价,再确定免疫的时间和剂量。

一般情况,传染性胃肠炎、流行性腹泻等传染病应当在每年的流行季节来临时进行。一些隐性内源性传染病如伪狂犬病、细小病毒感染、乙型脑炎、喘气病、萎缩性鼻炎、猪繁殖与呼吸综合征等,在猪场内长期潜伏、不定期发生疾病,可以通过检验、检疫判断其危害程度和发病方式,酌情选用疫苗。一般对种猪进行基础免疫即可控制一些急性内源性传染病,如仔猪的黄白痢、链球菌病、轮状病毒感染等。应当着重改善猪场环境条件,适当使用药物,是否接种疫苗要根据猪场实际情况决定。

3. 克服母源抗体干扰

通过母源抗体水平的检测制订合理的免疫程序,如果仔猪群体存在较高水平的抗体,则会影响疫苗的免疫效果。

据报道，仔猪1日龄中和抗体滴度在1∶512以上，10日龄中和抗体滴度在1∶128以上，15日龄下降至1∶64以上，这期间保护率为100%；20日龄时抗体滴度下降至1∶32，保护率为75%，此时为疫苗的临界线；30日龄时抗体滴度下降至1∶16以下，无免疫力。如果新生仔猪有母源抗体存在，且抗体水平未降到适当水平（中和抗体滴度为13）给仔猪接种疫苗，这样就会造成母源抗体封闭，破坏猪机体的被动免疫，从而发生猪瘟，也有的仔猪在21~25日龄接种了疫苗，从此再也没有免疫接种，由于仔猪内尚残留部分母源抗体，干扰疫苗的免疫力，免疫时间较短，抵抗不住野毒的侵袭而得病，导致免疫失效。

4. 加强饲养管理，减少应激，防止免疫抑制性疾病发生

一是要注意饲料营养成分的监测，确保不含霉菌毒素和其他化学物质，饲喂近期生产的优质全价饲料，夏季应注意添加多维素（许多维生素在夏季容易被还原而失效）增强抵抗力。二是要搞好环境卫生，消灭传染源。三是减少应激因素的产生，在免疫前24 h内应尽量减少应激、不改变饲料品质、不安排转群、减少噪声、控制好温度、饲养密度、通风和勤换垫料，适当增加甲硫氨酸、缬氨酸、维生素D及脂肪酸等。接种疫苗时要处置得当，防止猪受到惊吓。遇到不可避免的应激应在接种前后3~5天，在饮水中加入抗应激制剂，如电解多维、维生素C、维生素E；或在饲料中加入利血平、氯丙嗪等抗应激药物，以有效缓解和降低各种应激，增强免疫效果。四是认真做好免疫抑制性疾病的防治工作，勤观察，发现疾病及时治疗，等猪健康再进行免疫。

5. 建立健全各项制度并严格执行

一是猪场应建立卫生管理制度，实行生产区与生活区分区管理，严禁人员随意进出，加强猪群的健康管理。二是建立切实可行的消毒制度，如在进出口设消毒池。猪舍内定期消毒、"全进全出"清洗消毒、定期全场大消毒等。三是建立预防接种和驱虫制度，按时做好药物驱虫工作。四是建立检疫与疫病监测制度，尤其是做好引种的隔离防疫工作。五是建立病死猪无害化处理制度，及时隔离病猪，规范病死猪的无害化处理。六是猪场应针对存在的细菌性疾病种类和发生阶段，规范使用兽药，采用集体处理与个别用药相结合，注意用药方式、剂量和疗程，减少或避免用药对免疫工作的影响。

6. 树立"养重于防，防重于治"的理念

在饲养管理过程中，要始终树立"养重于防，防重于治"的饲养管理理念。不要盲目迷信和夸大免疫的作用，免疫只是防控疾病的重要手段之一，要在定期开展免疫工作的同时，切实加强养猪生产各个环节的消毒卫生工作，降低和消除猪场内的病原微生物，减少和杜绝猪群的外源性感染机会，加强饲养管理，提高猪只自身的抗病能力。

总之，猪场防疫的好坏是关系到养猪的效益高低和成败的重要环节，要加强对基层防疫人员的技术培训，提高从业人员水平。制订的免疫程序一定符合本场实际情况，在疫苗选购、运输、存储、使用等各个环节都需要具有高度的责任心并细致、周到地工作，才能更好地发挥免疫效果。

实验实训

实验8-1 免疫程序的制订

一、实训目的
掌握猪常见传染病免疫程序制订。

二、实训内容
制订符合当地猪场的传染病免疫程序。

三、材料用具
1. 当地猪传染病调查资料或某猪场发病资料。
2. 猪场主要传染病抗体水平监测结果。
3. 猪场主要传染病参考免疫程序。

四、操作方法
根据所掌握材料,以及传染病和疫苗的特点,制订主要传染病的免疫程序。

五、实训报告
拟定免疫程序及其注意事项。

自测训练

1. 什么是预防免疫？什么是紧急免疫？
2. 猪病的免疫接种注意事项有哪些？

单元三　猪场消毒技术

案例导入

2019年，某农户决定建立家庭养殖场。由于相关负责人缺乏现代化观念、忽视猪场卫生与消毒、不注意与外界的人员隔离，导致猪场环境严重不合格。半年后，猪瘟传来，猪场遭受重创。虽经过艰苦的努力，控制住了疫情，但损失惨重。此次教训很深刻，相关负责人认识到只有加强规范消毒和科学管理，才能使养猪场逐渐恢复运营。

猪场的消毒就是采用一定方法将猪舍、场内环境、用具以及饲养人员或物品、动物产品等存在的病原微生物清除或杀灭。

一、消毒的概念

（1）消毒。消毒是指用物理或化学方法清除或杀灭外环境中的病原微生物及其他有害微生物。按照消毒的目的，可将消毒分为两大类：疫源地消毒和预防性消毒。疫源地消毒是对存在或曾经存在传染源的场所进行的消毒，主要指病原微生物感染的动物群及其生存的环境，如感染猪群、猪舍等。其目的是杀灭这些感染动物排出的病原体。疫源地消毒又分为随时消毒和终末消毒两种。当疫源地内有传染源存在时所进行的消毒称为随时消毒；终末消毒是指传染源离开疫源地以后对疫源地进行的消毒操作。而预防性消毒则是指对健康动物或隐性感染的群体所进行的消毒操作。

（2）灭菌。灭菌是指清除或杀灭一切活的微生物，包括致病微生物和非致病微生物的物理或化学的方法。

（3）防腐。防腐是抑制微生物（包括致病微生物和非致病微生物）的生长繁殖，以防止活体组织受感染或其他物品发生腐败的措施。其与消毒的区别在于仅能抑制微生物的生长繁殖，而不是必须杀灭微生物。

（4）消毒剂。消毒剂是指清除或杀灭外环境中的病原微生物及其他有害微生物的化学物品。

（5）灭菌剂。灭菌剂是指能杀灭一切微生物的化学药品。

（6）防腐剂。防腐剂是指用于抑制微生物（包括致病微生物和非致病微生物）的生长繁殖，以防止活体组织受感染或其他物品发生腐败的化学药品。

二、常用消毒药的种类及其应用

目前使用的消毒剂有数十种，按其化学结构可以分为十几类。常见重点消毒药物及其应用如下。

（1）醛类消毒剂：包括甲醛、戊二醛和能够释放甲醛的化合物，如聚甲烯-2-羟甲基尿素等。醛类消毒剂其气体和液体对微生物具有强大的杀灭作用，属高效消毒剂类，常用甲醛和戊二醛两种。甲醛是一种古老的消毒剂，迄今已有近百年历史，被称为第一代化学消毒剂的代表，至今仍然应用于养猪场和传染病疫源地消毒。其优点是消毒效果良好、价格便宜、使用方便；缺点是有刺激性气味，作用慢，近年来的研究发现，甲醛对人有致癌作用。戊二醛是第三代化学消毒剂的代表，被称为冷消毒剂，用作怕热物品的消毒。效果可靠，对物品的腐蚀性小；缺点是作用较慢。现以甲醛为例作简单介绍。

①甲醛的理化性质和剂型。甲醛是一种具有强烈刺激性臭味的无色液体，沸点为-21 ℃，可以燃烧，着火点300 ℃，密度为1.067（空气密度为1）。甲醛气体只有在80 ℃以上才稳定，在常温下凝聚为固体的甲醛聚合体。易溶于水和醇，室温下在水中的溶解度为37%左右。福尔马林是甲醛的水溶液，含甲醛37%～40%，并含有8%～15%的甲醇，后者为稳定剂，有利于福尔马林溶液的长期保存。福尔马林是无色澄清液体，有强烈刺激性气味，沸点为96 ℃，呈弱酸性。福尔马林应在室温下保存，而不应该放在冰箱中。福尔马林能与水或醇以任何比例相混合。消毒时可用稀释的福尔马林溶液，浓度为10%～20%（相当于4%～8%甲醛），或用70%乙醇配成8%甲醛乙醇溶液。对细菌芽孢、繁殖体、病毒、真菌均有杀灭作用。福尔马林也可喷雾或加热蒸发用其气体消毒。

②甲醛对微生物的杀灭作用。甲醛是一种灭菌剂，对各种微生物都有高效的杀灭作用，包括细菌繁殖体、芽孢、分枝杆菌、真菌和病毒。但其消毒的速度比较慢，需要较长时间。甲醛的水溶液和有机溶液均有杀菌作用。对干燥附着于金属、玻璃和橡胶管表面的大多数微生物，每升用甲醛气体1毫克消毒，经20～30分钟可以杀灭。但对被有机物保护的细菌用甲醛气体消毒，作用时间应适当延长。甲醛水溶液在20 ℃下作用10分钟可杀灭结核分枝杆菌。另外，甲醛对细菌毒素也有破坏作用。人们一般认为，常见真菌对甲醛的抵抗力比细菌繁殖体大得多。1∶1 000的甲醛溶液仅能抑制肉汤内真菌的生长，而不能将其杀灭。

③影响甲醛消毒作用的因素。首先温度对甲醛消毒作用有明显的影响，随温度的升高，杀菌作用增强。用5%甲醛溶液杀灭炭疽杆菌芽孢，在20 ℃时需要32小时，37 ℃时只需要90分钟。甲醛气体的消毒作用也受温度的影响，温度低时空气中的甲醛容易因聚合而失去作用，故用甲醛气体消毒，要求温度在18 ℃以上，最好能在50～60 ℃条件下消毒。其次，有机物对其也有重要的影响，甲醛气体的穿透力很差，即使有很薄一层有机物的保护亦会显著影响消毒速度。如将细菌繁殖体污染的物品表面包几层绒布，再用甲醛消毒，则细菌不能被杀死。

(2)酚类消毒剂。苯酚、甲酚、氯甲酚、氯二甲苯酚、六氯双酚、甲酚皂溶液等，这类消毒剂的消毒作用大多为中等水平，可杀灭繁殖体型微生物，但不能杀灭芽孢，常用于浸泡消毒和皮肤、黏膜的消毒。

煤酚皂溶液又称来苏尔。其主要成分为甲酚，约占50%，可溶于水及醇溶液，为浅棕色、透明、碱性、耐贮存的溶液。煤酚皂溶液的杀菌作用与苯酚相似。常用浓度可破坏肉毒杆菌毒素，能杀灭包括绿脓杆菌在内的细菌繁殖体，对结核分枝杆菌和真菌有一定杀灭能力，能杀灭亲脂性病毒，但对亲水性病毒无效，故不能杀灭肝炎病毒，也难杀灭细菌芽孢。浓度越高，时间越长，杀菌效果越好。有机物可降低其杀菌作用，但与其他高沸点煤焦油消毒剂相比，影响较小。温度升高可加速其杀菌作用，当由 20 ℃升至 40 ℃时，消毒时间可缩短 1/2。乙醇、氯化钠可增强其杀菌能力；肥皂可降低表面张力，如用量适当也可增强杀菌能力。

(3)醇类消毒剂。醇类消毒剂应用历史最久，属于中效消毒剂。主要包括乙醇、甲醇、异丙醇、氯丁醇、苯乙醇、苯氧乙醇、苯甲醇等。醇类消毒剂为中效消毒剂，可杀灭繁殖体型微生物，但不能杀灭芽孢。消毒作用快，常用于皮肤消毒和物品表面消毒。目前常用的醇类消毒剂有乙醇、苯乙醇、异丙醇等，现以乙醇为例简单讲述。

乙醇又称酒精。无色透明液体，有较强的酒气味，在室温下易挥发，不留下任何残余物。可燃烧，火焰为淡蓝色。它能与水、甘油、氯仿或乙醚按任意比例混合。乙醇是一种应用广泛、效果可靠的中效消毒剂，对其他消毒剂如戊二醛、碘、氯己定等有增效和协同杀菌作用。乙醇还具有较强脱水作用，能将细胞表面和内部的水分脱掉，具有防腐固定作用。70%～95%乙醇均有杀菌作用，但 70%乙醇杀菌力最强。乙醇对细菌繁殖体、病毒、分枝杆菌均有杀灭作用，不能杀灭细菌芽孢。一般来说，乙醇对亲脂病毒有较强的杀灭作用，而对亲水病毒作用较弱。根据试验观察，70%～96%乙醇都具有杀灭真菌与真菌孢子的能力，以 90%乙醇浓度最理想。

影响乙醇消毒作用的因素主要有①浓度。乙醇消毒剂需要含一定量的水分，杀菌作用才能达到较高水平。高浓度的乙醇消毒剂，可迅速凝固生物活性物质中的蛋白质和其他有机物，形成固化层，该作用可保护微生物，影响乙醇溶液与之有效接触，影响消毒效果。低浓度的乙醇溶液，虽然容易渗透，但达不到杀菌效果。实践证明，60%～80%乙醇杀菌效果最强，所需的时间较短。乙醇溶液挥发性特点可使其浓度降低，浓度低于 50%时，仅有抑制作用；②有机物。乙醇可使蛋白质凝固变性，并形成保护层影响乙醇继续发挥杀菌作用。因此，不宜用于被血液、脓汁和粪便污染的物体表面消毒；③温度。乙醇杀菌作用随温度的升高而增强，但温度的影响不如酚类、醛类消毒剂明显。其在养猪生产上主要用于皮肤及物体表面的消毒。

需要注意以下几个问题：①乙醇消毒剂不可作为灭菌剂使用；②浸泡消毒时，勿使消毒物品带有过多水分，以免使消毒剂浓度降低而影响效果；③物品消毒前，应尽量清除掉表面黏附的有机物；④消毒浓度的乙醇对人体无毒，对黏膜有刺激性，故一般不用于黏膜消毒。

(4)季铵盐类消毒剂。季铵盐是一类阳离子表面活性剂，属于低效消毒剂。主要包括苯扎溴铵、杜米芬(十二烷基二甲基乙苯氧乙基溴化铵)、氯苄烷铵、溴化鲸蜡三甲胺、氯化十六烷基吡啶、溴化十六烷基吡啶、消毒净(十四烷基 2-甲基吡啶溴化铵)。这类化合物对细菌繁殖体有广谱杀灭作用，作用快而强且毒性小，但不能杀灭结核分枝杆菌和细菌芽孢，常用于皮肤、黏膜和外环境及物体表面消毒。现以百毒杀为例简单说明。

百毒杀是一种双季铵盐类消毒剂，原液含有效成分 50%，化学名称为双癸基二甲基溴化铵，能有效杀灭细菌繁殖体、真菌乙型肝炎病毒等微生物，并对细菌芽孢有一定杀灭作用。其消毒作用受有机物的影响，但相对来说要小一些。在受到有机物污染的环境下，该消毒剂具有一定的杀菌效果，但要达到消毒合格要求，需提高使用浓度。受酸碱度的影响不大，在pH为7时，杀菌效果最好。随着pH的升高或降低，对其杀菌效果稍有影响。杀菌作用随着温度的升高而增强，并不受高温、低温的影响。杀菌效力受水质硬度的影响极小。与肥皂和洗衣粉有拮抗作用。

(5) 氧化剂类消毒剂。包括过氧乙酸、过氧化氢、高锰酸钾、臭氧等属氧化剂型消毒剂。广泛应用于环境、皮肤、黏膜、创面消毒灭菌，属高效消毒剂。过氧乙酸在我国是一种应用广泛的消毒剂，杀菌作用强大而迅速，价格低廉；但有两个缺点：不稳定、易分解，对消毒物品有腐蚀作用。过氧化氢是一种古老的过氧化物消毒剂，优点是腐蚀性小，对皮肤、黏膜刺激性小等，它可以杀灭各种细菌、病毒和真菌，浓度高时也可杀灭细菌芽孢。用过氧化氢配制的空气消毒剂，可在30分钟内有效地杀灭空气中的细菌繁殖体。臭氧是近年来备受重视的消毒剂，可用于饮水消毒、污水处理、物体表面和空气消毒。臭氧不仅有强大的氧化杀菌作用，而且可以除去水中的异味，且消毒后不留毒性物质，但对表面消毒作用缓慢。过氧戊二酸是一种新的过氧化物消毒剂，有固体和液体两种剂型，固体稳定性好，可用于物体表面和卒气消毒。二氧化氯液是一种比较新的消毒剂，主要靠其氧化作用杀菌，用于饮水消毒，消毒后不产生有致癌作用的三氯甲烷，同时有除去异味的作用。

(6) 烷基化气体消毒剂。在这类化合物中，用于消毒的主要有环氧乙烷、环氧丙烷和乙型丙内酯。环氧乙烷是一种气体灭菌剂，主要用于一次性医疗卫生用品消毒灭菌。杀菌作用强大，灭菌效果可靠。由于易燃、易爆，及近年来发现的致癌作用影响了其广泛应用。乙型丙内酯的杀菌作用比环氧乙烷更强，但在最初研究时发现，它对大白鼠和小白鼠有致癌作用，故而未能作为一种常规消毒灭菌剂使用。近年来，国外将其用于血清和血液制品的消毒，以防止肝炎病毒和艾滋病病毒经血液传播，我国目前尚未生产该消毒剂。环氧丙烷也是一种气体消毒剂，消毒作用不及环氧乙烷。溴化甲烷对芽孢和细菌繁殖体均有杀灭作用，但作用较环氧乙烷弱且缓慢，一般不单独用于灭菌或消毒，而是与环氧乙烷合用，形成防爆环氧乙烷混合气体，同时减少了环氧乙烷的用量，并且提高其穿透性。

(7) 碘及其他含碘的消毒剂。常用的碘酊、碘水溶液——威力碘及碘甘油等均为良好的皮肤表面消毒剂；碘伏又称络合碘，广泛应用于外科手术消毒；碘仿等均为良好的皮肤和黏膜消毒剂。碘制剂属于中效消毒剂。

(8) 含氯消毒剂。用于消毒的含氯化合物种类很多，主要有漂白粉、次氯酸钙、三合二次氯酸钙、二氧化氯、液氯、二氯异氰尿酸钠、二氯异氰尿酸、氯胺T、氯胺B、二氯胺C、氯胺C、二氯胺T、二氯胺B、二氯异氰尿酸等，属中等水平消毒剂，广泛应用于饮用水及各种水源、环境、猪场和传染病疫源地消毒。这类消毒剂溶于水后可产生有杀菌活性的次氯酸，国际上认为属于中效消毒剂，但我国有些研究认为其有杀灭芽孢作用，归类为高效消毒剂。常用的无机含氯消毒剂有漂白粉、漂白粉精、三合二等，其有效成分均为次氯酸钙，杀菌特点和使用方法基本一致。有机含氯消毒剂为二氯异氰尿酸钠、氯胺T、二氯异氰尿酸、双氯胺T、卤代氯胺、清水龙。

(9)双胍类消毒剂。双胍类是一低效消毒剂，对细菌的繁殖体杀灭作用强大，但不能杀灭细菌的芽孢、分枝杆菌和病毒。用于皮肤和黏膜消毒，亦可用于物体表面消毒。常用的有洗必泰、皮可洗定。近年来，有些以氯己定为主要成分的复方消毒剂，如氯己定醇消毒剂已投入使用，其杀菌效果有所提高。氯己定是一种常用的皮肤、黏膜消毒剂，因具有杀菌范围广、合成简单、毒性小、成本低、性能稳定、加热不易分解、使用方便等特点，现得到广泛的应用。

(10)碱类消毒剂。碱类消毒剂主要包括氢氧化钠，用于病毒消毒，5%浓度用于炭疽消毒；生石灰（CaO）加水配制成10%～20%石灰乳剂，涂刷厩舍墙壁、畜栏以及排泄物处理。

(11)酸类消毒剂。常用的主要有乳酸、醋酸、苯甲酸等消毒剂，这类消毒剂属于低效消毒剂，常与其他消毒剂联合应用。

(12)其他化学消毒剂。汞类消毒剂、染料及某些染色剂等。

(13)复方消毒剂。在化学消毒剂长期应用的实践中，单一成分的消毒剂已不能满足养猪业消毒的需要。为了克服和改善单方消毒剂使用时存在的不足，需创造和制备更加完美和理想的消毒剂，消毒剂的复方化是实现这一目标的重要途径。近年来，国内外相继有数百种新型消毒剂问世，繁荣了消毒剂的应用市场，提高了消毒剂的质量和应用范围。但也存在着良莠难分的问题，关键在于复方消毒剂制造中，对消毒剂复配原则和配伍禁忌相关知识的掌握。

①复方消毒剂的配制原则。复方消毒剂配伍类型分为两类：一类是一种消毒剂与另一种消毒剂的复配，其中包括同一种类消毒剂中不同剂型间的复配，如两种季铵盐的复配。也可以是两种不同类型消毒剂的复配，如过氧化氢与戊二醛的复配；另一类是消毒剂与某种辅助剂的复配，以改善消毒剂的综合性能，如提高稳定性、增加溶解度、减轻腐蚀性、提高杀菌能力。一般针对不同消毒剂加入适当的稳定剂、缓冲剂等。其主要原则为：增加消毒剂的协同杀菌作用、完善和提高消毒剂的性能、主要成分要明确、不配入无效成分和掌握配伍禁忌等。

②消毒剂的配伍禁忌。消毒剂的配伍禁忌分为两类，即杀菌效果方面的配伍禁忌和物理化学方面的配伍禁忌。

③消毒剂产生配伍禁忌的主要规律如下。

a. 氧化发生剧烈的化学反应，并降低消毒作用。

b. 酸性消毒剂不能与碱性消毒剂及阴离子表面活性剂复配，碱性消毒剂不能与酸性消毒剂及阳离子表面活性剂复配，因复配后会发生中和作用，降低杀菌效果。

c. 卤素类消毒剂不能复配。根据卤素的排列，氟、氯、溴、碘序列，前者可以把后者从化合物中置换出来，发生取代反应，从而使消毒剂成分被改变。

d. 氧化剂中氧化电势差别很大的同类消毒剂不能复配，如高锰酸钾与过氧化氢。

e. 复配后会促使消毒剂分解或造成对环境污染或毒性增加的情况，亚硝酸钠可以作为缓冲剂复配。

④常用的复方消毒剂类型。常用的复方消毒剂主要有复方含氯消毒剂、含碘复方消

毒剂、复方季铵盐类消毒剂、醛类复方消毒剂、醇类复方消毒剂和气体复方消毒剂等。

a. 复方含氯消毒剂。复方含氯消毒剂中，常选的含氯成分主要为次氯酸钠、次氯酸钙、二氯异氰尿酸钠、氯化磷酸三钠、二氯二甲基海因等，组成成分主要为表面活性剂、助洗剂、防腐剂、稳定剂等。在复方含氯消毒剂中，二氯异氰尿酸钠有效氯含量较高、易溶于水、杀菌作用受有机物影响较小、溶液的pH值不受浓度的影响，故作为主要成分应用最多。如沈德林等(1984)报道了二氯异氰尿酸钠和多聚甲醛的复配，制成醛氯合剂用于室内消毒的烟熏剂，使用时点燃合剂，在每立方米3克剂量时，能杀灭白念珠菌99.99%；用量提高到每立方米13克，作用3小时对蜡样芽孢杆菌的杀灭率可达99.94%。该合剂可长期保存，在室温下32个月的杀菌效果不变。

b. 含碘复方消毒剂。碘液和碘酊是含碘消毒剂中最常用的两种剂型，但并非复配时首选，碘与表面活性剂的不定型络合物碘伏，是碘类复方消毒剂中最常用的剂型。阴离子表面活性剂、阳离子表面活性剂和非离子表面活性剂均可作为碘的载体制成碘伏，但其中以非离子型表面活性剂最稳定，故选用的较多。常见的为聚乙烯吡咯烷酮、聚乙氧基乙醇等。目前国内外市场推出的碘伏产品有近百种之多，国外的碘伏以聚乙烯吡咯烷酮碘为主，这种碘伏既有消毒杀菌作用，又有洗涤去污作用；我国现有碘伏产品中有聚乙烯吡咯烷酮碘和聚乙二醇碘等。

c. 复方季铵盐类消毒剂。表面活性剂按电离状态、离子类型和来源分为离子型表面活性剂、非离子型表面活性剂和天然的表面活性剂，而离子型的按生成的离子种类分为阳离子表面活性剂、阴离子表面活性剂、两性表面活性剂。表面活性剂除了它的基本性质，例如乳化作用、湿润作用、去污作用、起泡和消泡作用外，还有一定的杀菌作用，表面活性剂一般有中和蛋白质作用的性质，特别是阳离子表面活性剂作用比较大。因此，这类表面活性剂为良好的杀菌剂，特别是季铵盐型阳离子表面活性剂含量较多。作为复配的季铵盐类消毒剂主要以十二烷基、二甲基乙基苄基氯化铵、二甲基苄基溴化铵为多，其他季铵盐为二甲基乙基苄基氯化铵以及双链季铵盐如双癸甲溴化铵、溴化双(十二烷基二甲基)、乙撑二铵等。常用的配伍剂主要有醛类（戊二醛、甲醛）、醇类（乙醇、异丙醇）、过氧化物类（二氧化氯、过氧乙酸）以及氯己定等。另外，还有两种或两种以上阳离子表面活性剂配伍，如用二甲基苄基氯化铵与二甲基乙基苄基氯化铵合配能增加其杀菌力。

d. 醛类复方消毒剂。在醛类消毒剂复方中应用较多的是戊二醛，这是因为甲醛对人体的毒副作用较大并有致癌作用，限制了甲醛复配的应用。常见的醛类复配形式有戊二醛与洗涤剂的复配。降低了毒性，增强了杀菌作用。戊二醛与过氧化氢各自的复配，远高于戊二醛和过氧化氢的杀菌效果。

e. 醇类复方消毒剂。醇类消毒剂具有无毒、无色、无特殊气味、较快速杀死细菌繁殖体及分枝杆菌、真菌孢子、亲脂病毒的特性。由于烯醇的渗透作用，某些杀菌剂溶于烯醇中有增强杀菌的作用，并可杀死任何高浓度醇类都不能杀死的细菌芽孢。因此，醇与物理因子和化学因子的协同应用逐渐增多。在醇类常用的复配形式中，以次氯酸与醇的复配为最多，用50%甲醇溶液和含量为每升2 000毫克有效氯的次氯酸钠溶液复配，其杀菌作用高于甲醇和次氯酸钠水溶液。乙醇与氯己定复配的产品很多，也可与醛类复配或与碘类复配等。

f. 气体复方消毒剂。近年来，关于空气消毒的应用研究发展较快，不少具有除菌、除尘、去异味、产生负离子作用的空气消毒设备得到开发使用，而在化学消毒剂的应用上，主要的发展趋势是开发杀菌效果好、刺激性小的复方气体消毒剂．并在空气消毒的应用上逐步得到推广。

部分中草药和戊二醛、过氧化氢、氯己定碘等都是气体复方消毒剂中常见的杀菌成分。其中，中草药以苍术、荆芥提取液为主，加适量丁香油、薄荷油等芳香物质制成的复方苍术消毒剂，对空气中微生物有较强的杀灭作用。另外，其他化学消毒剂，如戊二醛与表面活性剂、甘油、乙醇、香精等复合消毒剂对空气的消毒效果均高于单方消毒剂；氯己定碘络合物复配的消毒剂对空气中真菌有良好的杀灭作用；以过氧化氢为主要成分的复方消毒剂，对空气中微生物的杀灭效果极佳。

三、消毒程序的制订与实施

（一）消毒药物的选择方案

依据猪场的常见疫病种类、流行情况、消毒对象、消毒设备、猪场条件等，选择适合自身实际情况的两种或两种以上不同性质的消毒药物。同时，还要考虑药物生效快、稳定性好、渗透性强、毒性低、刺激性和腐蚀性小等特点及价格因素。

充分考虑本地区的猪群疫病流行情况和疫病可能的发展趋势，选择储备和使用两种或两种以上不同性质的消毒药物。创造条件，定期开展消毒药物的消毒效果监测，依据实际的消毒效果来选择较为理想的消毒药物。

1. 猪场常用的消毒剂及消毒剂的选择

（1）消毒剂的分类。

①碘制剂：威力碘、百菌消-30、速效碘等，如Ⅰ型速效碘，若用于猪舍消毒可配制成 300～400 倍稀释液；若用于饲槽消毒可配成 350～500 倍稀释液，杀灭口蹄疫病毒可配制 100～150 倍稀释液，具体用法见说明书。

②强碱类：火碱（含量不低于 98%）溶液主要用于空舍、场区、外环境的消毒；石灰粉或石粉乳也可用于消毒，石灰粉既消毒又防潮，适用于产房、仔猪培育舍，也可撒在场区周围形成一条隔离带。

③季铵盐类：1210、安力 2 000、百毒杀，使用浓度为 1：（1 000～2 000），此类消毒药主要适用于新建猪场，因为病原微生物的数量、种类较少。

④醛类：甲醛又称福尔马林，根据浓度不同可用于手术消毒、环境消毒，也可作防腐剂。作为气体消毒用于猪舍、料库的消毒方法是，1 立方米容积用 20 毫升福尔马林，加等量水加热使其挥发成气体消毒；用作熏蒸消毒时，每立方米 14 毫升福尔马林加 7 克高锰酸钾，熏蒸消毒 8～10 小时或 24 小时。

⑤过氧化物类：过氧乙酸分为 A、B 二瓶装，使用时先将 A、B 液混合，24～48 小

时后使用，有效浓度为18%左右，喷雾消毒的浓度为0.2%～0.5%，现用现配。

⑥氯制剂：漂白粉、消毒威、99消毒王等，消毒威使用的浓度为400～500倍稀释液喷雾消毒。

⑦酚类：菌毒灭，使用浓度为1：(100～300)。

(2)消毒剂的选择。

①选择的消毒剂具有效力强、效果广泛、生效快且持久、稳定性好、渗透性强、毒性好、刺激性和腐蚀性小、价格适中的特点。

②充分考虑本场的疫病种类、流行情况和消毒对象、消毒设备、猪场的条件，选择对不同疫病消毒效果有效的几种不同性质的消毒剂。

2. 使用消毒剂注意的事项

①稀释浓度。稀释浓度是杀灭抗性最强的病原微生物所必需的最低浓度。

②药液用量。任何有效的消毒必须彻底湿润被消毒的表面，进行消毒的药液用量的最低限度是每平方米0.3升，一般为0.3～0.51升。

③消毒液作用的时间要尽可能长，保持消毒液与病原微生物接触，以半小时以上效果较好。

④消毒前先清扫卫生，尽可能消除影响消毒效果的不利因素(粪、尿、垃圾)。

⑤现用现配，混合均匀，避免边加水边消毒现象。

⑥不同性质的消毒液不能混合使用。

⑦定期轮换使用消毒剂。

(二)猪场消毒程序

猪群的消毒分为定期消毒和空舍消毒。定期消毒是指带猪消毒、场区消毒和平时的一些规定性消毒。空舍消毒就是栋舍的猪全部转出或出栏后消毒。

1. 空舍消毒

操作的程序：清扫、消毒、冲洗、熏蒸消毒。

①空舍后，彻底清除舍内的残料、垃圾及门窗尘埃等，并整理舍内用具。产房空舍后把小猪料槽集中到一起，保温箱的垫板立起来放在保温箱上便于清洗。

②舍内设备、用具清洗，对所有的物体表面进行低压喷洒，火碱浓度为2%～3%，使其充分湿润，喷洒的范围包括地面、猪栏、各种用具等，浸润1小时后再用高压冲洗机彻底冲洗地面、食槽、猪栏等各种用具，直至干净清洁为止。在冲洗的同时，要注意产房的烤灯插座及各电源的开关与插座。

③用广谱消毒药彻底消毒空舍所有表面、设备、用具，不留死角。消毒后，用高锰酸钾和甲醛熏蒸24小时，通风干燥并空置5～7天。

④在进猪前2天恢复舍内布置，并检查维修设备用具，再用广谱药消毒1次。

2. 定期消毒

①进入生产区的消毒池必须保持溶液的有效浓度，且消毒池的火碱浓度达到3%，每隔3天换1次。

②外出员工或场外人员进入生产区之前必须经过"踏、照、洗、换"4步消毒程序,即踏火碱池或垫、照紫外线5~10分钟、进洗澡间洗澡、更换工作服和鞋。

③进入场区的物品照紫外线30分钟后方可进生产区,不怕湿的物品在浸润或消毒后进入场区,或熏蒸一次。

④外购运猪车辆在装猪前严格喷雾消毒2次,装猪后对使用过的装猪台、秤、过道及时进行清理、冲洗、消毒。

⑤各单元门口有消毒池,人员进出时,双脚必须踏入消毒池,消毒池必须保持溶液的有效浓度。

⑥各栋舍内按规定打扫卫生后带猪喷雾消毒一次,外环境根据情况消毒,每周1~3次。舍外生产区、装猪台、焚尸炉都要消毒不留死角。消毒药轮流交叉使用。

3. 常规消毒

猪场的消毒主要是在疫病平息后,或单栋、单元猪舍空舍后实施的消毒措施,是防止病原微生物扩散、保证猪群健康和防止疫病发生的重要措施。

空舍或空栏后,及时清除舍内的垃圾,清洗墙面、顶棚、通风口、门口、水管等处的尘埃及料槽内的残料,并整理各种器具。如果是疫病平息后,则要将清除的粪便和污染物进行深埋、焚烧或其他无害化处理。

(1)栏舍、设备和用具的清洗。

①每天及时打扫圈舍卫生,清理生产垃圾,保持舍内外卫生干净整洁,所用物品摆放有序。

②保持舍内干燥清洁,每天必须进圈内打扫清理猪的粪便,尽量做到猪、粪分离,若是干清粪的猪舍,每天上下午及时将猪粪清理出来,堆积到指定地方;若是水冲粪的猪舍,每天上下午及时将猪粪打扫到地沟里以清水冲走,保持猪体、圈舍干净。

③每周转运一批猪,空圈后要清洗、消毒,种猪上产床或调圈,要先把空圈冲洗后用广谱消毒药消毒;产房每断奶一批、育肥每出栏一批,先清扫,再用火碱雾化1小时后冲洗消毒、熏蒸消毒。

④注意通风换气,冬季做到保温,舍内空气良好,冬季可用风机通风5~10分钟(各段根据具体情况通风)。夏季通风防暑降温,排出有害气体。

⑤生产垃圾,即使用过的药盒、瓶、疫苗瓶、消毒瓶、一次性输精瓶用后立即焚烧或妥善放在一处,适时统一销毁处理。料袋能利用的返回饲料厂,不能利用的焚烧掉。

⑥舍内的整体环境卫生包括顶棚、门窗、走廊等平时不易打扫的地方,每次空舍后彻底打扫一次,不能空舍的每一个月或每季度彻底打扫一次。舍外环境卫生每个月清理一次。

首先,对空舍内的所有表面进行低压喷洒并确保其充分湿润,必要时进行多次的连续喷洒以增加浸泡强度。喷洒范围包括墙面、料槽、地面或床面、猪栏、通风口及各种用具等,尤其是料槽,有效浸泡时间不低于30分钟。

其次,使用冲洗机高压彻底冲洗墙面、料槽、地面或床面、饮水器、猪栏、通风口、各种用具及粪沟等,直至上述区域做到尽量干净。

最后，使用冲洗机自上而下喷洒墙面、料槽、猪栏、饮水器、通风口、各种用具及床面或地面等。

根据消毒对象不同，可选用消毒威、菌毒灭、速灭5号、烧碱、过氧乙酸等不同消毒剂。空舍消毒可以用1∶2 000的速灭5号或0.3%～0.5%的过氧乙酸进行空气喷洒消毒，每平方米用500毫升配制的消毒剂药液，间隔2天1次，共进行2次。喷洒时要特别注意那些容易残留污物的地方，如角落、裂隙、接缝和易渗透的表面，先喷洒猪舍顶棚，再沿墙壁向地面喷洒。

(2)恢复舍内的布置。

在空舍干燥期间对舍内的设备、用具等进行必要的检查和维修，重点是料槽、饮水器等，堵塞舍内鼠洞，做好舍内药物灭鼠工作，充分做好入猪前的准备工作。

入猪前1天，再次对空舍进行喷雾消毒。按照消毒药物使用说明书的规定配制消毒溶液，掌握准确的配比，不可随意加大或降低药物浓度。不可随意将两种不同类型的消毒剂混合使用或同时消毒同一物品。严格按消毒操作规程进行，确保消毒效果。定期更换消毒剂，短时间使用一种消毒剂消毒一种对象。现用现配，尽可能在规定的时间内用完。

工作人员要注意做好自我保护，以免消毒药液刺激手、皮肤、黏膜和眼等。同时，还要注意消毒药液对猪群的伤害及对金属等物品的腐蚀作用。

(三)猪场应建立的消毒设施

集约化养猪场，由于采用高密度限位饲养工艺，必须有完善严格的卫生防疫制度，只有对进场的人员、车辆、种猪和猪舍内环境都要进行严格的清洁消毒，才能保证养猪场高效、安全生产。

1. 人员、车辆清洁消毒设施

凡是进场人员都必须经过温水彻底冲洗、更换场内工作服，工作服应在场内清洗、消毒，更衣间主要设有更衣柜、热水器、淋浴间、洗衣机、紫外线灯等。

集约化猪场原则上要保证场内车辆不出场，场外车辆不进场。为此，将装猪台、饲料或原料仓、集粪池等设计在围墙边。考虑到其他特殊原因，有些车辆必须进场，因此，应设置进场车辆清洗消毒池、车身冲洗喷淋机等设备。

2. 环境清洁消毒设备

(1)地面冲洗喷雾消毒机。94×P220冲洗喷雾消毒机，工作时，柴油电动机起动带动活塞和隔膜往复运动，清水或药液先吸入泵室，然后被加压经喷枪排出。该机工作压力为每平方厘米15～20千克，流量为每分钟20升，冲洗射程12～14米，是工厂化猪场较好的清洗消毒设备。其主要优点如下。

①高压冲洗喷雾，彻底冲洗干净，节约用水和药液。

②喷枪为可调节式，既可冲洗，又可喷雾。

③活塞式隔膜泵可靠耐用。

④体积小，机动灵活，操作方便。

⑤工效高，省劳动力。

(2)火焰消毒器。用药物消毒平均杀菌率只有84%，达不到杀菌率95%以上的要求。因此，一般猪场必须采用药物消毒两遍，这就加大了工作量和作业成本。此外，用药物消毒残留较多，而火焰消毒克服了以上缺点，火焰消毒器是利用煤油高温雾化，剧烈燃烧产生高温火焰对舍内的猪栏、舍槽等设备及建筑物表面进行瞬间高温燃烧，达到杀灭细菌、病毒、虫卵等消毒净化的目的。其优点主要如下。

①杀菌率高达97%。

②操作方便、高效、低耗、低成本。

③消毒后设备和栏舍干燥，无药液残留。

资料卡

兽医防疫中常用的消毒药物

(1)漂白粉，又称氯化石灰，是一种应用广泛的消毒剂。消毒效果取决于有效含氯量，一般含氯量为25%～30%，漂白粉应保存在密闭、干燥的容器中，放于阴凉通风处，有效氯每月损失1%～3%，当有效氯低于16%时不能作消毒用。5%漂白粉溶液可杀死一般性病原微生物。10%～20%漂白粉溶液可杀死芽孢。一般用于猪舍、地面、水沟、粪便、运输及污水的消毒。

(2)氯胺，又称氯亚明，为结晶粉末，含有效氯11%以上。消毒作用缓慢而持久，0.0004%可用于饮水消毒，0.5%～5%可用于污染器具和猪舍消毒。氯胺性质稳定，在密闭条件下可长期保存，便于携带，易溶于水。

(3)次氯酸钠，成本低、高效、无毒，对真菌和病毒均有较强的杀灭作用，但易分解、不易保存，生产中一般不用。

(4)二氯异氰尿酸钠，为新型广谱消毒药物，以二氯异氰尿酸钠为主要成分的商品有强力消毒灵、灭菌净、抗敌威等。对细菌、病毒均有效，白色粉末，易溶于水，性质稳定，易保存，以1∶100或1∶200水溶液喷洒地面猪舍、圈栏及用具等。

(5)福尔马林，为38%～40%的甲醛溶液，具有刺激性气味的无色透明液体，有杀灭细菌及芽孢、霉菌、病毒的作用。2%～4%溶液喷洒或浸泡消毒污染的场所和物品；室内消毒40%溶液每立方米25毫升，加等量水25毫升直接加热蒸发，或再加高锰酸钾25克，消毒6小时。

(6)菌毒敌，即农乐，又名复合酚。抗菌谱广，对病毒、霉菌、细菌、寄生虫卵、球虫卵囊、蚊蝇、昆虫卵及痒螨有较强的杀灭作用。1∶300水稀释溶液消毒细菌、虫卵污染场所；1∶100稀释溶液消毒病毒污染场所(如口蹄疫、水泡病猪瘟等污染的场所)。同类产品有农福、农富、菌毒灭等。

(7)其他常用消毒药品见表8-2。

表 8－2　其他常用消毒药品

药物名称	浓度	作用	特点
乙醇	75％以上	凝固细菌细胞原生质	干湿皮肤均消毒作用
来苏尔（50％煤酚皂）	10％溶液	排泄物和废料消毒	对芽孢和病毒无效
	3％～5％	浸泡洗涮器具	
	1％～2％	体表、手和器械	
新洁尔灭	0.1％	洗涤皮肤手和器具	能杀灭多种革兰氏阴性和阳性菌及霉菌，对病毒无效
	0.01％～0.05％	冲洗眼和阴道	
	0.005％	冲洗膀胱和尿道	
	1％	湿敷皮肤化脓处	

实验实训

实验 8－2　猪场的消毒

一、实训目标

猪场常用消毒方法及现场实施。

二、实训材料

1. 器材火焰喷灯、卷尺、搪瓷盆、塑料桶、量筒、量杯、天平、台秤、喷雾器、棉垫。

2. 消毒用品汽油（或酒精）、来苏尔、95％乙醇、甲醛、高锰酸钾、过氧乙酸、漂白粉、碘酊、烧碱、生石灰、新洁尔灭。

3. 其他清扫机、洗刷工具、高筒橡胶鞋、工作服、帽子、口罩、护目镜、橡胶手套、毛巾、肥皂等。

三、方法步骤

(一)猪场常用消毒方法

1. 火焰灭菌法(汽油喷灯)。

汽油喷灯以汽油作为燃料，火焰温度高于 900 ℃，消毒效果很好。

(1)注意事项。在使用过程中严禁烘烤物体；严禁被烘烤物体所产生的高温反射灯壶；严禁用喷灯或其他的高温火焰预热灯头；严禁在 2 米以内同时使用两盏或两盏以上喷灯；严禁使用后将其放置在烈日下曝晒；严禁把预热的火焰烧到灯壶上；严禁使用劣质燃料，因为灯壶是一个密封储油容器，受到高温烘烤或使用劣质燃料，容易引起爆炸。不得任意拆换零部件，一旦拆换后产品的整体性能被破坏，容易发生事故。

启用喷灯之前必须检查调试：

检查气动泵，如发现皮碗已干枯，必须加入少量机油，使其软化润滑。加油后旋紧密封部位打气加压数十下，如发现打气柄自动上移，说明逆止阀有回油渗漏现象，排除后才能投入使用。

检查泄压阀，加满油后旋紧密封部位打气加压数十下，直至泄压阀打开跑气说明泄压阀能正常工作。如不能打开跑气，放气后旋下加油盖，用相应的钢丝通向加油盖泄压孔，向上顶开泄压阀，使其正常泄压。

检查密封性，加油后旋紧密封部位打气加压，检查各部位是否密封良好，如螺纹部位渗漏，按顺时针方向旋紧即可，旋紧后仍有渗漏现象，不可再投入使用。

检查油路，打气加压后打开手轮喷油，如油直线喷出证明油路通畅，否则油路堵塞，可用通针疏通，或放气后旋下喷嘴清洗。

不得自行调节泄压阀，泄压阀是自动调节工作压力的装置，自动调节失灵后，火焰不能正常工作。泄压阀不是防爆装置。

不得任意拆卸进油阀，如拆卸后必须更换石墨垫圈，否则会造成进油阀漏油，引起火灾。

不得将掺有杂物的油料加入灯壶，否则会造成手动泵逆止阀失灵。灯壶内必须经常清洗。使用过程中如发现打气柄自动上移，应立即停止使用。

不得带火、带气修理，在使用过程中发现渗漏现象应立即将手轮按顺时针方向关闭，待冷却放气后，才能检查修理。

不得让未经专业训练、尚未掌握本说明书内容的人员操作喷灯。

汽油喷灯只能使用汽油，因为煤油和柴油汽化程度差、火力弱，还容易污染喷嘴，造成使用能力下降。

(2)使用方法。

装灯头：将灯头按顺时针方向旋紧。

加油：旋开加油盖，将汽油通过装有过滤网的漏斗，灌入灯壶至额定容积的70%。如果是连续使用，必须待灯头完全冷却后才能加油。

生火：将预热杯中加满油及引火物，油料不得溢到灯壶体上，在避风地方点燃，预热灯头，当预热杯中油将要烧尽时，旋紧加油盖、泵盖，打气3～5下后把手轮缓缓旋开，初步火焰即可自行喷出。

工作：初步火焰如正常，继续打气直至强大火焰喷出。火焰如有气喘状态，调节手轮即可正常工作。在使用柴油喷灯或煤油喷灯时，一定要使灯头充分预热，才能正常工作。

熄火存放：将手轮按顺时针方向旋紧，关闭进油阀熄火，待灯头冷却后，旋松加油盖，放气后存放。

2.化学消毒剂消毒法。

(1)常用消毒液的配置。消毒剂稀释浓度计算公式：

$$A：B=b：a$$

式中，A 为浓溶液容量（溶质量）；B 为稀溶液容量；a 为浓溶液浓度；b 为稀溶液浓度。

例 1 用粗制氢氧化钠配制 3％氢氧化钠溶液 5 000 毫升，需要粗制氢氧化钠多少克？

解：A（溶质量）$= B \times b/a = 5\,000 \times 3/100 = 150$（克）

例 2 用 20％过氧乙酸溶液配制 0.2％过氧乙酸溶液 5 000 毫升。需要 20％过氧乙酸原液多少毫升？需要水多少毫升？

解：A（浓溶液用量）$= B \times b/a = 5\,000 \times 0.2/20 = 50$（毫升）

B（稀溶液容量）$= B - A = 5\,000 - 50 = 4\,950$（毫升）

(2) 喷雾器的使用及注意事项。喷雾器有手动喷雾器和机动喷雾器两种。手动喷雾器又有背携式和手压式两种，常用于小范围消毒；机动喷雾器又有背携式和担架式两种，常用于大面积消毒。

应先在一桶内将消毒剂充分溶解、搅匀、过滤，以免有些固体消毒剂存有残渣而堵塞喷嘴，影响消毒进行。使用前应对各部分仔细检查，尤其注意喷头部分有无堵塞现象。喷雾器内药液不要装得太满，否则不易打气或引起桶身爆破。打气时，感觉有一定阻抗时，就停止打气。消毒完毕后，倒出剩余的药液前应先拧开旁边的小螺丝，放完气，再打开桶盖，倒出药液，用清水冲洗干净。

(3) 甲醛熏蒸消毒。

适用范围及条件：甲醛熏蒸消毒可彻底杀灭病毒、细菌及芽孢等。

每立方米空间按 40％甲醛溶液 20~35 毫升、高锰酸钾 15~20 克计算用量。上述药物有很大的腐蚀性，化学反应剧烈，应用陶瓷或玻璃容器盛装。熏蒸消毒 20~30 分钟，最适环境温度为 25~27 ℃，相对湿度为 75％~80％。

使用方法：先将称好的高锰酸钾放入容积较大的陶瓷器皿中，然后倒入甲醛溶液，绝不能将高锰酸钾倒入甲醛溶液中。每立方米也可以用 40％的甲醛溶液 35 毫升，使用电磁炉直接加热进行熏蒸消毒。

注意事项：甲醛气体对人体有刺激性和毒性，消毒人员在操作完毕后应立即离开现场。密封猪舍 12~24 小时后方可打开门窗，待甲醛散净后再进入。若有人要进入正在熏蒸的房间，应戴防毒面具，以防中毒。

(4) 其他常用化学消毒剂的使用方法见本单元资料卡——兽医防疫中常用的消毒药物。

(二) 猪场常用消毒现场实施

1. 对饲养区地面、猪舍、用具等进行消毒。

(1) 对饲养区地面环境实施消毒。对生产区内的道路、空地、场地等，每月清扫 1 次，除去杂草杂物，填平低洼沟池。可选用 1∶200 过氧乙酸溶液进行喷雾消毒、3％氢氧化钠溶液喷雾或浇洒 20％石灰乳进行消毒，定期进行全面消毒，防止吸血昆虫等滋生。

(2) 空猪舍的消毒。清除舍内所有污物，用清水冲洗墙壁、地面，让其干燥。选用

3%的氢氧化钠溶液喷洒消毒,空舍一周,清水冲洗并干燥后再用0.5%过氧乙酸喷雾消毒,方可入猪;或根据猪舍空间体积,用甲醛进行熏蒸消毒,将猪舍密封12～24小时后,充分通风,然后入猪。

(3)猪舍带猪消毒。清扫猪舍,用清水洗刷地面,干燥后用0.2%过氧乙酸溶液喷雾消毒。喷洒消毒液的用量,一般以猪舍面积每平方米1 000毫升计算。消毒时,从离门远处开始,按一定的顺序将地面、墙壁等均匀喷湿,最后打开门窗通风。

(4)用具消毒。进入生产区的各种物品、用具、工具及药品等要通过专用消毒间消毒后才能进入猪舍内使用。常用紫外线灯光照射或熏蒸消毒。料槽、饮水槽、勺、锹、车等饲养用具洗刷干净后,用3%氢氧化钠溶液喷洒或冲洗消毒,然后用清水冲洗干净,除去残留消毒药。

(5)猪舍及饲养区墙壁消毒。可用20%石灰乳涂刷消毒。

2. 污水及粪便的消毒处理。

污水的方法有过滤法、沉淀法与化学法等,如每升污水中加漂白粉2.5克,拌匀后静置2小时再向外排放。粪便可通过堆积发酵(生物热消毒)或沼气池等方法处理。

3. 病死猪与污染杂物的消毒死亡。

猪与污染的杂物应选择离猪场200米以外的无人区挖坑深埋处理,在土质干燥、地势较高、地下水位较低的地方挖坑,坑深3米,长宽根据实际情况而定,坑底部撒上生石灰,再放入尸体,放一层尸体撒一层生石灰,最后填土夯实。周围环境用3%来苏尔或0.5%过氧乙酸溶液进行喷雾消毒。也可采用焚烧消毒。

4. 出入厂区人员、车辆的消毒。

(1)出入厂区人员的消毒。采用紫外线消毒法和化学消毒法。

(2)出入厂区车辆的消毒。猪场门前设立消毒池,长度为车轮2个周长以上,消毒药品可选用2%～3%氢氧化钠溶液等。寒冷季节可在消毒池中加入适量食盐,防止由于结冰而影响消毒。消毒液每周更换一次,消毒药品的种类每月也要更换。

猪舍门口的消毒池,选用2%氢氧化钠或3%来苏尔溶液等,3天更换药液一次,不同种类的消毒药品轮换使用。

5. 消毒注意事项。

①目前兽药市场上消毒药品的种类多种多样,要选择品牌和信誉好的厂家,以保证消毒药品的质量。

②实施消毒之前,一定要先将环境中的有机物清除干净再消毒。

③正确使用消毒药品,按使用说明书的规定配置消毒药液,药量与水量的比例要准确,不可随意加大或减小药物的浓度,否则会影响消毒效果,严重者还会引起不良后果;不要任意将两种不同种类的消毒药品混合或同时使用,因为两种不同的消毒药品混合使用会因物理或化学性配伍禁忌而失效;长时间使用一种消毒药物,会造成病原菌产生耐药性,影响消毒效果,因此,一定要定期更换消毒药品,以保证消毒效果;消毒药物要现用现配,且应尽量在规定的时间内用完,如果配好的消毒药物放置时间过长,会使浓度降低或完全失效。

④消毒时操作人员要戴防护用品(如口罩、手套、眼镜、胶靴、工作服等),以免消毒药液刺激眼、手、皮肤及黏膜等。同时也要注意消毒药物对猪群和物品的伤害。

⑤有条件的猪场,消毒后应采取样品进行消毒效果的检验,以便发现问题,加以改正,提高消毒效果。

四、实训报告

1. 现有1%聚维酮碘原液,配置0.1%聚维酮碘消毒液50升,需1%聚维酮碘原液多少升?需准备什么器材?

2. 现有足量15%过氧乙酸溶液,计划应用0.2%过氧乙酸溶液对500平方米。猪舍带猪喷雾消毒,需准备什么器材?消毒液如何配置?消毒应如何实施?

自测训练

什么是消毒?猪场的消毒有哪些种类?如何在繁多的消毒药中选择合适的?

单元四　猪常见传染病的防治

案例导入

非洲猪瘟自 2018 年 8 月传入我国后，迅速传播到各地，导致村庄中的生猪大面积死亡，受影响的大型养猪企业损失巨大，亏损严重，有些养殖场甚至出现空栏现象，市场上猪肉价格也大幅上涨，对人民群众的生活造成了巨大影响。可见，猪传染病对养猪生产的危害极大。做好猪传染病的防治意义重大。

传染病是由病原微生物感染所引起的，是具有一定的潜伏期与临床表现且具有传染性的疾病。养猪生产属于规模化群养，传染性疾病的暴发对猪群危害巨大，常常会造成重大的经济损失。

一、传染病流行的基本环节

猪传染病的流行过程，就是从猪个体感染发病发展到猪群体发病的过程。传染病在动物群体中蔓延流行，必须具备 3 个相互连接的条件，即传染源、传播途径及易感动物。

1. 传染源

传染源（也称传染来源）是指有某种传染病的病原体在其中寄居、生长、繁殖，并能排出体外的机体。具体说传染源就是受感染的猪，包括传染病患病猪和带菌（毒）猪。

2. 传播途径

病原体由传染源排出后，再侵入其他动物体内所经的途径称为传播途径，传播途径可分两大类：一是水平传播，即传染病在群体之间或个体之间以水平形式横向平行传播；二是垂直传播，即从母体到其后代两代之间的传播。水平传播在方式上可分为直接接触传播和间接接触传播两种。

病原体通过被感染的动物（传染源）与其他动物直接接触、交配、舐咬等引起传染病传播的方式，称为直接接触传播。直接接触传播的传染病，其流行特点是一个接一个地发生，形成明显的链锁状。这种方式使疾病的传播受到限制，一般不易造成广泛的流行。

病原体通过传播媒介使动物发生传染病的方式，称为间接接触传播。从传染源将病原体传播给易感动物的各种外界环境因素称为传播媒介。传播媒介可能是生物，也可能是无生命的物体。大多数传染病如口蹄疫、猪瘟等以间接接触为主要传播方式；同时，也可以通过直接接触传播。两种方式都能传播的传染病也可称为接触性传染病。接触性传染病的传播媒介可以是空气（飞沫、飞沫核、尘埃）、经污染的饲料和水、活的生物媒介、兽医使用的体温计、注射针头以及其他器械、猪的胎盘等。

掌握病原体的传播方式及各个传播途径所表现出来的流行特征有助于对现实的传播途径进行分析和判断。

3. 易感动物

易感性是抵抗力的反面，指机体对于某种传染病病原体感受性的强弱。群体中易感个体所占的百分率，直接影响传染病是否能造成流行以及疫病的严重程度。机体易感性的高低虽与病原体的种类和毒力强弱有关，但主要还是由机体的遗传特征等内在因素及特异免疫状态决定的。外界环境条件，如气候、饲料、饲养管理、卫生等因素都可能直接影响群体的易感性和病原体的传播。

疾病的流行与否、流行强度和维持时间取决于该疫病的潜伏期、致病因子的传染性，以及群体中易感性较强的个体所占的比例和群体的密度。

二、传染病的发展阶段

传染病的病程发展在大多数情况下具有规律性，大致可以分为潜伏期、前驱期、明显期（发病期）和转归期（恢复期）4个阶段。

1. 潜伏期

由病原体侵入机体并进行繁殖时起，直到疾病的临床症状开始出现为止，这段时间称为潜伏期。一般来说，急性传染病的潜伏期差异范围较小，慢性传染病及症状不很显著的传染病潜伏期差异范围较大、不规则。同一种传染病潜伏期短，疾病症状常较严重；反之，则潜伏期长，病程较轻缓。从流行病学的观点来看，处于潜伏期中的猪之所以值得注意，主要是因为它们可能是传染源。一般来说，了解一种传染病的最长潜伏期是非常重要的，因为其与传染源的隔离或疫区的封锁有重要关系。

2. 前驱期

前驱期是疾病的征兆阶段，其特点是临床症状开始表现出来，但该病的特征性症状仍不明显。对多数传染病来说，这个时期仅可察觉出一般的症状，如体温升高、食欲减退、精神异常等。各种传染病和各个病例的前驱期长短不一，通常从数小时到一两天。

3. 明显期（发病期）

前驱期之后，疾病的特征性症状逐步明显地表现出来，是疾病发展到高峰的阶段。这个阶段因为很多有代表性的特征性症状相继出现，在诊断上比较容易识别。

4. 转归期（恢复期）

疾病进一步发展为转归期。如果病原体的致病性能增强，或机体的抵抗力减退，则传染过程以机体死亡为转归。如果机体的抵抗力得到改进和增强，机体便会逐步恢复健康，表现为临床症状逐渐消退，体内的病理变化逐渐减弱，正常的生理机能逐步恢复。机体在一定时期保留免疫学特性。在病后的一定时间内还有带菌（毒）排菌（毒）现象存在，但最后病原体可被清除。

三、猪常见传染病的防治

（一）猪瘟及其防治

猪瘟是一种急性接触性传染病，其临床特征为稽留热、死亡率高，由于毛细血管变性引起出血坏死、梗死性病理变化，在后期常受细菌侵害引起并发症，猪瘟根据其表现分为急性、慢性、不典型感染病程。急性型的症状很明显，病死率极高；慢性型症状较轻，有反复，病程相当长。猪瘟在我国的分布很广，严重威胁养猪业的发展。猪瘟病毒是瘟病毒属，与同属的牛病毒性腹泻病毒（黏膜病病毒）有密切的抗原关系，存在交叉反应。猪瘟病毒不同毒株间存在显著的抗原差异，野毒株的毒力差异很大，强毒株可引起急性猪瘟，而温和毒株一般只产生亚急性或慢性感染，感染低毒株的猪只呈现轻度症状或无症状，但在胚胎感染或初生感染时可导致胚胎或初生猪死亡。猪瘟病毒对外界环境有较强的抵抗力，脱纤血中的病毒经 68 ℃ 高温，30 分钟仍不能灭活，含毒的猪肉和猪肉制品几个月后仍有传染性，有重要的流行病学意义。2% 的氢氧化钠溶液能迅速使病毒灭活。

1. 流行特征

对典型的急性型猪瘟，根据临床症状、病理变化和流行特点，可作出相当准确的诊断。如开始出现病猪 1～2 周后，疾病迅速传播到群内各种年龄的未免疫猪，病死率极高。病猪持续高温；有结膜炎；白细胞减少；淋巴结、肾、皮肤和其他器官出血；脾有梗死灶，一般可确诊为猪瘟。但对慢性型、温和型、迟发型猪瘟，应进行实验室检查才能确诊。低毒株的感染猪排毒期较短。若感染妊娠母猪，则病毒可侵袭子宫内的胎儿，造成死产或产出后不久即死去的弱仔，分娩时排出大量病毒，而母猪本身无明显症状。如果这种先天感染的胎儿正常分娩，且仔猪健活数月，则可成为散布病毒的传染源。

2. 临床症状

潜伏期 5～7 天。根据症状和其他特征，可分为急性、慢性和迟发性 3 种类型。

(1) 急性型。病猪高度沉郁，减食或拒食，怕冷挤卧，体温持续升高至 41 ℃ 左右。先便秘，粪干硬呈球状，带有黏液或血液，随后下痢，有的发生呕吐。病猪有结膜炎，两眼有大量黏性脓性分泌物。步态不稳，后期发生后肢麻痹。皮肤先充血，继而变成发绀，并出现许多小出血点，以耳、四肢、腹下及会阴等部位最为常见。如果白细胞减少，少数病猪会出现惊厥、痉挛等神经症状，病程 3～4 天死亡。

(2) 慢性型。初期食欲不振，精神委顿，体温升高，白细胞减少。几周后食欲和一般症状改善，但白细胞仍减少。继而病猪症状加重，体温升高不降，皮肤有紫斑或坏死，日渐消瘦，全身衰弱，病程 1 个月以上，甚至 3 个月。温和型猪瘟是侵害幼猪的一种慢性猪瘟，由低毒株病毒引起，病猪症状轻微，病情发展缓和，对幼猪可以致死。

(3) 迟发性型。先天性感染低毒猪瘟病的结果。胚胎感染低毒猪瘟病毒后，如产出正常仔猪，则可终生带毒，不产生对猪瘟病毒的抗体，表现免疫耐受现象。感染猪在出生后几个月可表现正常，随后发生减食、沉郁、结膜炎、皮炎、下痢及运动失调等症状。

3. 病理变化

急性猪瘟呈现以多发性出血为特征的败血病变化，在皮肤、浆膜、黏膜、淋巴结、肾、膀胱、喉头、扁桃体、胆囊等处都有程度不同的出血变化。一般呈斑点状，有的出血点少而散在，有的星罗棋布，以肾和淋巴结出血最为常见。淋巴结肿大，呈暗红色，切面呈弥漫性出血或周边性出血，如大理石样外观，多见于腹腔淋巴结和颌下淋巴结。

肾脏色彩变淡，表面有数量不等的小出血点。脾脏的边缘可见到紫黑色突起（出血性梗死），这是猪瘟有诊断意义的病变。慢性猪瘟的出血和梗死变化较少，但回肠末端、盲肠，特别是回盲口，有许多的轮层状溃疡（扣状溃疡）。迟发性猪瘟的突出变化是胸腺萎缩和外周淋巴器官严重缺乏淋巴细胞和生发滤泡。

4. 防治措施

（1）治疗。尚无有效的化学药物，而使用高免血清治疗又很不经济。

（2）预防。

①平时的预防措施，提高猪群的免疫水平，防止引入病猪，切断传播途径，广泛持久开展猪瘟疫苗的预防注射，是预防重点。免疫接种程序参见计划免疫接种。

②流行时的防治措施：

a. 封锁疫点。在封锁地点内停止生猪及猪产品的集市买卖和外运，猪群不准放牧。最后1头病猪死亡或处理后3周，经彻底消毒，可以解除封锁。

b. 处理病猪。对所有猪进行测温和临床检查，病猪以急宰为宜，应将急宰病猪的血液、内脏和污物等就地深埋。污染的场地、用具和工作人员都应进行严格消毒，防止病毒扩散。可疑病猪予以隔离。对有带毒综合征的母猪，应坚决淘汰。这种母猪虽不发病，但可经胎盘感染胎儿，引起死胎、弱胎，生下的仔猪也可能带毒，这种仔猪对免疫接种的有耐受现象，不产生免疫应答，而成为猪瘟的传染源。

c. 紧急预防接种。对疫区内的假定健康猪和受威胁区的猪立即注射猪瘟兔化弱毒疫苗，剂量可增至常规量的6～8倍。

d. 彻底消毒。病猪舍、垫草、粪水、吃剩的饲料和用具均应彻底消毒，最好将病猪舍的表土铲出，换上一层新土。在猪瘟流行期间，应每隔2～3天对饲养用具消毒1次，碱性消毒药均有良好的消毒效果。

（二）口蹄疫及其防治

口蹄疫是偶蹄动物的一种急性发热高度接触性传染病，以蹄冠、口腔、乳房等处的皮肤或黏膜出现水泡或溃烂为特征，是多种家畜共患的传染病。

1. 病原

口蹄疫是由口蹄疫病毒引起的。口蹄疫病毒具有多型性、易变性的特点。目前，已知的血清型有7个，其中A型和O型分布最广危害最大，各型之间无交叉免疫。这些病毒对外界环境因素和化学消毒药抵抗力很强，对高温和酸碱的抵抗力较差。

2. 流行

此病一年四季均可发生，但以冬春和秋季气候较寒冷的时候多发，传染性极强，可直接和间接传播，病猪和带毒猪是最主要的直接传染源，排泄物、污染物及昆虫、鸟类、鼠类等则可造成间接传播，病毒随风引起的气源性传播在口蹄疫流行方面可能起着决定性的作用。

3. 症状

病初体温上升，相继在蹄冠、蹄踵、趾间、口腔、黏膜、乳房、鼻腔等处出现水泡和烂斑，母猪泌乳量下降，初生仔猪和哺乳仔猪发病后，常因急性肠炎和心肌炎而突然死亡。继发细菌感染，会出现蹄壳脱落，严重跛行。

4. 剖检

一般表现消瘦，口底、鼻腔、蹄部、乳房等部位出现水泡，仔猪可见虎斑心、急性出血性胃肠炎、败血症等症状。

5. 诊断

根据临床表现、剖检及流行病学调查一般可作出初步诊断，确诊则必须结合实验室诊断。

6. 防治

少量发生时，须采用综合紧急防治措施，包括：扑杀和淘汰病猪、隔离、封锁、消毒、疫苗接种等。确有必要治疗时以加强饲养管理、预防并发感染为原则，有条件的还可用痊愈血清或全血进行治疗。

预防接种：按农业农村部推广的免疫程序，用口蹄疫灭活苗进行免疫。

(三) 猪繁殖与呼吸道综合征及其防治

猪繁殖与呼吸道综合征又称蓝耳病，是一种新型高度传染性的疾病，以母猪发热、厌食、流产、死产、木乃伊胎、弱仔等繁殖障碍，以及仔猪呼吸症状和高死亡率为特征。该病目前在世界各地广泛传播，我国一些地区的猪群也开始流行，给养猪业造成严重损失，必须重视防治工作。

该病病原是繁殖与呼吸道综合征病毒，可经胎盘垂直传播，也可经呼吸道和消化道水平传播。公猪在急性感染期间精液带病毒，可经配种传播此病。在临床症状消失后，此病至少在两个月内仍有传染性。目前对此病尚无特效疗法，但30千克以上的猪使用阿司匹林每次3克，可以降低此病的死亡率。此病的疫苗已经开始推广，应采取综合性防治措施来控制此病的流行。

①从国外进口种猪时应进行严格检疫，可按国际通用的间接免疫荧光法（IFA）或酶联免疫吸附试验（ELISA）进行血清学检查。我国对外检疫条款规定，只有血清学阴性的猪才允许进口，以防止从国外传入本病。

②猪场从其他猪场引进猪只时要先作流行病学调查，应确保引进的猪只来自无该病的地区，对引进猪隔离观察并进行血清学检查，血清学阳性者不允许引进；血清学阴性者至少应隔离观察3周以上。3周后，经再次检查仍为阴性时方可并入猪群。隔离地点应在距场区较远的安全地区。

③猪场发现有该病的症状时，应进行流行病学调查、临床和病理学检查、血清学检查和病原分离等，没有条件进行这些检查的猪场要送检，以便尽快确诊。

④猪场要严格执行消毒防疫制度，限制访客入场，必须入场人员应更衣换鞋，车辆、用具均应消毒。

⑤在爆发流行时，育成猪实行"全进全出"制，每批猪进出前后，猪舍都要严格清洗消毒；哺乳仔猪提早断奶，母子隔离饲养，不同年龄的猪群相互隔离，分别饲养在不同

的场区，可减少病毒从老年猪传至仔猪的机会，有助于消除猪群的持续感染。

⑥该病尚无特效疗法。当发生该病时，要改善环境温度（保持20～25 ℃）和通风条件，疏散猪群，减少饲养密度，减少应激，增加营养，使用抗生素和维生素E等控制继发感染。为减少乳猪的死亡，可采用哺喂初乳、电解质和葡萄糖，加强保温措施。

⑦发病种猪场的阳性母猪及其仔猪不能留做种用，应淘汰作为商品肉猪。

⑧各地发现并确认该病后，应立即向上级兽医主管部门报告疫情，以便组织力量及时扑灭，杜绝传播。

(四)猪气喘病及其防治

猪气喘病是由猪支原体肺炎引起的一种传染病。临床特征以咳嗽、气喘、呼吸困难为主，死亡率虽然低，但感染率很高，感染猪发育迟缓，生产速度降低13％～16％，每千克增重的饲料消耗增加14％，加上药费的增加，给猪场造成严重的经济损失。

1. 流行特点

①不同品种不同年龄的猪均可感染，尤其哺乳仔猪及幼龄猪最易感染。传染在哺乳期就开始了，由母猪传给仔猪，仔猪在6周龄或更大时才出现临床发病。成年猪多呈慢性或隐性感染。妊娠后期母猪常急性发作，死亡率高。

②无明显季节性，但以冬春寒冷季节多发。在气候骤变、阴冷潮湿、猪群拥挤、饲养管理和卫生条件不良时常促使该病的发生和流行。

③流行时常出现继发感染，如继发巴氏杆菌病、胸膜肺炎、沙门氏杆菌病等，可使死亡率明显增加。

2. 临床症状

病猪在采食后或驱赶运动后常出现连续的低头干咳、气喘、呼吸次数增加，病初期呼吸快而浅，后期变为慢而深，呈腹式呼吸、拱背、伸颈、头下垂，体温无明显变化。后期精神不振、消瘦、不愿动，常出现继发感染而死亡。

3. 病理剖检

肺部：心叶、尖叶、中间叶及隔叶下缘发生融合性支气管肺炎，呈对称性肉样变，病程长者，病变部位颜色变成深紫红色、灰白色、灰黄色肝变。病灶周围肺组织有气肿，肺门淋巴结肿大呈灰白色，切面外翻。有继发感染时引起胸膜纤维素性粘连，肺部有化脓灶及坏死性病变。

4. 诊断

根据临床症状及病理剖检即可诊断。

血清学检查：目前常用方法为间接血凝试验及琼脂扩散方法进行普检，淘汰阳性母猪。

5. 治疗

①百利肥（主要成分为柱晶白霉素）：每吨料1 000～3 000克，拌匀，连喂5天。

②单个病猪可用卡那霉素每千克体重2万～4万单位，每日一次肌肉注射，连用

5天。

③庆大霉素每千克体重2~4毫克肌肉注射,连用3~4天。

④气喘宁(泰妙菌素,又叫泰莫林、支原净)每次每千克体重口服20~30毫克,或0.02%拌料。

⑤如病猪较多可在每100千克饲料中加入50克北里霉素连用5~7天,并可在饲料中同时加入维生素B_6,以便增强代谢过程,改善神经、循环和消化系统的功能。

⑥中药、百部、杷叶、桔梗、地榆、鱼腥草、石苇各15克,天门冬4克,干疆10克,并水灌服,料渣任猪自食(体重40千克猪的用量)。

6. 预防

(1)环境控制。

①关于通风和保温的关系。北方地区冬季寒冷,舍外最低温度可达−15℃,一般规模猪场多采取密闭式饲养,为了保温常将门窗紧闭,有的还在窗外加一层塑料布,舍内空气污浊,氨气、二氧化碳、硫化氢等有害气体超标,造成猪气喘病发病严重。因此要处理好通风和保温的关系,要在通风的基础上进行保温。产房北窗关闭,南窗隔一开一;育成舍和育肥舍北窗关闭,南窗白天开,夜间隔1~2个开一个,以保证通风良好。

②环境消毒。为了杀死环境中的病原体,猪舍内每周带猪消毒一次。发病严重时可增加消毒次数。生产区每10天消毒一次。每次转群后彻底清扫消毒,消毒药可用2%次氯酸钠和0.3%过氧乙酸交替。

③避免应激。如不同日龄的猪只混群、连续不断的流水式猪舍、过度拥挤等都可诱发此病,要避免这些应激因素的产生。

(2)猪支原体弱毒苗免疫接种。接种以提高抵抗力,降低发病率。在注射前将临床症状严重的猪予以淘汰。种猪和后备猪每年8~10月免疫一次,每头猪免疫剂量为5毫升,在右侧胸腔注射(注射部位在倒数第二肋间)。仔猪可在5日龄内进行早期免疫,免疫剂量为2.5毫升,右侧胸腔注射,使仔猪较早产生免疫力,减少育成及育肥阶段的感染机会,而且仔猪注射疫苗方便易行。

(五)猪传染性萎缩性鼻炎及其防治

猪传染性萎缩性鼻炎是猪的一种慢性接触性传染病,以鼻炎、鼻梁变形和鼻甲骨卷曲、发生萎缩和生长迟缓为特征,病原体主要是支气管败血波特氏杆菌。

1. 流行病学

任何年龄的猪都可以感染该病,但幼猪易引起鼻甲骨萎缩。如果断奶后发生感染,在鼻炎消退后,多不发生或只发生轻度的鼻甲骨萎缩。因此,出生后不久受到感染的乳猪,重症病例居多。传播方式主要是飞沫,病猪或带菌猪通过接触或经呼吸道把病原体传给幼龄猪。

2. 症状

病猪首先打喷嚏,特别在饲喂或运动时更为明显。鼻孔排出少量清液或黏液性脓液。这种鼻炎症状最早可见于1周龄仔猪,到6~8周龄时最显著。大多数猪群常出现不同程度的萎缩变化。经2~3个月后就出现面部变形或歪斜。病猪体温正常，生长停滞。

3. 剖检

最特征的病变是鼻腔软骨和鼻甲骨的软化与萎缩，特别是下鼻骨的下卷最为常见。有的萎缩严重，甚至鼻甲骨消失。确诊该病的方法是在病猪发病或死后，在头部第一前臼齿前用手锯切横断，观察鼻甲骨出现上述病变即可确诊。

4. 防治措施

该病随着国外猪种的引进而带入国内，有的猪场和地区采取清查病猪，彻底淘汰，及时消灭了病原，但个别地区仍有该病存在。应加强国境检疫以杜绝病原，并对存在本病的猪场实行严格检疫，将有症状的猪只进行淘汰。

国外一些猪场应用抗生素和磺胺类药物作饲料添加剂来控制本病，如百利肥每吨料100~350克，拌匀进行预防；每吨料1 000~3 000克，拌匀进行治疗，连用5~7天；磺胺双甲氧嘧啶每吨料100~450克；磺胺噻唑钠每升饮水0.06~0.1克，用4~6周。在疫区使用链霉素、土霉素、氯霉素或磺胺类药物于仔猪出生后饲喂12天，或3日龄、6日龄和12日龄时肌肉注射，再或于出生后48小时内用25%硫酸卡那霉素进行鼻内喷雾，每周1~2次，每个鼻孔0.5毫升，直到断奶为止，都收到一定的预防或控制感染的效果。目前有些猪场采用疫苗免疫的办法进行预防。

(六) 猪伪狂犬病及其预防

猪伪狂犬病是由伪狂犬病毒引起的急性传染病，特征为脑脊髓炎。该病呈散发性或地方性流行。猪的发病是由于与病猪的直接接触。鼠类是病毒的主要带毒者和传染媒介，猪感染多由于吃了被鼠污染的饲料。

1. 症状

因年龄不同有所差异。

(1) 仔猪群。开始时仅出现少数病猪，以后逐渐增加，特别是3~5日龄仔猪突然发病死亡，多数猪只发烧至41~42℃，气喘、沉郁和惊厥、呕吐、腹泻、流涎，不同程度的神经症状，向前冲或头顶障碍物，站立不动、全身颤抖、尖叫、颈部仰起，倒地四肢呈游泳状划动，呈间歇性发作。或前肢展开、行动踉跄，后肢麻痹呈犬坐姿势，后躯软弱乏力。13~20日龄的部分发病猪鼻尖上有小米粒大的溃疡。

(2) 断奶仔猪(小育成猪)。发烧伴有便秘，粪便干，呕吐，有部分猪可见到鼻尖上有小溃疡，此种表现临床上占50%。全身颤抖，头顶在障碍物上，眼呆滞，弓背转圈，后肢行动蹒跚，肢体强直性痉挛，病猪偶发瘙痒。转归痊愈的很少，最后失明、残废、发育受阻。

(3) 4月龄以上的猪和成年猪。开始打喷嚏、咳嗽、体温升高、便秘、不吃、反复呕吐，尾巴和肋腹部震颤，肌肉强直，阵发性抽搐，口流涎，头顶障碍物呆立，最后失明，昏迷死亡。成年猪死亡率仅有2%，一般为隐性感染，症状轻的猪4~8天可恢复。

(4) 母猪。表现不吃，不愿哺乳，泌乳量减少，1~2天即可恢复正常。绝大多数猪表现早产、死胎、产弱仔、木乃伊胎及不受孕，超过预产期产出的胎儿软化。接近临产前感染的猪常患无奶症。初生仔猪可在哺乳过程中感染。

2. 剖检

体表淋巴肿大淤血，喉头、会咽软骨黏膜充血，气管黏膜充血水肿，偶见扁桃体有坏死性炎症，多数胃底部黏膜出血，并可见有小溃疡。肺门淋巴肿大、急性肺水肿。小叶性间质性肺炎(主要发生于幼年猪)。脾、肝脏稍肿，有小坏死点。个别猪脾脏有梗死。肾脏有针尖大出血点，心包积水，脑膜下血管充血、水肿，脑脊髓增多，个别猪有小点出血。有时仅见脑部有变化，其他脏器变化不明显。

3. 防治

(1)检疫淘汰阳性猪。

(2)预防接种。发病猪群可用中国农业科学院哈尔滨兽医研究所生产的弱毒苗紧急接种，间隔4周后重复一次。种猪群每年做两次接种(有的场一年一次)。临产前做一次加强免疫。所产的仔猪2周后再进行一次免疫。如果母猪未做免疫，所产的仔猪可在1～8日龄进行免疫。也可用伪狂犬病基因缺失苗免疫。

(3)严格消毒制度，粪便堆积发酵。加强灭鼠工作，饲料库做到每季度灭鼠一次。

(七)猪流行性感冒及其防治

由于感染流行性感冒病毒而引起的呼吸道感染称流行性感冒。从人体分离的病毒根据核糖核蛋白的抗原性分为A型、B型、C型，但从动物体中分离的病毒属于A型。

猪感染流行性感冒病毒有两种情况：一是感染猪流行性感冒病毒，二是感染作为人流行性感冒病毒的香港型流感。感染香港型流感时，猪的流行稍迟于人的流行。

1. 诊断

猪感染流感病毒以后，一般预后良好，但传播性强。病猪呼吸急促、咳嗽、流鼻液、食欲不振或废绝，通常拌有发热，体温达41～42℃。大多数病猪7～10天可恢复，病后只有少数猪只发育不良。

病理变化：咽、鼻、喉、气管及支气管黏膜充血，黏膜表面管充满黏稠的黏液，肺部病灶呈深红色，与正常部位的界限明显，病变多见于尖叶、心叶。颈部及纵隔淋巴结肿大，呈高度水肿。肺部淋巴结显著肿胀。死亡病例的胸水中含有血液和纤维蛋白。

2. 防治措施

目前尚无预防该病的有效疫苗，治疗也无特效药物，一般用对症疗法。

①解热镇痛。肌肉注射30%安乃近注射液3～5毫升，或复方奎宁注射液5～10毫升。

②抗生素和磺胺类药物虽对病毒本身无作用，但在必要时可用常规剂量预防或减轻并发症。

③在进行治疗的同时，必须加强饲养管理，消除诱因。将病猪置于温暖、干燥的环境中，喂给易于消化的饲料，最好能给予一定量的青绿饲料。有时，病猪在良好的环境下不需药物治疗即可痊愈。

(八)急性猪丹毒及其防治

1. 疾病概述

猪丹毒是人畜共患传染病,是威胁养猪业的一种重要传染病。临床特征是:急性型呈败血症症状,发高热;亚急性型在皮肤上出现紫红色疹块;慢性型表现纤维素性关节炎和疣状心内膜炎。其病原体为革兰氏染色阳性(紫色)丹毒丝菌,呈小杆状或长丝状,分许多血清型,各型的毒力差别很大。猪丹毒杆菌的抵抗力很强,在盐腌或熏制的肉内能存活3~4个月,在掩埋的尸体内能活7个多月,在土壤内能存活35天。但对消毒药的抵抗力较低,以2%福尔马林、3%来苏尔、1%氢氧化钠、1%漂白粉都能很快将其杀死。

2. 流行病学

根据临床症状和流行情况,结合疗效,一般可以确诊。但在流行初期,往往呈急性经过,症状无特征,需进行实验室检查才能确诊。流行特点:不同年龄猪均有易感性,但以3个月以上的生长猪发病率最高,3个月以下和3年以上的猪很少发病。牛、羊、马、鼠类、家禽及野鸟等也可发病,但非常少见。人类可因创伤感染发病。病猪、临床康复猪及健康带菌猪都是传染源。病原体随粪、尿、唾液和鼻分泌物等排出体外,污染土壤、饲料、饮水等,而后经消化道和损伤的皮肤而感染。带菌猪在不良条件下抵抗力降低时,细菌也可侵入血液,引起自体内源性染而发病。猪丹毒的流行无明显季节性,但夏季发生较多,冬、春只有散发。猪丹毒经常在一定的地方发生,呈地方性流行或散发。

3. 临床症状

人工感染的潜伏期为3~5天,短的1天,长的可达7天。

(1)急性型(败血症型)见于流行初期。个别病例可能不表现任何症状而突然死亡。大多数病例有明显症状。体温突然升至42℃以上,寒战、减食或有呕吐,常躺卧地上,不愿走动,一旦唤起,仍有活动力,行走时步态僵硬或跛行,似有疼痛。站立时背腰拱起。结膜充血,眼睛清亮有神,很少有分泌物。大便干硬,或后期发生腹泻。发病1~2天后,皮肤上出现红斑,其大小和形状不一,以耳、颈、背、腿外侧较多见,开始指压时褪色,指去复原。病程2~4日,病死率80%~90%。哺乳仔猪和刚断奶仔猪发生猪丹毒时,往往有神经症状,抽搐,病程不超过1天。

(2)亚急性型(疹块型)通常取良性经过。败血症症状轻微,其特征是在皮肤上出现疹块。病初食欲减退、精神不振、不愿走动、体温升高。1~2天后,在胸、腹、背、肩及四肢外侧出现大小不等的疹块,先呈淡红,后变为紫红,以至黑紫色,形状为方形、菱形或圆形,坚实,稍凸起,少则几个,多则数十个,以后中央坏死,形成痂皮,经1~2周恢复。

(3)慢性型一般由前两型转来。常见的有浆液性纤维素性关节炎、疣状心内膜炎和皮肤坏死3种。皮肤坏死一般单独发生,而浆液性纤维素性关节炎和疣状心内膜炎往往在一头病猪身上同时存在。病猪食欲无明显变化,体温正常,但全身衰弱,逐渐消瘦,生长发育不良。浆液性纤维素性关节炎常发生于腕关节和跗关节，呈多发性。受害关节肿胀、疼痛、僵硬，步态强拘，甚至发生跛行。疣状心内膜炎表现呼吸困难，心跳增速，听诊有心内杂音。强迫快速行走时，可突然倒地死亡。皮肤坏死常发生于背、肩、耳及尾部。局部皮肤变黑，干硬如皮革样，逐渐与新生组织分离，最后脱落，遗留一片无毛而色淡的瘢痕。

4. 病理变化

急性型皮肤上有大小不一和形状不同的红斑或弥漫性红色。脾肿大充血，呈樱桃红色。肾淤血肿大，呈暗红色，皮质部有出血点。淋巴结充血肿大，也有小出血点。肺淤血、水肿。胃及十二指肠充血、出血。关节液增加；亚急性型的特征是皮肤上有方形和菱形的红色疹块，内脏的变化比急性型轻；慢性型的特征是房室瓣常有疣状心内膜炎。瓣膜上有灰白色增生物，呈菜花状。其次是关节肿大，有炎症，在关节腔内有纤维素性渗出物。

5. 类症鉴别

应与猪瘟、猪链球菌病、最急性猪肺疫、急性猪副伤寒相鉴别。

(1) 猪瘟。猪瘟呈流行性发生，发病率和病死率极高，药物治疗无效，皮肤上有较多的小出血点，病猪常昏睡，病程较长。死后剖检：脾有出血性梗死灶，回盲口有扣状溃疡，淋巴结出血呈大理石样花纹，肾呈灰黄色，并有许多小出血点，大肠充血、出血。

(2) 链球菌病。败血性链球菌病与急性猪丹毒极相似，往往需要经实验室检查才能鉴别。

(3) 最急性猪肺疫。猪肺疫的发生与饲养管理条件有密切关系，病猪咽喉部急性肿胀，呼吸困难，口鼻流泡沫样分泌物。死后剖检：见肺充血、水肿，脾不肿大，取病料做革兰氏染色，见革兰氏阴性(红色)小杆菌，呈长椭圆形，两端浓染。

(4) 急性猪副伤寒。此病多发生于 2～4 月龄的猪，在阴雨潮湿的时候较多见，先便秘后下痢，胸腹部皮肤呈蓝紫色。死后剖检：见肠系膜淋巴结显著肿大，肝有小点状坏死灶，大肠壁的淋巴小结肿大或有溃疡，脾肿大。

6. 防止措施

(1) 治疗。在发病后 24～36 小时治疗，有显著疗效。首选药物为青霉素，对急性型，最好首先按每千克体重 1 万单位青霉素静脉注射；同时，肌肉注射常规剂量的青霉素，即 20 千克以下的猪用 20 万～40 万单位，20～50 千克的猪用 40 万～100 万单位，50 千克以上的猪酌情增加。每天肌肉注射两次，直至体温和食欲恢复正常后 24 小时，不宜停药过早，以防复发或转为慢性。其次，四环素、土霉素、林可霉素、泰乐菌素也有良好的疗效。用量：四环素和土霉素，每日每千克体重为 7～15 毫克，肌肉注射；林可霉素每次每千克体重 11 毫克，每日 1 次；泰乐菌素每次每千克体重 2～10 毫克，每日 2 次，肌肉注射。

(2) 预防。平时要加强饲养管理，猪舍用具保持清洁，定期用消毒药消毒。同时，按免疫程序注射猪丹毒菌苗。发生猪丹毒后，应立即对全群猪测温，病猪隔离治疗，死猪深埋或烧毁。与病猪同群的未发病群，用青霉素进行药物预防，等疫情扑灭和停药后，进行1次大消毒,并注射菌苗,巩固防疫效果。对慢性病猪及早淘汰,以减少经济损失,防止带菌传播。

(九)猪附红细胞体病

猪附红细胞体病是猪、牛、羊及猫共患的传染病。其病原体是猪附红细胞体,属于立克次体目,寄生于红细胞内,也可游离在血浆中。附红细胞体对干燥及化学药品的抵抗力很低,但耐低温,在5℃条件下能保存15日,在加15%甘油的血液中,于-79℃条件下可保存80天。

1. 流行病学

不同年龄和品种的猪均有易感染性,仔猪的发病率和病死率较高。由于附红细胞体寄生于血液内,又多发生于夏季,因此,此病的传播极可能与吸血昆虫有关,特别是猪虱。另外,注射针头、手术器械、交配等也可能传播此病。应激因素如饲养管理不良、气候恶劣或其他疾病等,可使隐性感染猪发病,甚至大批发生、症状加重。该病多年来很少发生,但据编者调查,2009年夏季河北、河南、山东、安徽等规模化猪场与专业户繁殖母猪群呈爆发性流行,怀孕母猪流产及死胎率达90%以上,损失惨重。

2. 临床症状

仔猪表现为皮肤和黏膜苍白,黄疸,发热,精神沉郁,食欲不振,发病后1日至数日死亡,或者自然恢复变成僵猪。母猪的症状分为急性和慢性两种:急性感染的症状为持续高热(40~41.7℃),厌食,偶有乳房和阴唇水肿,产仔后奶量少,缺乏母性行为,产后第三天起逐渐自愈;慢性感染母猪呈现衰弱,黏膜苍白及黄疸,不发情,或屡配不孕,如有其他疾病或营养不良,可使症状加重,甚至死亡。

3. 病理变化

主要变化为贫血及黄疸。皮肤及黏膜苍白,血液稀薄,全身性黄疸。肝肿大变性,呈黄棕色,胆囊充满浓明胶样胆汁。脾肿大变软。有时淋巴结水肿,胸腔、腹腔及心包积液。

4. 防治措施

目前比较有效的药物有新胂凡纳明、对氨基苯砷酸钠(阿散酸)、土霉素、四环素、虫克星等。根据猪的大小及病情的轻重,可采用不同剂量。

(1)新胂凡纳明的用法。每千克体重15~30毫克,静脉注射,在3天内症状也可消除。由于副作用较大,目前较少应用。

(2)对氨基苯砷酸钠的用法。对病猪群,每吨饲料混入180克,连用1周后改为半量,连用1个月。还可用于预防。

(3)土霉素、四环素的用法。每日每千克体重15毫克,分2次肌肉注射,可以连用5~7天。如果用来预防,可在每吨饲料中混入土霉素600克,连续应用。

(4)铁制剂和土霉素的用法。对阳性反应的、初生不久的贫血仔猪,1~2日龄注射铁制剂200毫克和土霉素25毫克,至2周龄再注射同剂量铁制剂1次。同时应消除一切应激因素，驱除体内外寄生虫，以提高疗效，控制该病的发生。

(5)资源超级虫克星的用法。按每千克体重 30 毫克剂量拌料投服，感染严重时 7～10 天重复一次。

> **资料卡**
>
> ### 猪瘟与其他传染病区别
>
> 在临床上，急性猪瘟与急性猪丹毒、最急性猪肺疫、败血性链球菌病、猪副伤寒、猪黏膜病毒感染、弓形虫病有许多类似之处，其区别要点如下：
>
> (1)急性猪丹毒。该病多发生于夏天，病程短，发病率和病死率比猪瘟低。体温很高，但仍有一定食欲。皮肤上的红斑，指压褪色，病程较长时，皮肤上有紫红色疹块。眼睛清亮有神，步态僵硬。死后剖检，胃和小肠有严重的充血、出血、脾肿大，呈樱桃红色，淋巴结和肾淤血肿大。青霉素等治疗有显著疗效；
>
> (2)最急性猪肺疫。气候和饲养条件剧变时多发，发病率和病死率比猪瘟低，咽喉部急性肿胀，呼吸困难，口鼻流泡沫，皮肤蓝紫，或有少数出血点。剖检时，咽喉部肿胀出血，肺充血水肿，颌下淋巴结出血，切面呈红色，脾不肿大，抗菌药治疗有一定效果；
>
> (3)败血性链球菌病。该病多见于仔猪。除有败血症状外，常伴有多发性关节炎和脑膜炎症状，病程短，抗菌药物治疗有效，剖检见各器官充血、出血明显，心包液增量、脾肿大。有神经症状的病例，脑和脑膜充血、出血，脑脊髓液增量、浑浊，脑实质有化脓性脑炎变化；
>
> (4)急性猪副伤寒。该病多见于 2～4 月龄的猪，在阴雨连绵季节多发，一般呈散发。先便秘后下痢，有时粪便带血，胸腹部皮肤呈蓝紫色。剖检肠系膜淋巴结显著肿大，肝可见黄色或灰色小点状坏死，大肠有溃疡，脾肿大；
>
> (5)慢性猪副伤寒。该病与慢性猪瘟容易混淆，其区别点是，慢性副伤寒呈顽固性下痢，体温不高，皮肤无出血点，有时咳嗽。剖检时，大肠有弥漫性坏死性肠炎变化，脾增生肿大，肝、肠系膜淋巴结有灰黄色坏死灶或灰白色结节，有时肺有卡他性炎症；
>
> (6)猪黏膜病毒感染。黏膜病病毒与猪瘟病毒同属瘟病毒属，主要侵害牛，猪感染后，多数没有明显症状或无症状。部分猪可出现类似温和型猪瘟和症状，难以区别，需采取脾、淋巴结做实验室检查；
>
> (7)弓形虫病。弓形虫病也有持续高热、皮肤紫斑和出血点，且大便干。
>
> ### 猪瘟综合防控方法
>
> **(一)健全免疫程序，进行科学免疫**
>
> 我国生产流行的猪瘟疫苗安全、稳定、可靠，能够很好地控制猪瘟发生。但在实践中仍有猪瘟的发生中和，其原因是：
>
> (1)免疫程序不合理。免疫时机选择不当，仔猪生后 20 日龄时猪瘟母源抗体已下降到不保护阶段，应及时免疫，但到目前为止北京地区仍有 60 日龄进行首免的猪场，造成猪瘟的发生和流行；

(2)免疫剂量使用。疫苗不足或使用过量,都可造成免疫失败。

(3)疫苗保存不当。低温保存条件差,使用低效价的疫苗。猪瘟疫苗从生产日期起,有效期在-15℃的条件下可保存1年,如果由-15℃转入0~8℃的冰箱保存,有效期为6个月。如果在27℃条件下保存15天,有效期下降60%,保存25天,有效期下降80%。在供电不经常,时有停电的情况下要准确地折减有效期,否则会造成免疫失败。

(4)猪瘟疫苗稀释后应尽快用完,在15~27℃温度下,仅3个小时内有效,因此为了保证疫苗的效价,应随稀释随使用。

(5)疫苗失真空,造成病毒蛋白质变性,影响免疫效价。

(6)操作不当。

①疫苗稀释液pH值不适当。要求疫苗稀释液pH值为6.8~7.4,使用过酸过碱的稀释液,会造成病毒失去抗原性。

②消毒用碘酒浓度过高。根据实验证明最适当的浓度为3%。

③注射针头选择不当。常常使用短而粗的针头进行预防注射,注射针孔大而浅,疫苗易注射到脂肪层影响疫苗吸收速度,同时由于注射孔过大,疫苗外溢,减少免疫剂量。

④注射时消毒不严。带毒注射,需一猪一针头避免造成免疫失败和疫情扩散。

(7)免疫次数过于频繁,可能造成免疫麻痹。有些猪场唯恐发生猪瘟,频繁免疫,其结果适得其反。

(二)据相关资料建议猪瘟使用免疫程序

仔猪20日龄进行首免,60日龄进行二免(同时注射猪丹毒及猪肺疫疫苗),免疫剂量为2头份。

乳前免疫:在经常发生仔猪猪瘟的场,初生仔猪在产后擦干身体时立即注射1毫升猪瘟疫苗(或1~1.5头份)如能保证足量1毫升可不加大量,注射40~60分钟后固定乳头吃初乳。乳前免疫必须做好记录,如发现有漏注的,须在20日龄补免。

成年公、母猪每半年进行一次猪瘟免疫(即春秋两季免疫注射猪瘟、猪丹毒、猪肺疫疫苗)。

如发现疫苗过敏现象,要立即注射肾上腺素脱敏。

(三)严格执行防疫制度

各猪场均应制订防疫制度,关键在落实。

①要严格执行进出场人员及车辆的消毒制度。消毒不要走形式,要彻底,使消毒有效。要经常更换场区及猪舍进出口消毒池内的消毒药,保持消毒药物应有的pH值,如消毒药物不经常更换,使pH值有所改变,就起不到消毒作用。

②场区及猪舍内的消毒要在彻底清除粪便的基础上进行消毒。

③饲养人员更换工作服及胶鞋后再进入猪舍时必须洗手消毒。

④带猪消毒:产房带猪消毒,每周做2次。

育成舍带猪消毒每周做一次，育肥、后备猪舍可每半个月进行一次消毒。

(四)加强管理，提高猪体自身的抵抗力

在喂饲全价料的基础上适当补充微量元素硒、维生素E及维生素C，以便增加猪体的免疫力。

(五)保持猪舍内适当的温度和湿度及通风

注意防止拥挤，密度要适当(密度增加1倍可使发病率增加6倍)断奶仔猪舍温度要提高到20 ℃，仔猪舍温度要保持在25 ℃以上方能保证仔猪的正常生长发育、不发病或少发病。

(六)坚持自繁自养

防止外购猪，必须外购时要做好检疫隔离工作，并进行猪瘟的预防接种，在观察1个月后方可合群饲养。

(七)发现有猪瘟发生时，全场进行大消毒

粪便堆积发酵，立即进行紧急免疫，免疫后死亡可能有所增加，已被感染的猪注射后促进死亡，一般1周后可停止死亡。严禁在场内屠宰病猪。

实验实训

实验8-3　病猪尸体的剖检

一、实训目标

学会猪的尸体剖解技术。运用动物病理学知识检查病死猪尸体的病理变化，确定疾病的性质和所处的阶段，为猪病防治提供依据。

二、实训材料

1. 动物病猪或尸体。
2. 材料与工具。
①器材。剥皮刀、外科刀、外科剪、镊子、骨锯、凿子、斧子、磨刀棒、量杯、搪瓷盘和桶、酒精灯、注射器、针头、青霉素瓶、广口瓶、高压灭菌器、载玻片、灭菌纱布、脱脂棉花等。
②药品。2%碘酊、0.1%新洁尔灭、70%酒精溶液。
③其他。工作服、口罩、帽、胶鞋、乳胶手套、毛巾、肥皂、脸盆。

三、注意事项

1. 必须在完成流行病调查和临床诊断的基础上，决定是否需要尸体解剖。
2. 尸体解剖必须得到畜主的同意。

3. 尸体解剖必须首先做好个人防护。
4. 尸体解剖的地点必须远离养殖场，且便于清理、消毒。
5. 如果需要实验室化验，应准备好病料包装和保存设施。
6. 尸体解剖力求按部就班全面观察，切不可凭片面的观察结果做出判断。
7. 病理过程没有完全表现，但对已经屠宰的猪以及死亡时间过长、已经出现尸斑的猪，均不宜做病理解剖。

四、方法与步骤

(一)了解病史

在进行尸体检查前先仔细了解死猪的生前情况，主要包括临床症状、流行病学、防治情况等。通过对病史的了解缩小对所患疾病的怀疑范围以确定剖检的侧重点。

(二)尸体的外部检查

猪死亡后受体内存在的酶和细菌的作用以及外界环境的影响，逐渐发生一系列的死后变化，其中包括尸冷、尸僵、尸斑、血液凝固、尸体自溶及腐败。正确地辨认尸体的变化，可以避免把死后变化误认为是生前的病理变化。

(三)尸体剖检

(1)固定尸体。取背卧位，一般先切断肩胛骨内侧和髋关节周围的肌肉(仅以部分皮肤与躯体相连)，将四肢向外侧摊开，以保持尸体仰卧位置。

(2)剖开腹腔。从剑状软骨后方沿腹壁正中线由前向后至耻骨联合切开腹壁，再从剑状软骨沿左右两侧肋骨后缘切开至腰椎横突。腹壁被切成大小相等的两楔形，将其向两侧分开，腹腔脏器即可全部露出。剖开腹腔时，应同时进行皮下检查。看皮下有无出血点、黄染等。在切开皮肤时需要检查腹股沟浅淋巴结看有无肿大、出血等异常现象。

(3)腹腔器官的采出与检查。腹腔切开后，须先检查腹腔脏器的位置和有无异物等。腹腔器官的取出，有以下两种方法。

①胃肠全部取出。先将小肠移向左侧，以暴露直肠，在骨盆腔中单结扎。切断直肠，左手握住直肠断端，右手持刀，从向前腰背部分离割断肠系膜根部等各种联系，至膈时，在胃前单结扎剪断食管，取出全部胃肠道。

②胃肠道分别取出。在回盲韧带(将结肠圆锥体向右拉，盲肠向左拉，即可看到回盲韧带)，游离缘双结扎，剪断回肠，在十二指肠与空肠连接处进行双结扎并剪断。左手握住回断端，右手持刀，逐渐切割肠系膜至十二指结扎点，取出空肠和回肠。先仔细分离十二指肠、胰与结肠的交叉联系，再从前向后分离割断肠系膜根部和其他联系，最后分离并单结扎剪断直肠，取出盲肠、结肠和直肠。取出十二指肠、胃和胰。取出腹腔的各器官后要逐一细细检查，可按脾、肠、胃、肝、胆、肾、膀胱的次序检查。

脾：注意脾的大小、质量、颜色、质地、表面和切面的状况。如败血性炭疽时，脾可能高度肿大，色黑红，柔软。急性猪瘟时脾发出血性梗死。

肠：检查肠壁的薄厚黏膜有无脱落、出血，肠淋巴结有无肿胀等。患猪副伤寒的猪肠黏膜表面覆盖糠麸样物质。

胃：检查胃内容物的性状、颜色剖去内容物看胃黏膜有无出血、脱落穿孔等现象。

肝：检查肝的颜色、质地等。

胆：看胆囊的外观是否肿大，划破胆囊看胆汁的颜色是否正常。

肾：两个肾先做比较看大小是否一样有无肿胀。剖去肾包膜看肾脏表面有无出血点。然后将肾平放横切后，观察肾盂、肾盏有无肿大、出血等。

膀胱：看膀胱的弹性、膀胱内膜有无出血点等。

(4) 胸腔剖开与各器官的检查。先检查胸腔压力，然后从两侧最后肋骨的最高点至第一肋骨的中央作锯线，锯开胸腔。用刀切断横膈附着部、心包、纵膈与胸骨间的联系，除去锯下的胸骨，胸腔即被打开。

另一剖开胸腔的方法是：用刀(或剪)切断两侧肋软骨与肋骨结合部，再把刀伸入胸腔划断脊柱左右两侧肋骨与胸椎连接部肌肉，按压两侧胸壁肋骨，折断肋骨与胸椎的连接，即可敞开胸腔。打开胸腔后先看肾包膜有无粘连、是否有纤维状物渗出，传染性胸膜肺炎时有此症状。

①肺。看左右肺的大小、质地、颜色等。支原体肺炎肺变为肉样，放在水中下沉，而正常的肺放在水中是不下沉的。猪肺疫时肺脏表面因出血水肿呈大理石样外观。

②心脏。看心包膜有无出血点，切开心脏看二尖瓣、三尖瓣有无异常现象。猪丹毒溃疡性心内膜炎，心内膜增生，二尖瓣上有灰白色菜花赘生物，检查时应特别注意。

(5) 颅腔剖开。清除头部皮肤和肌肉，先在两侧眶上突后缘作一横锯线，从此锯线两端经额骨、顶骨侧面至枕嵴外缘作二平行的锯线，再从枕骨大孔两侧作V形锯线与二纵线相连。此时将头的鼻端向下立起用槌敲击枕嵴即可揭开颅顶露出颅腔。看有无出血点、萎缩、坏死现象。

(6) 口腔和颈部器官采出。剥去颈部和下颌部皮肤后，用刀切断两下颌支内侧和舌连接的肌肉，左手指伸入下颌间隙将舌牵出，剪断舌骨，将舌、咽喉、气管一并采出。看气管有无黏液、出血点等；扁桃体有无肿大、出血点等。

五、注意事项

①在猪死亡以后尸体剖检进行得越快、准确诊断的机会越多。尸体剖检必须在死后变性不太严重时尽快进行。夏季须在死后8小时之内完成，冬季不得超过24小时。

②剖检中要做记录，将每项检查的各种异常现象详细记录下来，以便根据异常现象做出初步诊断。

③剖检过程中要注意个人的防护，剖检人员必须戴手套防止手被划伤感染。

④尸体剖检应在规定的解剖室进行，然后要进行尸体无害化处理，如抛到规定的火碱坑内。剖检完后所用的器具要用消毒液浸泡消毒。解剖台、解剖室地面等都要进行消毒处理，最后进行熏蒸消毒处理。防止病原扩散，以便下次使用。在剖检结束后，解剖人员应换衣消毒，要特别注意对鞋底的消毒。

六、填写尸体剖检记录

对疾病的描述，要用通俗、客观的语言加以表述(表8-3)。

表 8-3 尸体剖检记录

畜主		畜号		门诊号	
畜别		特别		年龄		品种	
毛色		特征		用途		营养	
体高		身长		胸围		体重	
委托单位		剖检者		记录者	
致死方法		死亡日期		剖检日期	
临床病历及诊断					
病理诊断及记录					

实验 8-4 猪瘟的实验室检测

一、实训内容

1. 猪瘟荧光抗体检测。
2. 猪瘟病毒单抗酶联免疫吸附试验。
3. 免疫胶体金技术检测抗原和抗体。
4. 猪瘟正向间接血凝试验。

二、实训材料

1. 猪瘟荧光抗体检测。
①器材。荧光显微镜、冰冻切片机、煮沸消毒锅、染色缸、滤纸等。
②试剂。每升 0.01 摩尔，pH7.2PBS 缓冲液、伊文思蓝溶液、丙酮、蒸馏水、缓冲甘油、猪瘟荧光抗体、猪瘟兔化弱毒苗等。
③病料。疑似猪瘟病料。
2. 猪瘟单抗 ELISA 检测。
猪瘟单抗纯化抗原、兔抗猪 IgG 酶标抗体、猪瘟阳性血清、猪瘟阴性血清、ELISA 反应板、酶联免疫检测仪等。试剂见表 8-4。
3. 免疫胶体金技术检测抗原和抗体。
猪瘟病毒抗原检测卡、猪瘟病毒抗体检测卡、吸管、塑料试管、待检血清、待检病料等。

4. 猪瘟正向血凝试验。

V型医用血凝板、10～100微升猪瘟间接血凝抗原(猪瘟正向血凝诊断液)、阳性对照血清、阴性对照血清、稀释液、待检血清等。

表8-4 猪瘟单抗ELISA检测试剂

试剂名称	制备方法
包被液	碳酸钠1.50克、碳酸氢钠2.93克、加纯水定容至1 000毫升 pH值9.6
PBS液	氯化钠8.90克、磷酸二氢钾0.20克、无水磷酸氢二钠2.13克、加双馏水定容至1 000毫升
PBS-吐温洗涤液	取PBS液1 000毫升、犊牛血清5毫升,混合即可
底物溶液	(1)每升0.1摩尔柠檬酸液:柠檬酸21克、双蒸馏水定容至1 000毫升。 (2)每升0.2摩尔Na_2HPO_4液:Na_2HPO_4、$12H_2O$ 71.6克、双蒸馏水定容至1 000毫升。 (3)pH5.0磷酸盐-柠檬酸缓冲液:取(1)液24.30毫升、(2)液25.70毫升,混匀即可。 (4)邻苯二胺液:取(3)液50毫升、双馏水50毫升、磷苯二胺20毫克、30%H_2O_2 0.15毫升,待邻苯二胺溶化后再加H_2O_2,现用现配
终止液	浓H_2SO_4(98%)22.2毫升、纯水177.8毫升

三、方法步骤

1. 猪瘟荧光抗体检测。

(1)扁桃体冰冻切片和组织压片的制备。采取活体或新鲜尸体的扁桃体,按常规方法用冰冻切片机制成4毫米切片,吹干后在预冷的纯丙酮中于4℃固定15分钟,取出风干。制作压片时,取一小块扁桃体、淋巴结、脾或其他组织,用滤纸吸去表面液体,然后取一块干净载玻片,稍为烘热,将组织小块的切面触压玻片,作成压印片,置于室温内干燥。

(2)染色。用1/40 000伊文思蓝溶液将荧光抗体作8倍稀释,将稀释的荧光抗体滴加到标本片上,于37℃温箱内作用30～40分钟。再用每升0.01摩尔,pH 7.2 PBS充分漂洗,分别于2分钟、5分钟、8分钟更换PBS,最后用蒸馏水漂洗2次。吹干后,滴加缓冲甘油数滴,加盖玻片封片,用荧光显微镜检查。

(3)镜检。在腺窝(隐窝)上皮细胞内可见到明显的猪瘟病毒感染的特异性荧光。在100倍放大观察时能清楚地看到腺窝的横断面,上皮细胞部分呈现新鲜的黄绿色,腺腔呈红色,其他组织呈淡棕色或黑绿色。高倍放大观察时细胞核呈黑色圆形或椭圆形,细胞质呈明亮的黄绿色。

(4)注意事项。注意废弃物的处理,防止散毒。

2. 猪瘟单抗酶联免疫吸附实验(ELISA)。

(1)用包被液将猪瘟弱毒单抗纯化酶联抗原、猪瘟强毒单抗纯化酶联抗原各做100倍稀释,每孔包被100微升,4℃湿盒过夜。

(2)次日取出,甩去孔内液体,用洗涤液冲洗3次。

(3)将待检血清以PBS液稀释400倍，每孔加100微升；同时，将猪瘟阳性血清、猪瘟阴性血清各做100倍稀释，在对照孔中加100微升。37℃温育1.5~2小时。

(4)取出，甩去孔内液体，用洗涤液冲洗3次。

(5)将兔抗猪IgG酶标抗体以PBS液做100倍稀释，每孔加100微升，37℃温育1.5~2小时。

(6)重复(4)中的步骤。

(7)每孔加底物溶液100微升，室温下观察显色反应。当阴性对照孔稍显色时，立即终止反应，并以阴性孔做空白对照。

(8)每孔加终止液50微升，立即用酶联免疫吸附检测仪测定490 nm波长的光密度。

(9)结果判定。

在猪瘟弱毒酶联板上：OD≥0.2，为猪瘟弱毒抗体阳性；OD<0.2为猪瘟弱毒抗体阴性。

在猪瘟强毒酶联板上：OD≥0.5，为猪瘟强毒抗体阳性；OD<0.2为猪瘟强毒抗体阴性。

3. 免疫胶体金技术检测猪瘟抗原和抗体。

(1)免疫胶体金技术检测抗原。

①将猪瘟病毒抗原检测卡从铝箔袋中取出，水平放置并作好标记。

②在检测卡的加样孔内加入2滴(70~100微升)待检血清、血浆、全血样品或鼻拭子稀释液。20分钟内观察并记录试验结果。

③结果判定。

阳性：对照线区(C)和检测线区(T)各出现一条紫红色线。

阴性：只有对照线区(C)出现一条紫红色线。

无效：未出现紫红色线或只在检测线区(T)出现紫红色线，对照线区(C)未出现紫红色线。

(2)免疫胶体金技术检测抗体。

①将猪瘟病毒抗体检测卡从铝箔袋中取出，水平放置并作好标记。

②在检测卡的加样孔内加入2滴(70~100微升)待检血清、血浆、全血样品。20分钟内观察并记录试验结果。

③结果判定。

阳性：对照线区(C)和检测线区(T)各出现一条紫红色线。

阴性：只有对照线区(C)出现一条紫红色线。

无效：未出现紫红色线或只在检测线区(T)出现紫红色线，对照线区(C)未出现紫红色线。

(3)注意事项。

①检测样品可以是血清、血浆、全血。

②检测卡从铝箔袋中取出后，应尽快进行实验，避免放置于空气中时间过长，试剂吸潮后将失效。

③实验环境应保持一定湿度，避风，避免在过高温度下进行实验。

④试剂盒在室温下保存，如在2～8℃冷藏，使用前应平衡至室温后方可打开铝箔袋进行检测操作。

⑤试验方法的局限性。本试验可以对猪血清、血浆、全血样品中的猪瘟病毒和抗体进行定性检测，但用于猪瘟诊断时应结合其他症状和检测结果。

4. 猪瘟正向间接血凝实验。

①检测前，应将冻干诊断液，每瓶加稀释液5毫升浸泡7～10天后方可应用。

②稀释待检血清。血凝板的第1孔至第6孔各加稀释液50微升。吸取待检血清50微升加入第1孔，混匀后从中取出50微升加入第2孔，依此类推直至第6孔混匀后丢弃50微升，从第1孔至第6孔的血清稀释度依次为1∶2、1∶4、1∶8、1∶16、1∶32、1∶64。

③稀释阴性和阳性对照血清。在血凝板上的第11排第1孔加稀释液60微升，加入阴性血清20微升混匀后取出30微升丢弃，此孔即为阴性血清对照孔。

在血凝板上的第12排第1孔加稀释液70微升，第2～7孔各加稀释液50微升，取阳性血清10微升加入第1孔混匀，并从中取出50微升加入第2孔混匀，再取出50微升加入第3孔……直到第7孔混匀后弃50微升，该孔的阳性血清稀释度为1∶512。

④在血凝板上的第1排第8孔加稀释液50微升，作为稀释液对照孔。

⑤判定方法和标准。先观察阴性血清对照孔和稀释液对照孔，红细胞应全部沉入孔底，无凝集现象"－"或呈"＋"的轻度凝集为合格；阳性血清对照呈"＋＋＋"凝集为合格。

在以上3孔对照合格的前提下，观察待检血清各孔的凝集程度，以呈"＋＋"凝集的待检血清最大稀释度为其血凝效价（血凝价）。血清的血凝价达到1∶16为免疫合格。

a."－"表示红细胞100%沉于孔底，完全不凝集。

b."＋"表示约有25%的红细胞发生凝集。

c."＋＋"表示50%红细胞出现凝集。

d."＋＋＋"表示75%红细胞凝集。

e."＋＋＋＋"表示90%～100%红细胞凝集。

⑥注意事项。

勿用90°～130°血凝板，以免误判。

污染严重或溶血严重的血清样品不宜检测。

冻干血凝抗原，必须加稀释液浸泡7～10天，方可使用，否则易发生自凝现象。

用过的血凝板，应及时冲洗干净，勿用毛刷或其他硬物刷洗板孔，以免影响孔内光洁度。

使用血凝抗原时，必须充分摇匀，瓶底应无红细胞沉积。

液体血凝抗原在4～8℃条件下的贮存有效期为4个月，可直接使用。冻干血凝抗原4～8℃贮存有效期为3年。

如来不及判定结果或静置2小时结果不清晰，可放置第2天再判定。

每次检测，只设阴性、阳性血清和稀释液对照各1孔。

稀释不同的试剂要素时，必须更换塑料嘴。

血凝板和塑料嘴在洗净后，经过自然干燥，可重复使用。

四、实训报告

完成一份猪瘟酶联免疫吸附实验报告。

自测训练

1. 解释猪瘟病毒的持续性感染的原因并说明其危害性。
2. 给养猪场制订消灭猪瘟的计划。
3. 口蹄疫病毒有哪些特点？口蹄疫在流行病学上有哪些重要特点？
4. 如何预防猪口蹄疫？发生口蹄疫后应采取哪些扑灭措施？
5. 如何进行猪水疱病与口蹄疫的鉴别诊断？
6. 猪流感的临床和流行病学特点是什么？如何诊断？
7. 临床上如何区分猪伪狂犬病、细小病毒感染、乙型脑炎、猪繁殖与呼吸综合征以及猪瘟引起的繁殖障碍？
8. 如何制订猪伪狂犬病的根除计划？
9. 猪伪狂犬病基因缺失工程疫苗有哪些？区分免疫动物与野毒感染动物鉴别诊断方法的原理是什么？
10. 为什么细小病毒主要是引起初产母猪繁殖障碍，而经产母猪则很少发生？
11. 乙型脑炎有哪些突出的流行病学特征？预防乙型脑炎的最重要措施有哪些？
12. 如何防治猪繁殖与呼吸综合征？
13. 猪患传染性胃肠炎时的治疗原则是什么？如何救治才能降低死亡率？
14. 规模化猪场应如何防治猪流行性腹泻的发生？
15. 轮状病毒感染的流行病学特征有哪些？猪轮状病毒性腹泻的类症鉴别应注意什么？
16. 猪丹毒对公共卫生的影响有哪些？如何诊断猪丹毒？
17. 链球菌病的流行病学特点有哪些？如何防治猪链球菌病？
18. 简述猪肺疫的诊断及防治要点。
19. 制订规模化猪场进行性萎缩性鼻炎净化的具体方案。
20. 养猪场如何控制仔猪大肠杆菌病？
21. 对猪常见的腹泻性疾病进行鉴别诊断。
22. 如何防控布鲁氏菌病？
23. 简述猪支原体肺炎的病原学特点及防治要点。
24. 简述猪附红细胞体病的典型症状，附红细胞体病应注意与哪些传染病相鉴别？
25. 简述猪痢疾的病原学特点和实验室诊断要点？
26. 简述钩端螺旋体病的传染源、流行特点和防治措施。

单元五 猪常见寄生虫病的防治

🧰 案例导入

某生猪养殖户这段时间发现其养殖的 100 多头育肥猪不但烦躁不安、食欲减退、生长停滞、逐渐消瘦，而且在墙壁、猪栏等处摩擦，以致患部脱毛、结痂、皮肤增厚、形成皱褶和龟裂。经检查发现是感染了疥螨，疥螨引起的过敏反应严重影响猪的生长发育和饲料转化率。发痒会影响病猪正常的采食和休息，从而使消化、吸收机能降低，也可造成圈舍中的其他猪感染。

寄生虫病是降低养殖效益的主要因素之一，规模化猪场可不同程度地感染寄生虫，使猪场受到很大的损失。因此，正确预防控制与净化寄生虫病，是提高猪场养殖效益的有效办法。

猪的寄生虫病有蛔虫病、疥癣病、猪毛首线虫病（鞭虫病）、肺丝虫病、弓形虫病、囊虫病、旋毛虫病等。目前最严重的寄生虫病是由疥癣引起的皮肤病，尤其是育成猪群发病率很高。其次是蛔虫病，而其他病已经比较少见，如猪毛首线虫病偶有发生，驱虫方法与蛔虫的一样。

一、猪蛔虫病及其防治

猪蛔虫寄生在猪的小肠内，是一种常见的寄生虫病。该病流行范围很广，尤其对 3~6 月龄育成、育肥猪和后备猪的危害最大，可以导致病猪发育不良、生长缓慢，并伴发胃肠炎症，降低对其他疾病的抵抗力，严重时还可造成猪的死亡。

1. 病原

猪蛔虫是一种大型线虫，呈黄白色圆柱状，雌雄异体，体表光滑，有厚的角质层，前端较细而钝，后端较粗而尖。体表有明显的横纹，还有 4 条纵线。雄性尾部弯曲。虫卵呈椭圆形，黄褐色或灰色，外层有凹凸不平的蛋白质膜。虫卵抵抗力很强，在土壤中可存活几个月至 5 年之久。

蛔虫发育史：蛔虫雌雄交配后，雌虫子宫内产生大量的虫卵，随粪便排出体外。在外界温度、湿度合适时，约两周蜕变成第二期幼虫，再过三周才能感染猪，一般随饲料、饮水或随处觅食，进入消化道。感染性虫卵受肠液作用使虫卵溶解，幼虫从虫卵中逸出，钻入小肠壁，18~24 小时后，经门静脉到达肝脏。有些虫卵进入肠系膜淋巴，经胸导管系统至心脏。5~6 天内，幼虫随血流经右心室到肺和肺毛细血管中，再蜕变成第三期幼虫，从毛细血管钻入肺泡，沿毛细支气管到气管再到咽部，被咽下经胃到达小肠，再蜕一次皮发育为成虫（虫卵被猪吞食后发育成为成虫再产卵约需 2 个月）。

2. 流行特点

猪蛔虫繁殖力很强，严重污染环境，四季均可发生。在卫生条件差、猪群拥挤、饲料不足或质量差，缺乏微量元素和维生素时感染严重。

3. 症状

当幼虫移行到肺部时，病猪表现咳嗽、呼吸急促、体温升高、食欲减退、精神不振、不爱走动、消瘦。成虫寄生在小肠时，食欲不振、消化机能障碍、磨牙、发育不良。如严重感染可发生阵发性痉挛性疝痛，大量虫体阻塞肠管。

4. 病理解剖

初期幼虫在肺脏、肝脏移行，肺表面有出血点，呈暗红色，肺内有大量蛔虫幼虫，肝表面有大小不等、边缘不规则瘢痕化的白色斑纹，呈点状或块状。大量成虫寄生在小肠引起肠炎。有时，猪的胃、胆管内也可发现有成虫。

5. 诊断

一般发现仔猪消瘦、贫血、生长停滞或成为僵猪，可取粪便进行虫卵检查。

6. 预防

每年春秋两季各驱虫一次，平时每隔2~3个月驱虫一次。做好猪舍卫生，经常清除粪便并堆积发酵。母猪驱虫在配种前或产仔前3个月进行。

7. 治疗

(1)虫克星(伊维菌素)是国际公认的一种高效广谱新型驱虫药，能较好地驱除内外多种寄生虫。国产伊维菌素注射剂每千克体重0.2~0.4毫克一次皮下注射，效果均为100%，与进口伊维菌素注射剂每千克体重0.3毫克一次皮下注射效果相同。

(2)驱蛔灵。每千克体重0.2克混入饲料中一次服用。

(3)丙硫苯咪唑。每千克体重10~15毫克一次服用。

(4)敌百虫。每千克体重0.1克，总量不得超过10克，配制成水溶液混入饲料中一次服用。集体喂药时，为防止有的猪吃得多，有的猪吃得少，影响驱虫效果，一般以10头为一群最好。

二、猪疥螨病及其防治

猪疥螨病是疥螨虫寄生于猪皮肤内所引起的慢性皮肤病，以病猪皮肤发痒和皮肤发炎为特征。

1. 病原

猪疥螨雌雄异体，雌螨比雄螨大。发育经卵、幼虫、若虫、成虫四个阶段。交配后，雄虫很快死亡。雌虫在猪的皮肤内穿孔凿道，在隧道中每间隔一段有小孔与外界相通，以通空气和作为幼虫出入孔。

2. 流行

猪疥螨是一种接触性感染的疾病。猪栏、墙壁、用具、饲养员的工作服、鞋、手均可传播。虫卵离体后10~30天仍保持发育能力。猪舍阴暗、猪群拥挤及寒冷季节发病较多。除此之外，与猪的营养和健康状况有关，瘦弱猪和幼年猪易感。

3. 症状

猪疥螨多发生在 5 个月内的猪,先从头部、眼下、耳壳、腹下开始,然后蔓延到颈、背部、四肢,最后扩展到全身。疥螨在猪皮肤挖掘隧道,刺激末梢神经,引起皮肤发痒,常在圈墙、栏柱等处摩擦,皮肤组织受损伤,有组织液渗出,形成痂皮。皮肤又不断受摩擦刺激,皮肤角质层增厚形成皱褶和龟裂,被毛脱落。严重时,食欲减少、消瘦死亡。

4. 诊断

(1)检查虫体。在患部与健康皮肤交界处刮取新鲜痂皮到将要出血为止。将刮取物置于载物片上,滴加 50%甘油水溶液,即可在低倍显微镜下检查。

(2)注意与湿疹、秃毛癣的区别。湿疹痒感并不加剧,秃毛癣无痒感,患部呈圆形或椭圆形的片,表面有易脱落的皮屑,患部带融合性癣斑,病料镜检可发现有真菌孢子和菌丝。

5. 治疗

(1)伊维菌素:剂量同猪蛔虫病。

(2)阿福丁:每千克体重用阿福丁 0.3 毫克进行皮下注射,用药后 3 天病猪瘙痒减轻,在第 7 天时再重复用药一次效果较好。

(3)敌百虫:3%溶液喷雾,5~10 天之后再喷雾一次。

(4)松馏油 50 毫升加双甲脒 8~10 毫升混合后加植物油溶解,加热搅拌均匀,冷却后涂抹患部。涂抹前患部要剪毛并清洗干净,隔日再涂抹一次,一般涂抹 2~3 次即可好转。

6. 预防

购新猪后,要隔离检查,确认无病方可并圈管理,且猪群不可过于拥挤。另外,还要注意维护环境卫生,定期消毒。

三、猪毛首线虫病及其防治

猪毛首线虫病是由毛首线虫寄生在猪盲肠内引起的疾病。虫体前部细像鞭梢,后部粗像鞭杆,故又称为鞭虫病。

1. 病原

毛首线虫发育史没有中间宿主,成虫寄生在盲肠和结肠内,雌虫产卵随粪便排出体外,在适宜的条件下,经 3~4 周发育成有感染性的虫卵;猪通过饲料、饮水或掘土食入有感染性的虫卵后,经 30~40 天发育为成虫,寄生于盲肠内。

2. 流行特点

1.5 个月的仔猪粪便中可检出虫卵(虫卵呈腰鼓形、两端有塞状构造、壳膜厚、外表光滑、呈黄褐色)。4 个月的仔猪虫卵数增加,以后逐渐减少。6 个月以上的猪很少检出虫卵。该病四季均可发生,夏季感染率最高。

3. 症状及病理剖检

猪只出现不同程度的消瘦、贫血、精神不好、腹泻、被毛无光泽。在进行尸体剖检时，盲肠、结肠中见有多量的鞭虫，有的虫体牢固地固定在黏膜上，引起结肠和盲肠局部炎症，黏膜出血、水肿、坏死。

4. 预防及治疗

同猪蛔虫病。

四、猪弓形体病及其防治

猪弓形体病是由一种寄生在血液中的原虫引起的人畜共患病。早在1908年从啮齿类动物体内发现后，相继在世界各地从犬、猫、牛、羊、猪、鼠、兔、鸡、鸽及人身上发现。1952年，美国报道该病；1957年，日本也开始报道。1962年10月，北京某猪场猪群发病死亡，症状类似于弓形体病，当时被定为疑似流感。1976年，该病在我国被正式认定为弓形体病，也找到了病原体。

1. 流行

猪弓形体病呈散发性流行，主要通过呼吸道、消化道、皮肤以及同舍饲养的病猪均可感染发病，怀孕期间病原可通过胎盘感染，造成流产死胎。以3月龄的猪发病较多。一年四季均有发生，但7～8月较多。昆虫和蚊蝇可成为传播媒介。急性弓形体病死亡率：仔猪为60%；成年猪死亡率较低，几天后能康复，康复后有较强的免疫力。

2. 症状

(1) 急性。潜伏期3～7天，体温升高可达42℃，呈稽留热，可维持3～10天，个别猪体温可到42.9℃，食欲减退、进食偏稀、喜卧、精神不佳、有时呕吐。眼结膜充血，便秘或下痢，很像猪瘟。水样鼻液，鼻镜干燥，口鼻四周沾有粪便或泥土，呼吸加快、咳嗽。病情再发展，耳翼、鼻端、下肢、腹内侧及下腹部出现紫红色或间有小点出血，这时耳壳形成痂皮，耳尖出现干性坏死，腹式呼吸越来越严重，最后走路不稳、卧地不起、体温下降死亡。怀孕母猪表现高烧、不进食、精神不佳、耳尖、皮肤发紫，数天后发生流产、死胎，产出的活仔不吃奶很快死亡或产畸形胎。母猪常常在分娩后自愈。

(2) 亚急性。病猪高烧，少食或不食，精神不振，呼吸困难，其他症状表现较轻。由于病猪在发病后10～14天体内产生抗体，可使病情慢慢恢复，表现为体温下降、食欲恢复，死亡率低，残留有咳嗽及呼吸困难。由于虫体侵害部位不同，偶尔出现痉挛、后躯麻痹，运动障碍。

(3) 慢性。病猪临床症状不明显，但发育受阻，成为僵猪。部分猪表现食欲不振，精神不好，间歇性下痢，有时出现后躯麻痹。

3. 病理解剖

(1) 外表检查。下腹、下肢、耳部和尾部有瘀血斑或发绀的现象，有时可见出血点，口流泡沫样液体，肛门周围有粪便污染，体表淋巴结肿大、出血、水肿、坏死。

(2) 内脏检查。肺脏膨隆，表面有粟粒大的出血点，膈叶、心叶呈不同程度间质水肿，表现间质增宽，内充有半透明胶冻样物质，切开后有大量液体流出，并带有气泡。气管、支气管内也充有带气泡的液体，肺实质中有小米粒大的白色坏死灶或出血点，胸腔内有大量橙黄色液体。淋巴结明显肿大呈紫红色，并可见大小不等的出血点及坏死点，切面多汁。淋巴结周围结缔组织水肿（肺门、肝门、胃门及颌下淋巴结肿大2～3倍）。肝脏：肿胀，实质中有粟粒大、绿豆大灰白色坏死灶，并见有出血点；脾脏：有的表现肿大，有的萎缩，脾小梁不清楚，实质中有坏死灶；肾脏：表面有少量小点出血和针尖大、粟粒大灰白色坏死灶，坏死灶周围有红色炎性反应带。胃底部黏膜出血，有片状及条状溃疡。肠黏膜增厚，潮红，有溃疡，黏膜呈点状或斑点状出血，内容物为红黑色，有时形成假膜。胆囊肿大，黏膜出血或坏死。软脑膜充血。胸腹腔积水为黄色透明液体。要注意有少量病例不典型，中枢神经症状明显。

4. 诊断

根据临床症状很难确诊，必须病理解剖检查，有肺水肿，肝、脾、肾、淋巴结肿大、坏死，并结合实验室的弓形体检查方可确诊。

病原检查方法如下：

①取新鲜肺组织涂片或淋巴结涂片，瑞氏或姬姆萨染色，镜检找到虫体，呈一端稍钝、一端尖、核在中央或稍偏钝端，大小长4～8微米、宽2～4微米。

②动物接种。取肝、脾、淋巴结做组织悬浮液加双抗，接种小白鼠0.5～1.0毫升，一般7～15天小白鼠发病，取其腹水涂片检查病原。

③血清学检查。取猪的血液，分离血清送有关单位检查。

5. 治疗

①磺胺6-甲氧嘧啶5份加磺胺增效剂1份混合后，每天每千克体重40～50毫克，连服3～5天。

②增效磺胺5-甲氧嘧啶20～30千克猪肌肉注射5毫升，连用3～5天。

③甲氧苄胺嘧啶（TMP）每日每头口服0.1克，连用3天。

6. 预防

定期消毒灭鼠，清理环境卫生。生产区内禁止养猫。

实验实训

实验8—5 寄生虫的虫卵粪便检查法

一、实训目标

1. 学习和掌握用于虫卵检查的粪便材料的采集、保存和寄送的方法及要领。
2. 学习和掌握粪便涂片法、饱和盐水漂浮法检查虫卵的操作技术。
3. 能在显微镜下初步识别球虫的虫卵囊。

二、仪器材料

显微镜、擦镜纸、天平、粪袋、粪筛、玻璃棒、镊子、铁丝环、100毫升烧杯、离心管、载玻片、盖片、带胶乳头的移液管、甘油、试管、污物桶（或污物缸）、纱布、消毒剂、饱和盐水、家禽的新鲜粪便等。

三、方法步骤

(1)粪便的采集、保存和寄送方法。被检查的粪便应该是新鲜而未被污染的,亲眼看到鸡排出的粪,没有被践踏时,立即收集。新鲜粪便采取自然排出的粪便,应取粪堆上部或中部未被污染的粪便。

粪便采好后按头编号装入清洁的容器(小广口瓶、纸盒、油纸袋、塑料袋等)内。采集的用具应避免相互交叉污染。每采一份,清洗一次。

采取的粪便应尽快检查,不能立即检查、急需转送寄出的应放在冷暗处或冰箱中保存。若需寄出检查或需长期保存,可将粪浸入加温至50～60 ℃的5%～10%的福尔马林液中,使粪便中的虫卵失去活力,起固定作用,又不改变形态,还可防止微生物的繁殖。

(2)粪便检查的方法。

①直接涂片检查法(图8-1)。这是最简单和常用的方法,但当体内寄生虫数量不多而粪便中排出的虫卵少时,有时不能查出虫卵。方法是:首先在载玻片上滴1滴50%甘油水溶液(或生理盐水、普通水),取少量粪便与甘油水溶液混合后,夹去较大的或较粗的粪渣,最后使玻片上留有一层均匀的粪液,其浓度的要求是将此玻片放于报纸上,能通过粪便膜模糊地辨认其下的字迹为宜。在粪便膜上覆以盖玻片,置于显微镜下检查。先用低倍镜检查,发现虫卵、卵囊后换取高倍镜检查。检查时应按顺序查遍盖玻片下的所有部分。

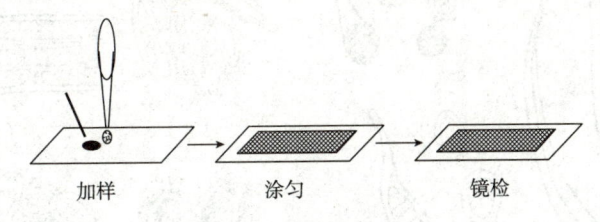

图8-1 直接涂片检查

②漂浮检查法。

a. 漂浮液的制备。常用的漂浮液是饱和盐水溶液,其制法是将食盐加入沸水中,直至不再溶解生成沉淀为止(1 000毫升水中约加入食盐400克),用4层纱布或脱脂棉滤过后,冷却备用。另外还可使用硫代硫酸钠饱和液(1 000毫升水中加入1 750克硫代硫酸钠)、硝酸铵溶液(1 000毫升水加入1 500克硝酸铵)和硝酸铅溶液(1 000毫升水加入650克硝酸铅)等溶液。后两者大大提高检出效果,甚至可用于吸虫病的诊断。但是用高比重溶液时易使虫卵和卵囊变形,检查必须迅速,制片时补加1滴清水也可。

b. 检查方法(图8-2)。取被检粪样5～10克置于100～200毫升烧杯中,加入少量饱和盐水溶液搅拌均匀后,继续加入10～20倍的盐水饱和液,然后将粪水以纱布滤到另一只烧杯中,再将粪液分装于试管中或小瓶内,使液面稍凸于管口。静置20～30分钟(或每分钟2 000转,离心5～10分钟),用直径0.5～1.0厘米有柄金属圈平着接触滤液面,蘸取少量滤液并抖落在载玻片上,加盖片镜检。其制片方法标本厚度及检查方法同抹片法。

这种方法主要用于检查线虫卵、绦虫卵及球虫卵囊等比重较小的卵及卵囊。

(3)虫卵的识别。粪检中镜下常见杂质如图8-3所示。

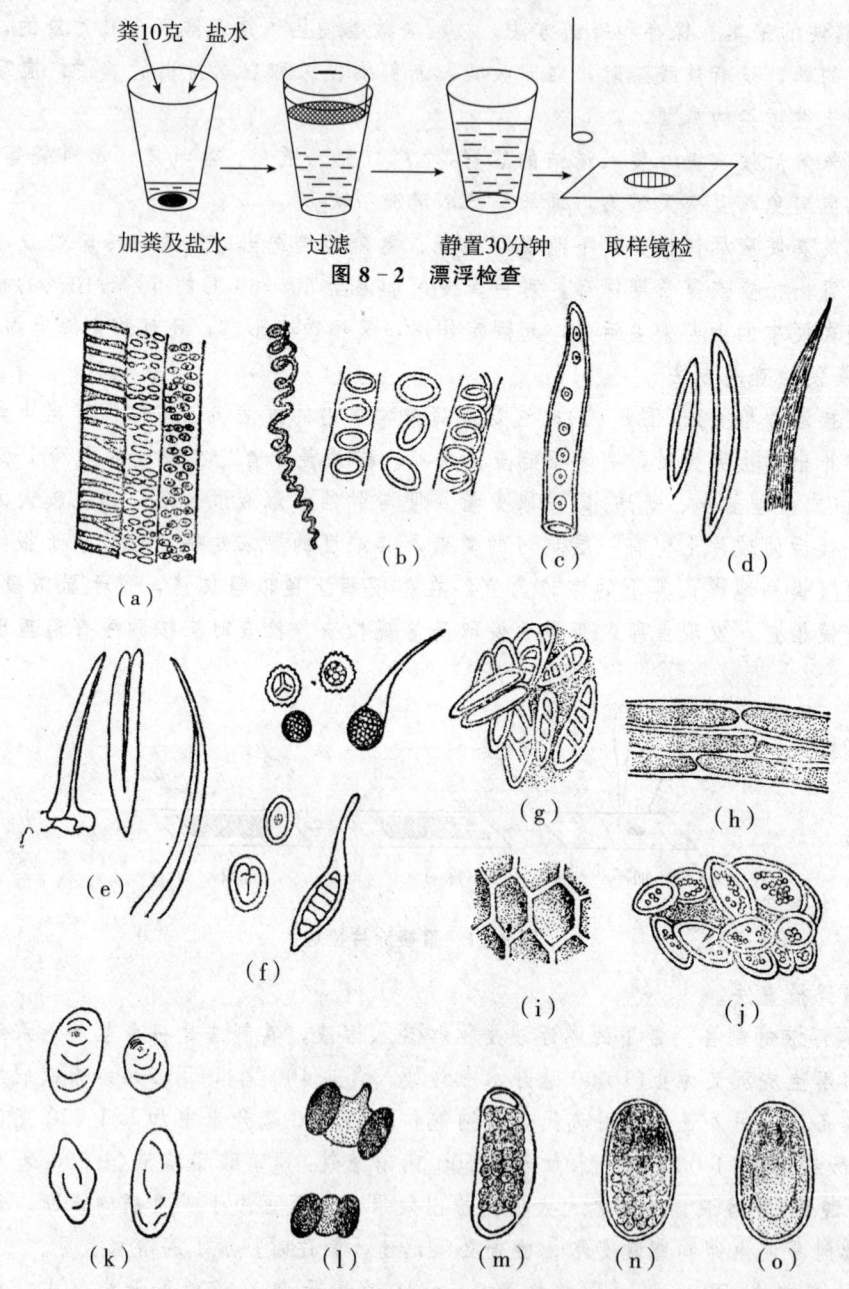

图8-2 漂浮检查

图8-3 粪检中镜下常见杂质

(a)植物导管(梯纹、网纹、孔纹);(b)螺纹和环纹;(c)管胞;(d)植物纤维;(e)小麦的颖毛;(f)真菌的孢子;(g)谷壳的一些部分;(h)稻米胚乳;(i)植物的薄皮细胞;(j)植物的薄皮细胞;(k)淀粉粒;(l)花粉粒;(m)植物线虫的一些虫卵;(n)螨的卵(未发育);(o)螨的卵(已发育)

四、实训作业

完成实训报告。

自测训练

一、选择题

1. 猪蛔虫的储藏宿主为（　　）。
   A. 蚂蚁　　　　　　　　B. 甲虫　　　　　　　　C. 蚯蚓
2. 寄生虫病的病程多呈（　　）。
   A. 慢性型　　　　　　　B. 亚急性型　　　　　　C. 急性型
3. 粪便堆积发酵后，经10～20天粪便内温度升到（　　），几乎可以完全杀死粪中的病原体。
   A. 40 ℃　　　　　　　 B. 50 ℃　　　　　　　 C. 60 ℃
4. 经皮肤接触感染的寄生虫病是（　　）。
   A. 蜱　　　　　　　　　B. 蝇蛆病　　　　　　　C. 螨病
5. 猪蛔虫的侵袭性病原为（　　）。
   A. 侵袭性卵　　　　　　B. 侵袭性卵束　　　　　C. 第三期幼虫
6. 疥螨病是由疥螨寄生在家畜（　　）所引起的皮肤病。
   A. 皮肤表面　　　　　　B. 皮肤内　　　　　　　C. 皮肤内外

二、问答题

1. 如何防治弓形虫病？
2. 应采取哪些措施预防猪蛔虫病？
3. 疥螨病的临床症状有哪些？应如何防治？

单元六 猪常见内科病的防治

📦 案例导入

2021年9月，在某小型养猪场的育肥舍中，刚喂完食，部分猪就表现出阵发性惊厥，肌肉震颤，昏迷倒地，持续咀嚼流涎，皮肤黏膜发绀的症状，呈犬坐姿势，张口呼吸。每次发作可持续1~5分钟，发作间歇没有任何异常，发作期间，体温会有所升高。养猪场兽医赶紧询问早上饲喂情况，了解到这批猪在饲喂时添加了部分酱糟，立刻明白这批猪发生了食盐中毒。进行对症治疗后，猪的病情好转了很多。

猪内科病主要包括消化系疾病、呼吸系统疾病、中毒、营养代谢性疾病等。这些疾病经常在猪场小范围、低烈度的发生，虽不会造成较大损失，但也给养猪生产造成不小的麻烦。

一、消化系统疾病

（一）口炎

口炎又名口疮，是舌炎、腭炎和齿龈炎等口腔炎症的统称。其类型较多，以卡他性、水泡性和溃疡性口炎多见，卡他性口炎最常发生。各类型口炎均以流涎、拒食或厌食为特征。

（1）病因。粗硬饲料或尖锐异物损伤口腔黏膜；过热饮食烫伤口腔黏膜；误用或误服有腐蚀作用的强酸、强碱、消毒药品等伤害口腔黏膜，多引起卡他性口炎。吃霉败饲料；口腔创伤感染细菌；卡他性口炎未及时治疗等原因，多引发或继发水疱性口炎。口腔不洁使细菌大量繁殖，黏膜糜烂，多发生溃疡性口炎。有时在胃肠炎和某些中毒病、传染病和寄生虫病过程中也可发生口炎。

（2）症状。病猪因口腔不适、吞咽困难或拒食，口角流涎，除传染性因素引起的口炎外，一般均体温正常。病猪常拒绝口腔检查；打开口腔有不同程度的臭味，舌、腭、齿龈等处黏膜红肿，或见有水泡、糜烂、坏死、溃疡等病灶。

（3）防治。清除饲料中尖锐异物，注意饲料粗硬度和温度，不喂霉变饲料，安全保管和正确使用腐蚀性化学药品和消毒药品。病猪给予稀软易消化饲料。由传染性因素引起的口炎，应隔离病猪对症治疗。普通病范围的口炎选用下列方法之一治疗。

①用2%~3%硼酸溶液、0.1%高锰酸钾溶液冲洗口腔，口流涎多时用1%明矾水冲洗，口腔出现糜烂时，冲洗后用1%碘甘油涂抹患处，每天2次。

②用上述方法冲洗液或2%~5%温盐水冲洗口腔后，再选用下列中药方之一治疗。

方1：黄柏3份，青黛2份，冰片1份，研细末装瓶备用。用时取适量撒布口腔。

方2：中成药冰硼散适量吹入猪口腔。

方3：蛇蜕15克，明矾10克，用蛇蜕包严明矾，微火烧焦（以明矾熔化和蛇蜕完全凝固在一起为度），冷却后研细末，取2.5克用竹筒吹入猪口腔，不愈者第二天再用一次。

方4：黄连、薄荷各6克，枯矾、桔梗、儿茶各9克，共研细末，装入布袋内含于口腔中。

(二) 胃肠卡他

胃肠卡他，又称消化不良，是胃肠黏膜表层的卡他性炎症。

(1) 病因。饲养管理不当，喂食习惯的改变，如猪喂热食改喂冷食，或给予过冷过热的饲料；过饥、过饱，不定时、定量；或久渴失饮；长途运输后立即饲喂；饲料加工的不当，如豆制副产品未经煮沸饲喂等。

(2) 症状。患病猪精神萎靡，喜钻入褥草中，常见呕吐现象或逆呕动作。呕吐物起初为食物，后来为泡沫样黏液，有时混有胆汁或少量血液。食欲大减或废绝，但多烦渴贪饮，饮水后又呕吐。尿少色深黄。便秘，体温升高。

(3) 防治。加强饲养管理，合理搭配饲料，定时定量饲喂，仔猪不能喂粗纤维含量过多的饲料；饲料变换应逐渐进行；定期驱虫，做好防疫灭病工作，慢性疾病及时治疗。治疗前应认真查明原因，若是饲养管理不当引起，只需要改善饲养管理，轻症一般可自愈；若是继发于某些疾病，应先对原发病进行治疗，轻症也可自愈。中兽医治疗原则，脾胃虚弱以健脾益胃，行气消食，伤食以消积导滞、泻下通便。重症除采取上述措施外，再选用下列方法之一进行治疗。

①粪便干而量少者，先用硫酸钠或硫酸镁30～80克，或植物油30～80毫升，一次内服清肠导泻；再用大黄末、龙胆末各8克，碳酸氢钠16克，分4次（每日2次）内服健胃。腹泻者用磺胺合剂（磺胺脒1份，酵母粉1份，鞣酸蛋白2份）12～15克，每日3次，内服，腹泻严重时静脉注射5%葡萄糖盐水250～500毫升。

②维生素B_1注射液0.125～0.5克，后三里穴注射，每日1次，以2～3次为1疗程。

③用猪或牛胆1～4个取汁、食醋200～400毫升、白糖250克、白酒50～100毫升，加适量开水，体重50千克的猪每日1次自饮或灌服，连用2次，仔猪用量酌减。

(三) 胃肠炎

胃肠炎是胃肠表层黏膜及其深层组织发生的重度炎症的疾病。临床上常表现为严重的胃肠机能紊乱、脱水、自体中毒和毒血症症状，胃肠壁出现充血、出血、化脓或坏死等病变。

(1) 病因。原发性胃肠炎，凡能引起胃肠卡他的致病因素，同样可以导致胃肠炎；所不同的是，造成胃肠炎的病因刺激强度大，或是畜禽对刺激的耐受性或抵抗力减弱，或两者同时存在。饲养管理不当是主要原因，或者由于抗生素的滥用，一方面细菌产生抗药性；另一方面在用药过程中造成肠道的菌群失调引起的二重感染问题，也易致病。继发性胃肠炎见于某些传染病（如猪瘟）、寄生虫病及很多内科病等。

(2)症状。患猪精神沉郁，食欲减退或废绝，渴欲增加或废绝，眼结膜先潮红后黄染，舌苔重，口干臭，四肢、鼻端等末梢冷凉。在病初出现呕吐，呕吐物带有血液或胆汁。腹部有压痛反应，如仅胃受侵害时，肠音减弱，否则肠音多活泼。

腹泻是胃肠炎的重要症状之一，排泄软粪含水较多，并杂有血液、黏液和黏膜组织，有时混有脓液，恶臭。发病后期，肠音减弱或停止，肛门松弛，排便失禁；腹泻时间持续较长的患畜，肠音消失，呈现里急后重现象，并伴发不同程度的腹痛的症状。

(3)诊断要点。首先应根据全身症状、食欲紊乱、舌苔变化，以及粪便中含有病理性产物等，不难作出正确诊断。进行流行病学调查，血、粪、尿的化验，对单纯性胃肠炎、传染病、寄生虫病的继发性胃肠炎可进行鉴别诊断。怀疑中毒时，应检查饲料和其他可疑物质。

(4)治疗。治疗原则是清理胃肠，制止胃肠内容物的腐败发酵，维护心脏机能，纠正中毒，预防脱水和体内离子失衡、加强护理。

①清理胃肠、保护胃肠黏膜。根据腹泻情况进行适时缓泻和止泻，当病畜腹泻剧烈，粪便混有黏液、脓液、恶臭，应用缓泻药物。当粪便稀薄如水时，臭味不浓时，应及时止泻。泻剂常用液体石蜡油50～100毫升，或植物油50毫升，其中加少量鱼石脂(1～2克)，混合温水内服。也可以用硫酸钠20～30克或人工盐20～40克配成6%～8%溶液，另加酒精50毫升，鱼石脂1～3克，调匀内服。对腹泻者可用药用炭10～20克加适量常水一次内服。另外，还可试用矽炭银片10～20片、鞣酸蛋白2克、碳酸氢钠20克，加水适量。

②抑菌消炎。在选用抗生素时，最好送检患畜粪便，做药敏试验，为选用或调整药物作参考。可选用磺胺类、喹诺酮类(诺氟沙星、环丙沙星、氧氟沙星等)及其他抗生素，对重度性胃肠炎有较好的疗效。

③强心补液，纠正酸中毒。补液应尽早进行，且最好将生理盐水、低分子右旋糖酐和5%碳酸氢钠溶液按2:1:1比例进行混合性输液比较好。在500毫升的输液加入10%氯化钾溶液10毫升以补充钾。患畜尿液的酸碱反应已变碱性时，可将5%碳酸氢钠溶液自混合性输液中撤出。此外，如有条件输入血液、血浆对重度性胃肠炎患畜，可获得良好效果。为了改进血液循环，还可使用咖啡因和肾上腺素。

(四)肠便秘

肠便秘是由于肠体运动和分泌机能降低、肠弛缓，导致肠内容物停滞，阻塞于某段肠腔而引起以腹痛、排泄迟滞为特征的一种疾病。

(1)病因。猪的肠便秘通常由于饲喂砻糠、稻壳糠、酒糟等劣质饲料引起。其他如腹部肿瘤、某些腺体增大、肝脏疾病导致胆汁排出减少等情况下，亦可见之。母猪因临近分娩时，因直肠麻痹，容易导致直肠便秘。继发性肠便秘主要见于某些肠道的传染病和寄生虫病。如猪瘟的早期阶段，慢性的肠结核病，肠道寄生虫病。

(2)症状。病猪采食减少，口渴增加，腹围逐渐增大，喜躺卧，有时呻吟，经常努责，腹痛不明显。病初可见少量干燥、颗粒状的粪球，粪块上及粪球之间覆盖或镶嵌着稠密的灰色黏液；当直肠黏膜破损时，黏液中混有鲜红色的血液，随后黏膜水肿。肛门突出。再经1～2天，停止排粪和直肠积粪。有些病猪还可能少量采食，因此腹围更加明显增大。有的病猪呕吐，呕吐物有粪臭味。体小病猪，通过腹壁触诊，能摸到腹腔内存在一条屈曲柱状肠管或串珠状的坚硬的粪球。

(3)诊断要点。猪便秘的特征以排泄停止、经常努责，腹部检查不难确诊。

(4)治疗。对猪可采用肥皂水作深部灌肠，也可给予盐类或油类泻剂。对病猪应停饲或仅给少量青绿多汁饲料，饮以大量微温水。内服泻剂：硫酸镁（钠）30～80克，或液体石蜡50～100毫升，或大黄末50～100克，加入多量的水内服。并用温水、2%小苏打水或肥皂水，反复深部灌肠，配合腹部按摩，一般均能奏效。如在投服泻药后数小时皮下注射新斯的明2～5毫克或2%毛果芸香碱0.5～1毫升，可提高疗效。

腹痛不安时，可肌肉注射20%安乃近注射液3～5毫升，或25%盐酸氯丙嗪液2～10毫升，或强尔心注射液5～10毫升皮下或肌肉注射。病猪极度衰弱时，应用10%葡萄糖液250～500毫升，静脉或腹腔注射，每日2～3次。

中医对便秘分为实秘、热秘、寒秘、虚秘4类。实秘多因长期饲喂难以消化的糟粕类饲料，缺乏青饲料加之长期失饮缺乏运动脾胃不能正常运化而致秘结。一般脉搏洪大，有腹痛，口臭苔黄，鼻汗时有时无，属大肠燥实症。治法为通便攻下，消积导滞。方用木香槟榔散或大承气汤加槟榔、清油、蜂蜜。食欲废绝加"三仙"（山楂、神曲、麦芽）内热重者加黄柏、连翘、生石膏。针灸：交巢、关元俞。

热秘多因气候炎热，剧烈劳役，或精料偏多，胃肠素热、热邪深入脏腑，传入脾胃致津液被灼，多为热病和某些热性传染病的初期。治法为清热泻火，急下存阴。针灸交巢、关元俞、脾俞、带脉、尾本。方用凉膈散：大黄、芒硝、甘草、栀子、连翘、黄芩、薄荷、竹叶、蜂蜜加陈皮、槟榔、清油。

二、呼吸系统疾病

(一)感冒

感冒是由于受寒冷的影响，机体的防御机能降低，引起以上呼吸道感染为主的一种急性热性全身性疾病。以流清涕、畏光流泪、呼吸增快、皮温不均为特征。该病无传染性，四季均可发生。尤其是以春、秋气候多变时多见。各种家畜都可发生。

(1)病因。本病主要由于寒冷的突然袭击所致，如舍饲条件差，受贼风吹袭；舍饲的猪群突然在寒冷的气候条件下露宿；运动出汗后被雨淋风吹等。寒冷因素作用于全身时，机体的防御机能降低，上呼吸道黏膜的血管收缩，分泌减少，气管黏膜上皮纤毛运动减弱，致使呼吸道常在细菌大量繁殖，由于细菌产物的刺激，猪的上呼吸道黏膜发炎，会出现咳嗽、流鼻涕，甚至体温升高等现象。

(2)症状。病猪精神沉郁，食欲减退，体温升高，结膜充血，甚至畏光流泪，眼睑轻度浮肿,耳尖、鼻端发凉,皮温不整。鼻黏膜充血,鼻塞不通,初流水样鼻液,随后转为黏液或黏液脓性。咳嗽、呼吸加快。并发支气管炎时,出现干性、湿性啰音。心跳加快,口黏膜干燥,舌苔薄白。猪多怕冷,喜钻草堆,仔猪尤为明显。如治疗不及时,特别是仔猪易继发支气管肺炎。

(3)诊断。本病应与流行性感冒相区别。流行性感冒为流行性感冒病毒引起,传播迅速,有明显的流行性,往往大批发生,依此可与感冒鉴别。

(4)治疗。本病治疗应以解热镇痛为主,有并发症时,可适当抗菌消炎。肌肉注射复方奎宁液(孕畜禁用)5～10毫升;复方氨基比林注射液5～10毫升;30%安乃近注射液5～10毫升,每天1～2次。为预防继发感染,在使用解热镇痛剂后,体温仍不能下降或症状没有减轻时,可适当使用抗生素类药物或磺胺类药物。

(二)支气管肺炎

支气管肺炎又称小叶性肺炎或卡他性肺炎,是病原微生物感染引起的以细支气管为中心的个别肺小叶或几个肺小叶的炎症。

(1)病因。

①不良因素的刺激,如受寒感冒、饲养管理不当、长途运输等造成抵抗力下降,条件性致病菌繁殖引起炎症。

②血源感染,主要是病原微生物经血液至肺,先引起肺间质的炎症而后波及支气管,经细支气管引起支气管肺泡发炎。

③继发或并发于许多传染病和寄生虫病过程中,如仔猪流行性感冒、猪肺疫、支原体肺炎、副伤寒、肺线虫等。

(2)症状。病初是急性支气管炎的症状,表现干而短的疼痛咳嗽,逐渐变为湿而长的咳嗽,疼痛减轻或消失,并有分泌物被咳出。体温升高1.5～2.0℃,呈弛张热型,脉搏随体温升高而增加(每分钟60～100次)。呼吸次数增加(每分钟40～100次),严重者出现呼吸困难。流少量浆液性、黏液或脓性鼻液。精神沉郁,食欲减退或废绝,可视黏膜潮红或发绀。血液学检查:白细胞总数增多(每升10^{10}～2×10^{10}),嗜中性粒细胞比例可达80%以上,出现核左移现象,有的细胞内出现中毒颗粒。

(3)治疗。治疗原则是加强护理,抗菌消炎,祛痰止咳,制止渗出和促进渗出物吸收及对症治疗。

①在护理上应把病猪置于光线充足、空气清新、通风良好且温暖的猪舍内,供给营养丰富、易消化的饲料和清洁的饮水。

②抗菌消炎临床上主要应用抗生素和磺胺类药物进行治疗,用药途径及剂量应根据病情轻重及有无并发症而定。常用抗生素有青霉素、链霉素及其他抗生素,具体准确用药最好是根据从痰液中分离细菌做药敏试验而定。

③祛痰止咳。咳嗽频繁,分泌物黏稠者可选用溶解性祛痰药。剧烈频繁的无痰干咳可选用镇痛止咳药。

④制止渗出。可静脉注射10%氯化钙溶液30～50毫升,再配合强心利尿药。

⑤对症治疗。体温过高可用解热药。常用复方氨基比林、安乃近、安痛定5~10毫升肌肉或皮下注射。呼吸困难者有条件的可以输氧。对体温过高，出汗过多引起脱水者，应适当补液，纠正脱水、电解质和酸碱平衡紊乱。对于病情危重，全身毒血症严重的病猪，可能短期内(3~5天)静脉注射氢化可的松或地塞米松等糖皮质激素。

⑥中药治疗。可选用加味麻杏石甘汤：麻黄15克，杏仁8克，生石膏90克，二花30克，连翘30克，黄芩24克，知母24克，元参24克，麦冬24克，花粉24克，桔梗24克，共为研末，蜂蜜250克为引，分两次，用开水冲服。

(三)大叶性肺炎

大叶性肺炎是肺泡内以纤维蛋白渗出为主的急性炎症，又称纤维性肺炎，或格鲁布性肺炎。病变起始于局部肺泡，并迅速波及整个或多个大叶。临床上以稽留热型、铁锈色鼻液和肺部出现广泛性浊音区为特征。

(1)病因。

①传染性病因。大叶性肺炎是一种局限于肺脏中的特殊传染病，如牛、羊和猪的巴氏杆菌感染，此外，绿脓杆菌、大肠杆菌、坏死杆菌、链球菌等都可引起大叶性肺炎的发生。

②非传染性病。因大叶性肺炎是一种变态反应性疾病，并伴有过敏性炎症。诱发本病的因素很多，如寒冷的袭击、过度劳投、吸入有刺激性的气体、外力击伤等，都可以使机体抵抗力降低，致其发病。

病理变化为条件致病菌通过呼吸、血流或淋巴途径侵入肺组织，在肺的前下方心叶和尖叶的部位迅速繁殖，并沿着淋巴途径和支气管周围、肺泡间结缔组织扩散，开始引起间质性炎症。并由此进入肺泡扩散至胸膜，部分被溶了的细菌释放出内毒素并在其作用下开始了肺的炎性过程。

细菌毒素和炎症组织的分解产物被吸收后，可引起动物机体的全身性反应，如发烧、心脏血管系统紊乱以及特异性免疫体的产生。

典型的炎症过程，可分为4个时期：充血水肿期、红色肝变期、灰色肝变期、消散期(溶解期)。

(2)诊断。

①充血水肿期病程短促，持续12~36小时。镜检：肺泡毛细血管扩张充血，肺泡壁上皮细胞肿胀脱落。肺泡内充满大量浆液性渗出物，内含少量红细胞、嗜中性粒细胞和巨噬细胞。眼观：病变部肺体积略大，呈深红色，弹性降低，切面光泽而湿润，其中仍存有少量空气，割取小块放入水中，半浮半沉。

②红色肝变期大约持续两昼夜。肺泡内渗出物凝固。镜检：肺泡壁毛细血管充血，肺泡内充满大量交织成网的纤维蛋白，网眼中含多量红细胞、少量嗜中性粒细胞和脱落的上皮细胞。剖检：肺脏显著肿大，组织致密、坚实，表面和切面均呈暗红色，如红花岗石样，剪取一块放入水中便立即下沉。

③灰色肝变期是红色肝变期的进一步发展。眼观：红色→灰色→灰白色。外观呈灰

色或黄色，切面有些像灰色花岗石样，坚固性比红色肝变期为小。镜检：毛细血管充血现象减弱或消失，红细胞逐渐溶解或消失，内含大量网状纤维团块、大量嗜中性白细胞和少量巨噬细胞。

各肝变期的发展，通常在肺的不同部位是不同时进行的，从而使罹病肺叶的切面呈斑纹状，即大理石样外观。

④消散期（溶解期）白细胞及细菌死后释放出蛋白水解酶，使纤维蛋白性渗出物溶解吸收。部分情况下，渗出物不能完全溶解，可被结缔组织增生机化。镜检：嗜中性白细胞变性、坏死、崩解，可见崩解的组织碎片及多量巨噬细胞。

(3)症状。具支气管炎前驱症状。咳嗽、流鼻液，可见干咳、气喘，呼吸困难。呈混合性呼吸困难，呼吸频率可达每分钟60次。铁锈色鼻液，在肝变期可能出现铁锈色鼻液。这是由于红细胞中的血红蛋白在酸性的肺炎环境中分解为含铁血红素所致。如果这种渗出物在后期继续流出，说明疾病处于进行性发展阶段，结膜黄染。高热稽留，病初，体温迅速升高，可达40～41℃甚至更高，并维持至溶解为止，一般为6～9天。心跳脉搏的增加与体温的升高不完全一致，体温升高有过敏的因素。体温升高2～3℃时，脉搏增加10～15次（一般体温每升高1℃，脉搏增加10次左右）。肺部叩诊，充血水肿期，过清音；肝变期，浊音，可持续3～5日。消散期，恢复为正常的清音。血液学变化：白细胞总数增多，淋巴细胞比例下降，单核细胞消失，中性、粒细胞增多。

病程和预后，典型病例一般持续1周左右，其后症状缓解至2周左右减退。如无并发症（如肺脓肿、坏疽、胸膜炎等），一般可治愈，若有溶解期或其后仍保持高温，或愈后反复升温，均为愈后不良之兆。

(4)治疗。定型经过，高热稽留，铁锈色鼻液，每一时期特征性的叩诊和听诊音的变化，X射线检查。抗菌消炎、控制继发感染、制止渗出，促进炎性产物的吸收。抗生素：土霉素、四环素剂量按每千克体重10～30毫克的用量注射可的松或地塞米松，将10～15毫升的浓度为10%磺胺嘧啶钠、20毫升的浓度为40%乌洛托品、500毫升的浓度为5%葡萄糖混合，一次性静脉注射。

三、猪中毒病

(一)食盐中毒

食盐是猪饲料中必须添加的确保机体新陈代谢所必需的物质。如果饲喂不合理或者过多就能够出现中毒。猪食盐中毒是指在缺乏饮水的情况下，摄取过多食盐或者盐含量较高的饲料而导致。通常中毒量为每千克体重1.0～2.2克，致死量为每千克体重3.7克。仔猪对食盐的敏感性更高，更容易发生中毒，通常摄取50～110克就会中毒死亡。

(1)病因。食盐中毒通常是在猪群中发生，主要是由于摄取含较多,盐分的饮水或者饲料，如饲喂饭店食堂的残羹酱、渣腌、泔水或者洗咸鱼水等都会引起食盐中毒。另外，在日常饲喂猪时突然在日粮中添加食盐，且没有适当控制添加量或没有搅拌均匀，采食后猪群没有及时饮水或者饮水较少也能够引起中毒。当日粮中加入过量盐分时,如添加过量含有氯化钠硫酸钠、乳酸钠等成分的添加剂等也可引起中毒。猪日粮中含有充足的钙镁等矿物质时,会导致机体对过量食盐的敏感性明显下降,反之就会造成敏感性明显增强。另外,猪饮水充足与否,对是否发生食盐中毒也具有正向影响。

(2)临床症状。该病根据病程可分为两种类型,即最急性型和急性型。最急性型是由于一次性摄取大量食盐而引起,主要表现出阵发性惊厥、肌肉震颤、昏迷倒地,一般在1~2天内发生死亡。急性型是由于采食较少食盐,但缺乏饮水,一般在1~5天之后发病,临床上比较常见。大部分病猪表现出间歇性癫痫样神经症状,如颈部肌肉抽搐、持续咀嚼流涎、皮肤黏膜发绀、呈犬坐姿势、张口呼吸,每次发作可持续1~5分钟,发作间歇时不会出现任何异常,1天内能够反复无数次发作。发作期间,猪的体温会有所升高,但通常不会达到38℃以上,而间歇期体温恢复正常,病程末期后躯麻痹,只能够卧地不起,往往会在昏迷状态下死亡。

(3)剖检变化。剖检病死猪出现机体脱水、皮肤干燥、可视黏膜发绀、舌发紫喉头发绀,而颌下淋巴结没有发生病变,肌肉变成暗红色,胃肠黏膜发生卡他性出血性炎症,充血、水肿、出血,部分形成溃疡,大肠内容物比较干燥,且会在肠黏膜上黏附,肠系膜淋巴结发生充血、出血。大脑皮质和软脑膜发生充血、水肿,脑灰质有所软化。心内膜存在小出血点两肺大叶边缘明显充血、变黑,肝脏呈灰白色,肿大增厚,质地坚硬,肾脏呈紫色。

(4)防治措施。只要发现猪出现食盐中毒,立即将其置于宽敞安静的地方,禁止惊赶。同时要立即停止饲喂之前的饲料并缓慢增加饮水,注意少量多次,禁止一次性暴饮,防止组织进一步发生水肿,加重病情。另外,还要采取辅助治疗,主要是促使食盐尽快排出,调节阳离子平衡,并配合对症处理。病猪可静脉注射适量的10%的氯化钙液或5%葡萄糖酸钙液。

(二)酒糟中毒

酒糟是酿酒工业的副产品,含有丰富的蛋白质和脂肪,对猪具有促进食欲、利于消化的作用,常作为补充料喂猪,但如酒糟贮存过久或贮存方法不当、饲喂量过大或长期单一饲喂,都可能让猪酒糟中毒,特别是酒糟酸败而产生大量有机酸、杂醇油等有毒物,可使猪发生以胃肠炎、皮炎和神经系统障碍为特征的中毒病。

(1)病因。突然给猪大量饲喂酒糟,长期单一饲喂酒糟,而缺乏其他饲料的适当搭配,喂食严重腐败变质的酒糟,均可使猪发生中毒。

(2)临床症状。

①急性中毒症状。主要表现为胃肠炎症状:腹痛、腹泻、精神不振、食欲减退或废绝,随后出现神经症状,表现为兴奋不安心动亢进呼吸急促,或呈昏迷状态,步态不稳,四肢麻痹,卧地不起,严重者后期体温下降,呼吸中枢麻痹而死亡。

②慢性中毒症状。主要表现为食欲减退,消化不良,便秘或腹泻,被毛粗乱,逐渐消瘦,伴有肝炎黄疸皮炎血尿等症状。病程长者由于酸类物质引起钙磷代谢障碍,出现

骨质软化牙齿松动或脱落等缺钙现象。母畜不孕，怀孕母猪常会流产。

(3)病理变化。解剖病死猪，发现脑和脑膜充血，脑实质有出血，肺部充血，咽喉黏膜轻度发炎，食道黏膜充血，胃黏膜充血出血，胃内容物散发有酒味和醋味，十二指肠黏膜有小片脱落或小点出血，空肠回肠和盲肠有出血斑，肠道内有血液和微量血块，直肠肿胀黏膜脱落，胆囊壁肿胀，心肌松软，血凝不全，肾脏肿大、质脆。

(4)治疗。发现中毒后立即停止饲喂酒糟，再采取以下措施逐渐缓解中毒症状。轻度中毒可采用洗胃灌肠的方法，阻断毒物吸收。用1%碳酸氢钠溶液1 000~1 600毫升灌肠洗胃，并灌服30~50克硫酸钠溶液。严重中毒，肌肉注射20%安钠咖5~10毫升，同时静脉注射5%葡萄糖生理盐水500~1 000毫升，5%葡萄糖酸钙溶液50~500毫升。

(三)黄曲霉毒素中毒

黄曲霉毒素主要是黄曲霉和寄生曲霉产生的有毒代谢产物，其毒素主要抑制蛋白质的合成，降低动物的免疫力，导致动物易受有害微生物的感染而致病。目前通过分离并鉴定出B1、B2、G1和G2等20种不同结构的黄曲霉毒素，其中B1、B2、G1和G2是4种最基本的黄曲霉毒素，且以B1的毒性和致病力最强。

(1)病因。黄曲霉和寄生曲霉可寄生在玉米、小麦、豆类、秸秆等作物。动物采食了这些发霉变质的饲料，饲喂达到一定程度就出现中毒症状。

(2)临床症状。黄曲霉毒素主要引起动物肝细胞变性、坏死、出血。临床上以全身出血、消化机能紊乱、腹水、神经症状等为特征。

①急性中毒，病猪一般食入黄曲霉毒素污染的饲料1~2周发病，主要表现为精神抑郁、厌食、消瘦、后驱衰弱、走路蹒跚、黏膜苍白、体温不高、呼吸急促、心音节律不齐、心力衰竭、粪便干燥，有时粪便带血。偶有中枢神经系统症状：呆立墙角，以头抵墙，可在运动中突然死亡。

②慢性中毒，表现为精神委顿，食欲不振，走路僵硬，被毛粗乱。出现异食癖者，喜吃稀食和青绿饲料，甚至啃食泥土，离群独立。拱背缩腹，粪便干燥。有时也表现兴奋不安，冲调狂躁，体温正常，体重减轻，黏膜常见黄染而出现"黄膘病"。

(3)病理变化。

①急性型主要病变为贫血和出血。在胸腔、腹腔、胃幽门周围可见大量出血，浆膜表面有淤血斑点，肠内黏膜出血。皮下广泛出血，尤以大腿前和肩下区肌肉出血明显。肝脏有时在其临近浆膜部分有针尖状出血。

②慢性型全身黄疸，肝硬化、脂肪变性，有时在肝表面可看到黄色小结节，胆囊缩小，胸腔及腹腔内有大量橙黄色液体。肾脏苍白、肿胀，淋巴结充血且水肿，心内外膜出血，大肠黏膜及浆膜有出血斑，结肠浆膜有胶状浸润。

(4)鉴别诊断。依据猪只采食了被黄曲霉毒素严重污染饲料的病史，临床上以黄疸、出血、水肿、消化障碍及神经症状，结合剖检可初步确诊。必要时，测定可疑饲料中黄曲霉毒素B1含量。

(5)防治措施。

①预防。加强饲料管理,防止饲料发霉,严禁饲喂霉变饲料。饲养人员一定要做好饲料储存和管理工作,尤其是做好防潮措施,防止饲料发霉。出现发霉的饲料,一定不要把霉变饲料饲喂给猪只,以免造成不必要的损失。

②治疗。目前养猪生产中,除了饲喂脱霉剂外,尚无最见效的药物。一般发现症状后,立即停喂可疑霉败饲料,增加日粮中蛋白质和维生素补充添加剂。一般病例,不用药物会自然康复。重症病例一般投喂人工盐、植物油等泻药,同时注意采用止血、保肝疗法。如果心脏衰弱,可皮下或肌肉注射强心剂,酌情使用抗菌药物,但磺胺类药物禁止使用。

(四)赤霉烯酮中毒

(1)病因。猪发生赤霉烯酮中毒病(F-2毒素),主要是由于猪采食感染了镰刀菌属中赤霉菌的玉米、小麦等引起的。常呈群发性,发病率高,死亡率低,病猪生长速度缓慢,繁殖性能下降,饲料报酬降低,给养猪生产造成的经济损失相当严重。

(2)临床症状。

①急性中毒,主要表现为摄入玉米赤霉烯酮母猪所产仔猪的外生殖器和子宫肥大,似发情现象,阴户红肿,阴道黏膜充血。对初情期前的母猪与去势母猪阴户肿胀,分泌物增加。严重者,阴道与子宫外翻,乳腺增大,哺乳母猪泌乳量减少或无乳。

②亚急性中毒,表现为母猪性周期延长,受孕率降低,屡配不孕母猪增加,产仔数量减少,流产,死胎。后备母猪外阴和乳头肿胀,会阴部、下腹和脐水肿型湿润,经常伴有乳头渗出性结痂炎症或坏死。

(3)病理变化。主要病理变化发生在生殖器官。母猪阴户肿大,阴道黏膜充血、肿胀,严重时阴道外翻,阴道黏膜常因感染而发生坏死。卵巢增大,卵巢中出现成熟卵泡,子宫内膜增生和阴道上皮增生。子宫肥大水肿,子宫颈上皮细胞呈多层鳞状,子宫角变长。病理较长者,可见卵巢萎缩。乳头间质水肿。公猪乳腺增大,睾丸萎缩。

(4)鉴别诊断。依据有饲喂过霉变饲料的病史,雌激素综合征和雌性化综合征等临床症状,结合解剖病理变化可建立初步诊断。确诊需要进行毒素含量测定及生物学测试。

(5)治疗措施。目前尚无有效治疗方法,发现中毒时应立即停喂可疑霉变饲料,更换优质配合料。一般在停喂发霉饲料3～7天后,临床症状即可消失,多不需要药物治疗。对子宫、阴道严重脱垂者,可使用1/5 000的高锰酸钾溶液清洗,以防止感染或施行手术治疗。对正处于休情期的未孕母猪,每次给予前列腺素 $F_2\alpha$ 10毫克,连续2天,这有助于清除滞留黄体。

(五)亚硝酸盐中毒

猪亚硝酸盐中毒是猪摄入富含硝酸盐过多的饲料或饮水,引起高铁血蛋白症,导致血液中的红细胞失去携氧作用,组织缺氧的一种急性、亚急性中毒疾病。

(1)病因。亚硝酸盐是饲料中的硝酸盐在硝酸盐还原菌的作用下经还原而产生的。亚硝酸盐产生的多少取决于饲料中的硝酸盐含量和硝酸盐还原菌的活力。硝酸盐还原菌最适温度为20～40 ℃。青绿饲料如大白菜、萝卜叶、甜菜叶、马铃薯、包心菜和野菜等都含有数量不等的硝酸盐，特别是施氮肥充足时，其含量更高。堆放过久而腐败发酵，或蒸煮不透，煮后焖于锅内过夜，硝酸盐还原菌大量繁殖，使硝酸盐转化为亚硝酸盐而引起猪中毒。饮用硝酸盐含量高的水也是亚硝酸盐中毒的原因，如饮用厩舍厕所和施过氮肥的田间水。

(2)临床症状。通常，病猪在采食后十几分钟到半小时发病，最迟2小时出现症状出现边吃边倒边死的现象，最先出现严重症状的多是健壮、精神良好和食欲旺盛的猪，故又称"饱潲病"。病猪突然不安，呼吸困难继，而精神萎靡不振，呆立不动，四肢无力，行走打晃或呈犬坐式口吐白沫流涎，可视黏膜发绀，皮肤、耳尖唇及鼻盘开始苍白，而后青紫色。耳尖和尾尖采血呈咖啡色或酱油样，即褐变，凝固不良。体温低于正常值。四肢及耳尖冰冷脉搏细数。四肢呈泳状，很快麻痹、全身抽搐最后窒息死亡。

(3)病理变化。最急性病例多无显著变化。尸体腹部多较膨满，口鼻乌紫色。皮肤可视黏膜发绀，口鼻流出淡红色泡沫样液体。血液褐变暴露在空气中经久不变，呈红色。胃底幽门及十二指肠黏膜充血，出血病程长者胃肠黏膜脱落或溃疡。肝肾暗红色气管及支气管有血样泡沫。

(4)诊断方法。根据青绿饲料储存或加工调制不当情况和病猪的主要临床症状判断，如采食后突然发病、病程短、急黏膜发绀、血液褐变及暴露在空气中经久不变呈红色、呼吸困难和神经功能紊乱等可初步确诊，也可做亚硝酸盐简易检查。

(5)治疗措施。中毒严重的猪，用剪刀剪耳尖、尾尖放血进行抢救。每千克体重放血量为1毫升，放血后尽快使用药物进行治疗。在应用特效解毒药美蓝（亚甲蓝）或甲苯胺蓝迅速抢救的同时，配合高渗葡萄糖溶液和维生素C效果更好。每千克体重1%美蓝溶液1～2毫升静脉注射，或5%甲苯胺蓝5毫升静脉注射。10%葡萄糖溶液300～500毫升、维生素C 0.2～0.5克混合进行静脉注射，对症治疗。

(六)有机磷中毒

猪有机磷中毒主要是由于机体直接食入、吸入或者接触某种有机磷农药而引起的一种中毒病，主要特征是抑制体内胆碱酯酶活性，并导致神经机能紊乱。该病是一种非常容易发生的中毒疾病，具有较大的危害，如果没有及时进行救治会严重损害养殖户的经济效益。

(1)病因。驱虫选择使用敌百虫治疗时，但用量过大或者操作不标准等导致猪中毒，或是由于没有加强管理而被其他猪误食从而引起中毒。购买的玉米等饲料原料喷洒有机磷农药进行防虫，猪采食后会发生中毒。

(2)临床表现。猪发生有机磷中毒主要会呈现3种症状，即毒蕈碱样症状、烟碱样症状以及中枢神经系统症状。发生轻度中毒时病猪主要为毒蕈碱样症状，即虹膜括约肌收缩而导致瞳孔变小；膀胱平滑肌收缩引起尿失禁；支气管腺体分泌较多的液体，支气管平滑肌收缩造成呼吸困难，甚至引起肺水肿；胃肠平滑肌兴奋导致肠音强盛腹痛不安，持续腹泻；唾液腺和汗腺增加分泌导致大量流涎和出汗。发生中度中毒时病猪不仅会表现出以上症状，还会呈现烟碱样症状，即骨骼肌兴奋引起肌肉痉挛，最终导致麻痹。发生重度中毒时，病猪主要表现出中枢神经系统中毒的症状即陷入昏迷、发热、瞳孔明显变小，对光刺激没有反应，心跳加速，全身震颤抽搐，大小便失禁，突然倒地，病猪由于循环衰竭呼吸肌瘫痪，呼吸中枢麻或者肺水肿而发生死亡。

(3)治疗措施。首先立即实施特效解毒药，然后尽快除去尚未吸收的毒物，同时配合必要的对症治疗。实施特效解毒药，应用胆碱酯酶复活剂和乙酰胆碱对抗剂，胆碱酯酶复活剂常用解磷定、氯解磷定、双解磷、双复磷，乙酰胆碱对抗剂常用硫酸阿托品。轻度中毒病例可以任选其一，中毒和重度中毒者硫酸阿托品和解磷定或双复磷联合使用。病猪可先皮下注射5～10毫升硫酸阿托品注射液，然后按每千克体重使用0.02～0.05克解磷定，溶于100毫升的5%葡萄糖生理盐水中，混合均匀后进行腹腔注射或者静脉注射。但使用时不能够与碱性溶液配用。

(七)菜籽饼中毒

油菜是较为常见的越年生作物，将其种籽榨油后做成菜籽饼，具有极高蛋白质含量，在日常养猪中经常用作饲料。但菜籽饼如果不经过脱毒处理，很可能导致猪中毒，引起死亡。

(1)临床症状。猪卧地不起，驱赶时，四肢微颤无力，站立不稳，行走几步便倒地不起，食欲废绝，上吐下泻，大便呈黑褐色，并伴有血丝、恶臭，排尿较为频繁，尿落地后可溅起棕红色的泡沫。

严重中毒时，可见口角、鼻孔等处流出粉红色的泡沫状液体，鼻唇发紫，瞳孔散大，结膜发绀，体温高达40～42.5℃，呼吸喘粗，心速减缓。

(2)病理变化。皮下脂肪淤血，胸膜、腹膜有出血斑点，心肌弛缓，右心室充满凝固不良的血液、肺脏水肿，切面流出大量黑紫色泡沫状血液、肝呈紫黑色，质地硬脆，胆囊萎缩，胆汁浓稠，呈深绿色，肾呈蓝紫色，切面皮髓界限不清，膀胱充盈，外观呈青紫色，切开后尿液呈红褐色，黏膜有出血斑点；胃内充满黑褐色，食糜，胃底黏膜脱落，胃壁呈黑褐色；肠黏膜脱落，肠壁呈紫红色，脑软膜、脑硬膜及脑实质均有出血点。

(3)诊断。检查症状、饲喂情况调查，结合实验室检查即可确诊为猪菜籽饼中毒。

(4)治疗。

①一旦发现中毒症状，应该立即停止饲喂未经过脱毒的菜籽饼饲料，并立即对养殖舍内外、猪只所用器具进行彻底消毒，确保养殖环境清洁卫生，为猪的康复创造良好的环境。

②检查患猪的病情。对于病情较为轻微的患猪，加强饲养管理，采取恰当的保护措施，可以痊愈。也可采用中草药治疗，将绿豆1 000克、甘草500克、山栀子200克，混合添加到适量水中，煎煮30分钟，然后加入蜂蜜1 000克，恒温供猪自饮，每3小时喂饮1次，连续饲喂4次，一般可以痊愈。

③病危患猪的紧急治疗。患猪病情较为严重时，要立即催吐排毒、洗胃灌肠、保护

胃黏膜、排尿解毒、输液强心。

a. 催吐排毒。可选择 100 毫升的硫酸铜溶液，对患病猪进行灌服，迫使其吐出胃内含毒物质。

b. 洗胃灌肠。毒物排出之后，可用胃管导药的方式进行洗胃，选择药物为浓度为 2% 的高锰酸钾 2 000 毫升，可起到很好的洗胃排毒作用。对于药物导入排毒比较困难的病患猪，可采用上药灌肠的治疗方法。

c. 保护胃黏膜。为了减轻在排毒过程中对胃黏膜的损伤，可用 100 克淀粉，加入适量的冷水进行调匀，然后加入 1 000 毫升的沸水，待到搅拌均匀冷却之后，可再加入 3 个鸡蛋清进行灌服治疗。

d. 排尿解毒。排尿解毒也是很好的排毒方法，可用速尿 20 毫升进行肌肉或者是静脉注射，每 3 小时注射 1 次，排毒效果明显。

e. 输液强心。对于有心力衰竭症状的病患猪，可将 500 毫升浓度为 10% 的葡萄糖溶液、200 毫升浓度为 10% 的碳酸氢钠溶液、20 毫升浓度为 10% 的安钠咖、10 毫升浓度为 10% 的维生素 C、10 毫升（25 毫克）的维生素 B_1 混合后进行静脉注射。

四、猪的营养代谢性疾病

（一）猪硒和/或维生素 E 缺乏症

硒-维生素 E 缺乏症是指硒、维生素 E 或二者同时缺乏所致的营养代谢障碍综合征，通常统称硒-维生素 E 缺乏症。当每千克饲料硒含量低于 0.05 毫克时就出现硒缺乏症。

（1）病因。饲料中的硒来源于土壤，当每千克土壤硒含量低于 0.5 毫克时，即认为是贫硒土壤。由此可见，土壤低硒环境是硒缺乏症的根本原因，低硒饲料是致病的直接原因，水、土、食物链则是基本途径。另外，饲料中维生素 E、其他抗氧化物质和不饱和脂肪酸含量不足也是主要的影响因素。应激是硒缺乏的诱发因素，如长途运输、驱赶、潮湿、恶劣的气候等刺激，可使动物机体抗力降低，硒、维生素 E 消耗增加。另外，含硫氨基酸、不饱和脂肪酸、某些抗氧化剂及动物本身的状态也和硒缺乏症有很大关系。临诊上常表现猪白肌病、仔猪桑葚心、仔猪营养性肝病等。

（2）临床症状。仔猪精神不振，喜卧，行走时步态强拘，站立困难，常呈前腿跪下或犬坐姿势，病程继续发展，则四肢麻痹。心跳、呼吸快而弱，心律不齐，肺部常出现湿啰音。下痢，尿中出现各种管型，血红蛋白尿，尿胆素增高。

①白肌病。白肌病以骨骼肌、心肌纤维以及肝组织等发生变性、坏死为主要特征的疾病。病变部位肌肉色淡、苍白，以运动障碍和循环衰弱，成年家畜有时也患病，多发生于冬春气候骤变、青绿饲料缺乏时，且发病率和死亡率较高。急性病例突然呼吸困难、心脏衰竭而死亡。病程稍长者，精神不佳，食欲减退，心跳加快，心律不齐，运动无力。严重时，起立困难，前肢跪下，或腰背拱起，或四肢叉开，肢体弯曲，肌肉震颤。肩部、背腰部肌肉肿胀，偶见采食、咀嚼障碍和呼吸障碍。仔猪常因不能站立而吃不到母乳导致饿死。

②仔猪营养性肝坏死和桑葚心。营养性肝坏死和桑葚心是猪的硒-维生素 E 缺乏症最为常见的病型之一。据报道，在喂饲高能量日粮（玉米、黄豆、大麦等）的条件下，由于维生素 E 和硒含量皆低下，致使生长迅速、发育良好的育肥猪最易发生本病，且多与肌营养不良症（白肌病）并发。

a. 营养性肝坏死，又称仔猪肝营养不良，主要发生于 3 周龄至 4 月龄，尤其是断奶前后的仔猪，大多于断奶后死亡。急性病例多为体况良好、生长迅速的仔猪，预先没有任何症状，突然发病死亡。存活仔猪常伴有严重呼吸困难、黏膜发绀、躺卧不起等症状，强迫走动能引起立即死亡。约 25% 的猪有消化道症状，如食欲不振、呕吐、腹泻、粪便带血等。病猪可视黏膜发绀，后肢衰弱，臀及腹部皮下水肿，病程长者可出现黄疸、发育不良症状。同窝仔猪于几周内死亡数头，群死亡率在 10% 以上，冬末春初发病率高。

b. 桑葚心多发于仔猪和快速生长的猪（体重 60~90 千克），营养状况良好，但饲料中维生素 E 含量较低。病猪常在没有任何前驱征兆下突然死亡，幸存猪出现严重的呼吸困难、发绀、躺卧，强迫行走时可突然死亡。亚临诊型常有消化紊乱，在气候骤变、长途运输等应激下可转为急性，几分钟内突然抽搐，大声嚎叫而死亡。皮肤有不规则的紫红斑点，多在两腿内侧，一些点甚至遍及全身。

③仔猪水肿病。断乳仔猪、生长猪发生以皮下、胃肠黏膜水肿为特征的疾病。呈进行性运动不稳和四肢瘫痪，死亡率很高。剖检可见肺间质水肿、充血、出血，胃黏膜水肿、出血，胃大弯、肠系膜呈胶冻样水肿，肠系膜淋巴结水肿、充血、出血。心包积液达 15~20 毫升，腹腔积液达 200~500 毫升。

（3）病理变化。

①白肌病病变多局限于心肌和骨骼肌。常受损害的骨骼肌为腰、背及股部肌肉群。病变肌肉变性、色淡，似用开水煮过一样，并可出现灰黄色、黄白色的点状、条状、片状的病灶，断面有灰白色斑纹，质地变脆。心肌扩张变弱，心内外膜下有与肌纤维一致的灰白色条纹，心径扩大，外观呈球形。肝脏肿大，有大理石样花纹，色由淡红转为灰黄或土黄色。心包积水，有纤维素沉着。显微镜下，肌纤维有明显的透明变性、凝固性坏死和再生现象。

②营养性肝坏死。

a. 花肝，即正常肝组织与红色出血性坏死的肝小叶及白色或淡黄色缺血性凝固性坏死的小叶混杂在一起，形成色彩多斑的嵌花式外观。

b. 表面凹凸，再生的肝小叶可突起于表面，使肝表面凹凸不平。

③桑葚心病。心脏扩大，横径变宽呈圆球状，沿心肌纤维走向，发生多发性出血而呈红紫色（营养性毛细血管病），外观颇似桑葚样，故称桑葚心。心内、外膜有大量出血点或弥漫性出血，心肌间有灰白或黄白色条纹状变性和斑块状坏死区。肝呈斑块状坏死，心包、胸腔、腹腔积液，色深透明呈橙黄色。肺水肿，胃黏膜潮红。组织学变化广泛的心肌充血、出血、实质变性及大脑白质溶解，心肌毛细血管内有透明微栓生成。

（4）诊断鉴别。根据临诊基本综合征，结合病史、病理变化以及亚硒酸钠治疗效果等，可做出初步诊断。确诊需做病理组织学检查，采取血液和组织器官做硒定量测定和

· 243 ·

谷胱甘肽过氧化物酶活性测定。

(5)防治措施。

①治疗。用0.1%亚硒酸钠溶液，肌肉注射，配合维生素E制剂（醋酸生育酚），效果更佳。成年猪0.1%亚硒酸钠液10~20毫升，醋酸生育酚每头1.0克；仔猪0.1%亚硒酸钠液1~2毫升，醋酸生育酚每头0.1~0.5克。

②预防。在缺硒地区，应在饲料中补加含硒和维生素E的饲料添加剂，或尽可能采用硒和维生素E较丰富的饲料喂猪，如小麦、麸皮含硒较高，种子的胚乳中含维生素E较多。

(二)仔猪缺铁性贫血

仔猪贫血是由于仔猪生长发育快、代谢旺盛使体内缺少铁后所导致的一种营养性疾病。

(1)病因。仔猪贫血是指15~30日龄哺乳仔猪所发生的一种营养性贫血。多发生于冬春两季。仔猪出生后生长发育很快，由于代谢旺盛，需要大量的铁。初生仔猪每天需要铁7毫克，而每天从母乳中仅能获得1毫克铁。若此时不及时补铁，仅靠母乳的供给及体内的有限贮存，远远不能满足仔猪的需要，结果造成血红蛋白合成不足，导致缺铁性贫血。

(2)临床诊断。在密闭式圈舍饲养的15~30日龄的哺乳仔猪，在没有采取补铁措施的情况下最易发生缺铁性贫血，且多发。病猪表现精神沉郁，食欲减退，离群伏卧，营养不良，被毛粗乱，体温不高，明显症状是可视黏膜呈淡蔷薇色，轻度黄染。严重者，黏膜苍白如白瓷，光照耳部呈灰白色，几乎看不到明显的血管。呼吸、脉搏数均增加，可听到贫血性心内杂音，稍加运动，则心悸亢进、喘息不止。有的仔猪外观较肥胖，生长发育也较好，但在奔跑中会突然死亡；有的仔猪外观消瘦，食欲不振、便秘、下痢交替出现，异嗜、衰竭。

(3)病理剖检诊断。剖检可见典型性贫血变化，如皮肤及可视黏膜苍白，血液稀薄如水；肝脏肿大，出现土黄杂色斑脾脏肿大，质地较硬，肾实质变性。

(4)治疗。治疗原则是补充外源铁质，方法有口服和注射2种。

①口服法：补铁常用的制剂有硫酸亚铁、焦磷酸铁、乳酸铁及还原铁等，其中以硫酸亚铁为首选药物。为促进铁的吸收，常配伍硫酸铜，处方为：硫酸亚铁2.5克，硫酸铜1克，常用水1 000毫升，每千克体重用该混合液0.25毫升，用汤匙灌，每天1次，连服7~14天。

②注射法：注射铁制剂疗效迅速而确实。常用的铁制剂有右旋糖酐铁钴、葡萄糖铁钴注射液、山梨醇铁、血多素、富来血、牲血素等。

(三)异食癖

猪异食癖也叫作异嗜癖，是由于味觉异常、消化紊乱而引起的一种代谢病。病猪主要特征是食欲时好时坏，食入多种异物。通常是妊娠前期或者产后初期的母猪容易发生，而其他猪也能够发生。病猪由于长时间异食，会导致食欲不振，机体消瘦，发育缓慢。

(1)病因。

①营养因素。饲喂营养水平比饲养标准低的饲料，无法满足机体生长发育所需的营养就会引起该病。特别是饲料中所含的各种微量营养成分失衡，如缺乏铁、钙、锌、钾、镁、钠、锰等或者比例不合理，会导致猪出现舔食饲槽、墙壁、啃食垫草、煤渣、墙土、砖块，且伴有跳栏、闹圈、拱地、磨齿、饮尿以及贫血，以及机体日渐消瘦等现象。

②环境因素。猪舍饲养环境恶劣，如舍内温度过低或者过高，通风较差，积聚大量的有害气体，光照强度过大，环境比较单调，机体过于兴奋而明显烦躁不安，受到惊吓，随意串群；饲槽空间过小、饲养密度过大、猪圈湿度过高导致皮肤发痒，以及缺乏饮水与限饲，圈舍内猪个体大小强弱存在明显差异，新并入群的猪容易发生争夺位次、打斗等，都能够引起异食癖。

③疾病因素。猪患有消化不良、肠炎，存在外伤引起出血，以及感染体内外寄生虫等，也都能够使其发生异食癖。

(2)临床症状。在临床上，异食癖主要是指病猪出现咬耳、咬尾、吸吮肚脐、咬肋，尤其是采食粪便、饮用尿液、啃木棍、拱地，且伴有跳栏等现象。异食癖中比较恶性的一种行为是相互咬斗，主要表现是对外部刺激非常敏感、明显不安、食欲不振、目光凶狠。母猪一般在产后吃食胎衣，咬食仔猪等。

(3)治疗。

①病猪出现吃煤渣和啃砖头的习惯，可在饲料中添加不超过1%的食盐。

②病猪啃食垫草，采用肌肉注射复合维生素，每次15～20毫升，每天1次，连续用药3～4天；或喂服病猪多种维生素。

③病猪出现啃食石灰的习惯，则在饲料中添加钙元素和磷元素，如骨粉、熟石灰等；同时注意补充铁、锰、锌、镁等多种微量元素；或在料中添加维生素E粉或肌肉注射5～10毫升维丁胶性钙，连用4～7天。

④病猪食粪尿，需肌肉注射维生素B_{12}，每次600～1 500毫克，每天1次，连续用药4～5天。

⑤猪患寄生虫病后应及时驱虫。常用的驱虫药有敌百虫、伊维菌素、阿维菌素等。

⑥母猪出现吃胎衣和猪仔的情况，加强护理的同时，还能够在饲料中加鱼粉，每头猪每天60～100克，连续喂10～15天能够显著改善。

(4)预防措施。加强饲养管理。根据当地土壤土质情况以及饲料营养成分，采取特异性补充。猪群必须饲喂全价饲料，确保含有所需的蛋白质、氨基酸、维生素、矿物质以及微量元素等营养物质，且比例适宜，能够满足机体不同生长发育阶段所需，并确保供给充足的清洁饮水。在气候发生改变时，要及时采取相应措施，避免出现过热、过冷、侵入贼风等不良因素，控制饲养密度适宜，根据品种、来源、体况、生活习性、性情等基本接近的原则进行组群。猪舍保持安静、清洁、卫生，且要控制温度、湿度、通风、光照等，使其符合猪的生长需要。

(四)钙、磷缺乏症

钙、磷缺乏是由于饲料中钙、磷不足或二者比例不当,维生素 D 缺乏从而引起机体钙、磷缺乏,使仔猪发生佝偻病,成年猪发生骨软症的代谢病。临床上以消化紊乱、异嗜癖、骨骼弯曲为主要特征。

(1)病因。饲料中钙和磷的含量不足,不能满足动物生长发育、妊娠、泌乳等对钙、磷的需要。由于饲料中钙、磷的比例不当,影响钙、磷的正常吸收。一般认为饲料中钙、磷比以(1.5～2):1 较适宜。

(2)临床症状。先天性佝偻病常表现为出生后的仔猪颜面骨肿大、硬性腭突出、四肢肿大而不能屈曲、患猪衰弱无力。后天性佝偻病发病缓慢,早期呈现食欲减退、消化不良、精神不振、不愿站立和运动,出现异嗜癖。随着病情的发展,关节部位肿胀肥厚,触诊疼痛敏感、跛行,骨骼变形。仔猪常以腕关节站立或以腕关节爬行。后肢则以跗关节着地;疾病后期,骨骼变形加重,出现凹背、X 形腿、颜面骨膨隆、采食咀嚼困难、肋骨与肋软骨结合处肿大,压之有痛感。成年猪的骨软症多见于母猪,病初表现为以异嗜为主的消化机能紊乱。随后出现运动障碍、腰腿僵硬、拱背站立、运步强拘、跛行。经常卧地不动或呈匍匐姿势。后期则出现系关节、腕关节、跗关节肿大变粗,尾椎骨移位变软,肋骨与肋软骨结合部呈串珠状;头部肿大,骨端变粗,易发生骨折。

(3)诊断。佝偻病发病于幼龄仔猪,骨软病发生于成年猪;饲料钙磷比例失调或不足、维生素 D 缺乏、胃肠道疾病以及缺少光照和活动等可引发该病。必要时结合血清学检查、X 光检查以及饲料分析以帮助确诊。

(4)治疗。治疗采取改善妊娠母猪、哺乳母猪和仔猪的饲养管理。补充钙、磷和维生素 D 源充足的饲料,如青绿饲料、骨粉、蛋壳粉、蚌壳粉等。合理调整日粮中钙磷的含量,同时适当运动和照射日光。对于发病仔猪,可用维丁胶性钙注射液,按每千克体重0.2 毫克,隔日 1 次肌肉注射;维生素 A、维生素 D 注射液 2～3 毫升肌肉注射,隔日1 次。成年猪可以用 10% 葡萄糖酸钙 50～100 毫升静脉注射。每日 1 次,连用 3 日,也可以配合应用亚硒酸钠以提高疗效。另外,用 20% 磷酸二氢钠注射液 30～50 毫升耳静脉注射 1 次,或喂服麸皮。也可用磷酸钙 2.5 克,每日 2 次拌料喂给。

(5)预防措施。保证日粮中钙、磷和维生素 D 的含量,合理调配日粮中钙、磷比例。平时多喂豆科青绿饲料,对于妊娠后期的母猪更应注意钙、磷和维生素 D 的补给,特别是长期舍饲的猪,不易受到阳光照射,维生素 D 来源缺乏,应及时采取预防措施。

(五)维生素 A 缺乏症

猪维生素 A 缺乏病,是养猪生产中一种常见慢性营养代谢(障碍)疾病。本病可发生于各种猪,但以仔猪发病率较高,临床主要表现以器官黏膜上皮损伤变性、视觉障碍和生长发育不良等为特征,常给养猪生产造成严重经济损失。

(1)病因。

①原发性维生素 A 缺乏:长时间饲喂含有较少胡萝卜素(维生素 A 原)或者维生素 A

的饲料，容易引起该病。长时间饲喂腐败变质或者贮存过久的饲料也容易导致该病。饲料加工后由于贮存时间过久或者出现腐败变质，会使其含有的胡萝卜素发生氧化而被破坏，如果猪长时间采食被氧化的胡萝卜素饲料，即可发生维生素 A 缺乏症。猪长时间在潮湿阴暗的圈舍里饲养，同时阳光照射较少，且运动量较少等，也能够促使维生素 A 缺乏症的发生。

②继发性维生素 A 缺乏：一般来说，猪患有慢性消化系统疾病容易引起继发性维生素 A 缺乏症。猪通过采食饲料获取的胡萝卜素，会在肠上皮组织的作用下生成维生素 A，并主要在肝脏中贮存维生素 A，因此当猪患有肝脏疾病、消化不良和慢性胃肠炎等慢性消化系统疾病时，就会导致维生素 A 的吸收、转化与贮存机能都发生障碍，从而引起维生素 A 缺乏症的发生。

(2)临床症状。患猪典型症状是皮屑增多，皮肤粗糙，消化道黏膜和呼吸器官出现程度不同的炎症，且生长发育缓慢，并伴有咳嗽、下痢等症状。猪突然发病，步履蹒跚，四肢呈游泳姿势或者抽搐，角弓反张，倒地尖叫，部分还会做转圈运动。成年猪患病后表现出兴奋过度，转圈，撞墙，后驱不停摇摆，后期无法站立，针刺反应迟缓或没有反应，神经功能发生紊乱，听觉减退，视力变弱，形成干眼，甚至导致角膜发生软化，严重时会形成穿孔。部分妊娠母猪会出现流产、早产和产死胎，或者产出的仔猪体质衰弱、全身性水肿、眼过小或瞎眼，生活力较差，非常容易感染疾病和发生死亡。公猪患病后睾丸会逐渐缩小退化，精液品质降低。

(3)治疗。症状严重的病猪，选择浓缩维生素 A 滴剂进行治疗，每头仔猪肌肉注射或者内服 2 万～3 万国际单位，每天 1 次，连续使用 5 天；使用鱼肝油用于治疗时，每头中大猪用量为 10～30 毫升，每头仔猪肌肉注射或内服 0.5～1.0 毫升，每天 1 次，连用使用数天。对于症状较轻的病猪，可按照一定比例将鱼肝油添加在饲料中，连续使用数天。

(4)预防。

①加强饲料管理。完善饲料的加工方式，避免饲料产热、发酵和酸败，同时不能够储存过久，防止维生素 A 效价降低。

②确保营养供应。必须饲喂全价日粮，特别是每千克体重所需的胡萝卜素和维生素 A 控制在 30～75 国际单位。对于妊娠或者哺乳母猪，所需的维生素 A 水平还要提高 50%，一般从产前 5～6 周使用维生素 A 浓缩剂或者鱼肝油，每千克体重使用 25 万～35 万国际单位，每周 1 次。

(六)锌缺乏症

猪锌缺乏症又称皮肤不全角化病，是体内锌缺乏或不足而引起的一种营养代谢病，临床主要以表皮增生和皮肤皲裂为特征。

(1)病因。饲料内含锌量不足或缺乏，或锌吸收受到影响，如饲料中存在影响锌吸收的物质(叶酸、高浓度钙、低浓度游离脂肪酸)、肠道菌群改变以及细菌与病毒性肠道病原体等均可影响锌的吸收。另外，该病多发于饲喂粉料的猪身上。

(2)症状与病变。猪锌缺乏症多发生于2~4月龄仔猪。患猪的食欲减退，精神委顿，不愿走动。病猪先便秘后腹泻，粪便混有较多的黏液；腹下、背部、股内侧和肢关节等处的皮肤发生对称性红斑，很快表皮增厚、有裂隙和鳞屑而无痒感，常继发皮下脓肿；口腔黏膜苍白、增厚，似老茧样，舌面开裂，附着灰褐色痂膜，不易剥离。母猪产仔减少，公猪精液质量下降。

(3)治疗。兽医临床上诊断该病为肺虚毛躁，治疗宜对因施治、补气利湿。

①硫酸锌或碳酸锌注射液，按每千克体重2~4毫克剂量肌肉注射，每天1次，10天为1疗程。

②内服硫酸锌，仔猪0.2~0.5克，成年猪1克。如有皮肤化脓破溃，可局部涂擦1%龙胆紫或其他制菌油膏。

③日粮中添加0.02%的硫酸锌（也可用碳酸锌活氧化锌），对皮肤开裂严重的病猪，皮肤涂擦10%氧化锌软膏。同时服用中药补锌汤：蒲公英、车前子各300克，酸枣仁240克，小蓟、侧柏籽各200克，黄连120克，水煎，供60头猪饮服，药渣捣碎拌入料中喂服，每日1剂，连服4~5剂。

④党参、茯苓、山药、白扁豆、白术、莲子、薏苡仁、大枣各80克，陈皮50克，桔梗30克，砂仁15克，煎汁兑少量稀粥，供8头猪8日喂服，连服3~5天为1疗程。

(七)铜缺乏症

铜缺乏症指猪体内铜缺乏或不足引起生长发育缓慢、下痢、贫血、被毛褪色、共济失调、骨和关节肿大等的一种营养代谢性疾病，临床上多发生于生长发育期的仔猪。

(1)病因。主要是土壤中缺铜、饲料中含铜不足或缺铜所致，铜的吸收利用受到干扰，如饲料中存在干扰铜吸收利用的物质钼、硫等含量过大而降低铜的利用，或饲料中锌、铅、镉、银、镍、锰等含量过多而拮抗铜，或饲料中的植酸盐过高、维生素C摄食量过多等均能干扰铜的吸收利用。

(2)症状与病变。病猪表现食欲减退或消失，生长发育缓慢，下痢，贫血，被毛脱色，运动不稳，喜啃泥土等异物；重者跗关节过度屈曲，呈犬坐姿势。剖检可见心肌萎缩、贫血，严重者动脉血管破裂等。

(3)治疗。兽医临床上认为该病多因气血虚弱所致，治宜对因施治。

①氯化钴和硫酸亚铁每千克体重各1克，硫酸铜0.5克，溶于1 000毫升水中，供全窝仔猪内服。

②硫酸亚铁2.5克，硫酸铜1克，开水1 000毫升，混合后喂仔猪，或多次涂擦母猪奶头，有较好防治效果。

③硫酸铜按猪对铜的最小需要量（每千克干物质4~5毫克）添加入饲料中；或将铜制剂直接加到矿物质补充剂，使矿物质补充剂硫酸铜含量达3%~5%。

(八)锰缺乏症

猪锰缺乏症是较长期喂单一饲料，尤其在冬天饲喂引起的一种代谢病，临诊特征为骨骼畸形、繁殖机能障碍及新生仔猪运动失调。

(1)病因。由于日粮中饲料单一、青饲料缺乏或冬季气候不佳均是引发该病的主因。饲料中钙、磷、铁、钴及植酸盐含量过高,可影响机体对锰的吸收利用,从而患上继发性锰缺乏症。以玉米、大麦和大豆作为基础日粮时,因锰含量低也可引起锰缺乏。

(2)症状与病变。病猪表现为僵直、强拘、跛行,不愿行走,喜卧,驱赶时尖叫,与佝偻病症状相似。骨端增大或骨头变短,而佝偻病表现广泛性软骨增生,症状更为严重,应加以鉴别。

(3)治疗与预防。适当给病猪饮用0.1%高锰酸钾溶液,既可防治该病,又可作饮水消毒剂。当用锰含量低的玉米作为饲料时,应配合一定量的麦麸、鱼粉和豆饼,用来维持日粮中锰的最适含量(每千克25~30毫克),必要时需要加入锰制剂。

资料卡

猪正常生理指标

(1)健康猪的脉搏为平均每分钟60~80次,仔猪为每分钟100~110次。检查猪的脉搏,仔猪一般在后腿的内侧股动脉部,成年猪在尾根底下部,也就是在尾底动脉部。检查时可用手指轻按,感触脉搏跳动的次数和强度。如果不方便,可用听诊器,或用手触摸心脏部,根据心脏跳动的次数来确定脉搏。

(2)健康猪每分钟呼吸10~20次。检查猪的呼吸主要是观察猪的胸部起伏和腹部肌肉的运动情况。胸部和腹部肌肉一起一伏为呼吸一次。呼吸时胸部、腹部起伏协调,节奏均匀,强度适中。如果这些情况发生变化,就说明猪处于病态。

(3)猪的正常体温为38~39.5 ℃(直肠温度),天热时直线照射可达40 ℃左右,2月龄以内的仔猪体温可达40.8 ℃。

猪在不同年龄、不同时期的体温略有差别,如刚初生的猪体温为39.0 ℃;哺乳仔猪39.3 ℃;育肥猪39.0 ℃;育成猪38.8 ℃;妊娠母猪38.7 ℃;公猪38.4 ℃。一般傍晚猪的正常体温比上午猪的正常体温高0.5 ℃。

另外,我们所看到的这些温度数据只是一个平均值。因为每天早上和中午猪的体温不一样;公猪和母猪的体温也不一样;猪吃药、注射疫苗都会影响到体温的变化,波动范围±0.3 ℃。而且猪在受到刺激、剧烈运动后体温也会升高,母猪产后体温达到40.3 ℃都是正常的。猪的体温并不是猪疾病的直接反映,剧烈运动后的猪体温偏高,可达40 ℃,这是正常体温。

猪体肥肢短,性温驯,适应力强,易饲养,繁殖快,有黑、白、酱红或黑白花等色。猪出生后5~12个月可以配种,妊娠期约为4个月。猪的平均寿命为20年。

实验实训

实验8-6 有机磷制剂中毒

一、实验目的

观察有机磷酸酯类农药美曲磷脂（敌百虫）中毒后出现的症状和体征；观察阿托品和碘解磷定对美曲磷脂中毒的解救效果，并比较两药解毒作用的特点和作用原理；学习血液中胆碱酯酶活性的检查方法。

二、实验原理

有机磷酸酯类农药进入机体后，与胆碱酯酶呈难逆性结合，一直胆碱酯酶活性，使其丧失水解乙酰胆碱的能力，造成乙酰胆碱在体内大量堆积，产生一系列急性中毒症状。

阿托品为选择性的M胆碱受体阻断剂，很大剂量时还可阻断N1受体，可与乙酰胆碱竞争占领M、N1受体，阻断乙酰胆碱对这些受体的激动作用，因而有效地解除有机磷酸酯类中毒的M样症状和N1样症状，是解救有机磷酸酯类中毒的对症治疗药物。

碘解磷定是有机磷酸酯类中毒的特效解救药，因其可使胆碱酯酶复活，回复胆碱酯酶水解乙酰胆碱的能力，因而能彻底解除有机磷酸酯类农药急性中毒的症状和体征，但其对循环和呼吸的解救作用起效较慢。

利用血液中胆碱酯酶能够分解乙酰胆碱，产生醋酸使pH改变的原理，以溴麝香草酚蓝作指示剂，可获得不同颜色，将此颜色与已知pH标准管相比，即可测知血样的pH值。pH值越小，则说明胆碱酯酶活性越大。

三、实验对象

健康家兔，要求体重2~3千克，雌雄均可。

四、实验药品和器材

5%敌百虫，0.1%硫酸阿托品，2.5%碘解磷定；注射器（1毫升、2毫升、5毫升、20毫升各一支），7号、6号针头，瞳孔测量尺，烧杯，滤纸，试管，移液枪，吸头，试管架，手术刀片，干棉球，婴儿磅秤，听诊器，秒表，血红蛋白吸管，兔固定盒，微机酸度计，恒温水浴箱。

五、实验方法与步骤

取家兔两只，称重，编号，观察和测量家兔的正常指标，呼吸、心率、大小便、唾液、瞳孔、肌肉紧张及有无肌震颤情况，并记录在表中。

六、实验项目

（1）从家兔耳缘静脉取血作正常胆碱酯酶活性检查。取血法：先轻弹兔耳缘静脉，使其充分扩张，用手术刀片割破约2毫米伤口，让血液自流，以血红蛋白吸管取血至20厘米（相当0.02毫升血液），立即将此血移入事先准备好盛有0.04%溴麝香草酚蓝1毫升的试管中；共取血2次，合计血样0.04毫升，充分振摇，混合均匀；再加1%乙酰胆碱

0.5毫升，摇匀后，置于37°水浴中保温45～60分钟，观察其颜色反应，用微机酸度计测定pH并记录数值。

(2)从家兔耳缘静脉注射5％敌百虫，每千克50毫克，每隔5分钟观察上述指标有何改变，待中毒症状明显时，记录作用时间，再按上法取血，测定胆碱酯酶活性，记录pH值。同时，从耳缘静脉注射0.1％阿托品每千克1毫克，再每隔5分钟观察上述指标有何改变。当毒蕈碱样作用消失时（约10分钟），记录作用时间，再按上法取血，测定胆碱酯酶活性，记录pH值（本兔实验完毕后，以PAM每千克50毫克静脉注射，以防兔子死亡）。

(3)乙兔按甲兔同样方法产生敌百虫中毒后，以2.5％PAM每千克50毫克，代替阿托品，每隔15分钟注射一次，共三次，当PAM对敌百虫中毒的解散作用未发生前，即第三次注射PAM后，即刻和15分钟时分别按上法取血，测定胆碱酶活性，记录作用时间和公式为：

$$用药后胆碱酯酶活力 = \frac{7.6 - 用药后的pH值}{7.6 - 用药前的pH值}$$

七、实验报告

完成实验报告。

实验8－7　亚硝酸盐中毒与解救

一、实验目的

1. 观察动物有机磷酸酯类中毒的主要症状和阿托品、解磷定的解救效果，并了解其中毒与解救机理。
2. 观察动物亚硝酸盐中毒的临床表现及亚甲蓝的解救效果，并了解其中毒与解救机理。

二、实验原理

有机磷酸酯能与胆碱酯酶结合，形成的磷酸化胆碱酯酶性质稳定，使胆碱酯酶失去水解乙酰胆碱的能力，从而造成乙酰胆碱蓄积过多而中毒。亚硝酸根离子进入机体血液循环后，将血红蛋白中二价铁离子氧化为三价铁离子，使血红蛋白失去携带氧的能力，造成机体缺氧而发病。

三、实验材料

(1)实验动物。家兔、鸡。
(2)实验器械。镊子、1.5毫升与12毫升注射器、5号与6号针头、瞳孔量尺、台秤、肛表。
(3)实验药品。10％敌百虫、0.5％硫酸阿托品、2.5％解磷定、2.0％亚硝酸钠、0.1％亚甲蓝。

四、实验步骤及原始数据记录

(1)实验步骤——亚硝酸盐中毒。

①观察与记录实验动物正常指标。取家兔与鸡各一只,称好体重并记录,观察与记录一般生理指标。

②家兔耳静脉注射10%敌百虫每千克0.75毫升/千克,鸡口服10%敌百虫每千克0.8毫升/千克。约15分钟与30分钟后,观察并记录动物的生理指标(对照正常)。

③解救,待中毒症状表现明显时,家兔耳静脉注射2.5%解磷定每千克2毫升,鸡肌肉注射0.5%硫酸阿托品每千克0.2毫升进行抢救,观察中毒症状是否完全消失,然后互换解毒药,再观察并记录。

(2)实验步骤——亚硝酸盐中与解救。

①取家兔一只,称好体重,记录一般生理指标。

②家兔耳静脉注射2.0%亚硝酸钠每千克3.5毫升,观察家兔上述指标的变化,并记录。

③待中毒症状表现明显时,立即耳静脉注射0.1%亚甲蓝每千克1毫升进行抢救,观察中毒症状是否解除并记录。

五、实验结果与分析

完成实训报告。

自测训练

一、选择题

1. 引起仔猪佝偻病的原因是( )。
   A. 磷含量不足、钙高   B. 磷高、钙低
   C. 钙高   D. 磷低
   E. 缺钾

2. 佝偻病临诊特征不包括( )。
   A. 消化紊乱   B. 异食癖
   C. 跛行   D. 骨骼变形
   E. 消化正常

3. 在临床上,以生长缓慢、上皮角化、夜盲症,繁殖机能障碍及机体免疫力低下为特征的病是( )。
   A. 维生素K缺乏症   B. 维生素A缺乏症
   C. B族维生素缺乏症   D. 硒和维生素K缺乏症
   E. 铁缺乏

252

4. 动物硒和维生素E缺乏症的临床症状不包括(　　)。
   A. 猝死　　　　　　　　B. 跛行
   C. 腹泻　　　　　　　　D. 渗出性素质
   E. 便秘

5. 猪桑葚心,肝营养不良,肌营养不良,渗出性素质,贫血缺乏的是(　　)。
   A. 硒和维生素E　　　　B. 维生素B_1
   C. 维生素B_2　　　　D. 维生素B_6
   E. 胆碱

6. 铁缺乏的共同症状是(　　)。
   A. 贫血　　　　　　　　B. 生长缓慢
   C. 食欲减退　　　　　　D. 异嗜
   E. 喜卧

7. 生长缓慢、皮肤角化不全,繁殖机能障碍及骨骼发育异常,则表明缺乏(　　)。
   A. 铁　　　B. 铜　　　C. 锰　　　D. 锌　　　E. 钴

8. 动物厌食、消瘦、贫血、缺乏的是(　　)。
   A. 铁　　　B. 铜　　　C. 锰　　　D. 锌　　　E. 钴

9. 猪甲状腺肿是因为缺乏(　　)。
   A. 铁　　　B. 铜　　　C. 钴　　　D. 镁　　　E. 碘

10. 吸收引起肝脏、肾脏、心脏、脑等实质器官中毒属于(　　)。
    A. 血液毒物　　　　　　B. 实质器官毒物
    C. 酶系统毒物　　　　　D. 腐蚀性毒物
    E. 神经毒物

11. 亚硝酸盐、一氧化碳、硫化氢中毒属于(　　)。
    A. 血液毒物　　　　　　B. 实质器官毒物
    C. 酶系统毒物　　　　　D. 腐蚀性毒物
    E. 神经毒物

12. 有机磷中毒属于(　　)。
    A. 血液毒物　　　　　　B. 实质器官毒物
    C. 酶系统毒物　　　　　D. 腐蚀性毒物
    E. 神经毒物

13. 在临床上,可作为一般解毒剂使用的维生素是(　　)。
    A. 维生素A　　　　　　B. 维生素C
    C. 维生素D　　　　　　D. 维生素E
    E. B族维生素

14. 动物中毒,为了促进毒物的排出,在使用利尿剂的同时,应注意平衡(　　)。
    A. 钙离子　　B. 镁离子　　C. 钾离子　　D. 锂离子　　E. 钠离子

15. 硝酸盐和亚硝酸盐中毒多见于( )。
    A. 牛　　　B. 羊　　　C. 马　　　D. 鸡　　　E. 猪
16. 亚硝酸盐中毒机理是( )。
    A. 二价铁变成三价铁　　　B. 三价铁变二价铁
    C. 使乙酰胆碱酯酶复活　　　D. 抑制胆碱酯酶复活
    E. 均不是
17. 亚硝酸盐中毒，动物耳炎、尾端血液呈( )。
    A. 黑褐红色　　　B. 樱桃红色
    C. 咖啡色　　　D. 红色
    E. 紫色
18. 亚硝酸盐中毒解毒药物是( )。
    A. 阿托品　　　B. 亚甲蓝
    C. 解磷定　　　D. 地米
    E. 肾上腺素
19. 抢救中毒动物的最佳疗法是( )。
    A. 特效解毒　　　B. 强心解毒
    C. 对症解毒　　　D. 保肝解毒
    E. 加速排泄
20. 在畜牧生产中，危害最大的霉菌毒素是( )。
    A. 黄曲霉　　　B. 青霉素
    C. 氯霉素　　　D. 安霉素
    E. 庆大霉素
21. 在已发现毒素中，致癌作用最强的是( )。
    A. 黄曲霉　　　B. 青霉素
    C. 氯霉素　　　D. 安霉素
    E. 庆大霉素
22. 猪表现腹泻，流涎及出血性胃肠炎症状，中毒是( )。
    A. 单端胞霉毒素中毒　　　B. 亚硝酸盐中毒
    C. 黄曲霉中毒　　　D. 氢氰酸中毒
    E. 食盐中毒
23. 玉米赤霉烯酮中毒主要发生在( )身上。
    A. 猪　　　B. 牛　　　C. 羊　　　D. 鸡　　　E. 犬
24. 玉米赤霉烯酮具有作用的激素是( )。
    A. 雌激素样作用　　　B. 雄激素
    C. 地米　　　D. 青霉素
    E. 氯霉素

25. 表现为雌激素综合征或雌激素亢进症中毒的是（   ）。
    A. 食盐中毒   B. 亚硝酸盐中毒
    C. 黄曲霉中毒   D. 氢氰酸中毒
    E. 玉米赤霉烯酮中毒

26. 大叶性肺炎热型为（   ）。
    A. 高热稽留   B. 弛张热
    C. 不定型热   D. 高热
    E. 中等热

27. 无机氟化物中毒主要侵害不包括（   ）。
    A. 骨骼   B. 牙齿
    C. 氟斑牙   D. 氟骨症
    E. 呈现高血钙

28. 食盐中毒引起的是（   ）。
    A. 脑血肿   B. 脑出血
    C. 脑充血   D. 脑水肿
    E. 脑软化

29. 猪在食盐中毒的发作期应（   ）。
    A. 禁止饮水   B. 少量饮水
    C. 大量饮水   D. 多次饮水
    E. 自由饮水

30. 出现食盐中毒症状的猪应（   ）。
    A. 禁止饮水   B. 少量饮水
    C. 大量饮水   D. 多次饮水
    E. 自由饮水

二、问答题

1. 口炎的临床症状有哪些？如何治疗？
2. 论述猪在大叶性肺炎各个时期的病理变化。
3. 论述营养代谢性疾病的发生原因。
4. 导致仔猪低血糖的原因有哪些？
5. 动物中毒性疾病的诊疗方法有哪些？
6. 黄曲霉毒素对动物机体的损害表现在哪些方面？

参考文献

[1] 杨公社. 猪生产学[M]. 北京：中国农业出版社，2002.

[2] 赵书广. 中国养猪大成[M]. 北京：中国农业出版社，2003.

[3] 李宝林. 猪生产[M]. 北京：中国农业出版社，2001.

[4] 刘凤华. 家畜环境卫生学[M]. 北京：中国农业出版社，2004.

[5] 陈清明，王连纯. 现代养猪生产[M]. 北京：中国农业大学出版社，1997.

[6] 李立山，张周. 养猪与猪病防治[M]. 北京：中国农业出版社，2006.

[7] 邢军. 养猪与猪病防治[M]. 3版. 北京：中国农业大学出版社，2022.

[8] 鄂禄祥，吕丹娜. 猪生产[M]. 北京：化学工业出版社，2016.

[9] 王爱国. 现代实用养猪技术[M]. 北京：中国农业出版社，2003.